CHEKHOV
SELECTED SHORT S

Over sixty Russian Texts are available or in production in this series, many are stressed and all have an English introduction and notes. They include the following:

Andreev: Selected Stories, M. Shotton
Chekhov: Selected Short Stories, G. Birkett & G. Struve
Chekhov: The Cherry Orchard, D. Hitchcock
Chekhov: The Lady with the Dog, P. Waddington
Chekhov: The Seagull, P. Henry
Chekhov: Three Farces, L. O'Toole
Chekhov: Three Stories, L. Le Fleming
Chekhov: Uncle Vanya, D. Magarshack & C. Johnson
Chekhov: The Wedding, A. Murphy
Dostoevsky: Dream of a Ridiculous Man, W. Leatherbarrow
Dostoevsky: Notes from Underground, G. Humphreys
Lermontov: Demon, D. Ward
Lermontov: A Hero of Our Time, D. Richards
Pushkin: Boris Godunov, V. Terras
Pushkin: The Bronze Horseman, T. Little
Pushkin: Eugene Onegin, A. Briggs & F. Sobotka
Pushkin: Little Tragedies (The Covetous Knight, Mozart and Salieri, The Stone Guest, The Feast During the Plague), V. Terras
Pushkin: The Queen of Spades, J. Forsyth
Pushkin: Tales of the Late Ivan Petrovich Belkin, A. Briggs
Tolstoy: Childhood, M. Pursglove
Tolstoy: The Death of Ivan Ilyich, M. Beresford
Tolstoy: Sebastopol in December/ Sebastopol in May, M. Pursglove
Turgenev: Asya, F. Gregory (rev. J. Andrew)
Turgenev: Fathers and Sons, E. Sands
Turgenev: First Love, F. Gregory & R. Lagerberg
Turgenev: A Month in the Country, T. Greenan
Turgenev: Mumu, J. Muckle
Turgenev: Rudin, P. Waddington

Also available in the Critical Studies in Russian Literature series:

McVay, G.: *Chekhov's Three Sisters*
Rayfield, D.: *Chekhov's Uncle Vania* and *The Wood Demon*

А.П. ЧЕХОВ РАССКАЗЫ

A.P. CHEKHOV SELECTED SHORT STORIES

EDITED BY G.A. BIRKETT & GLEB STRUVE

RUSSIAN STUDIES

PUBLISHED BY BRISTOL CLASSICAL PRESS
GENERAL EDITOR: JOHN H. BETTS
RUSSIAN TEXTS SERIES EDITOR: NEIL CORNWELL

This impression 2003
This edition published in 1994 by
Bristol Classical Press
an imprint of
Gerald Duckworth & Co. Ltd.
61 Frith Street, London W1D 3JL
Tel: 020 7434 4242
Fax: 020 7434 4420
inquiries@duckworth-publishers.co.uk
www.ducknet.co.uk

First published in 1951 by Oxford University Press

A catalogue record for this book is available
from the British Library

ISBN 1 85399 406 5

Printed and bound in Great Britain by
Antony Rowe Ltd, Eastbourne

CONTENTS

CHEKHOV: HIS LIFE AND WORK

ANTON PAVLOVICH CHEKHOV, generally recognized to-day as one of the greatest masters of the short story in world literature, was born on 17 January 1860 in Taganrog, an important commercial town on the Sea of Azov, in south Russia. The family was of peasant stock, and Chekhov's grandfather began his life as a serf, but succeeded in buying himself and his family out when Chekhov's father was still a boy. The writer's father built up a prosperous grocer's business in Taganrog. The family was large, closely united, and very religious. Anton Chekhov grew up in an atmosphere of relative middle-class prosperity and of strict observance of Church practices.

Though the parents themselves had but little education they saw to it that their several sons each received a good one. Anton Chekhov attended first a Greek private school (Taganrog had a considerable Greek population belonging to the merchant class) and then a State High School (*gimnaziya*). While still at school he showed, as did one of his elder brothers, some interest in literature and especially in the theatre. In 1876 the Chekhovs were forced by a bad turn in their business to move to Moscow, but Anton remained behind to complete his schooling. He joined his family three years later and matriculated in the Faculty of Medicine at the University of Moscow, where he studied until 1884. He said later that he knew of no better training for a writer than to spend some years in the medical profession. But in his own life medicine always remained in the background, and even before his reputation as a writer was established he practised but little.

Chekhov's literary début was made while he was still a student. Following in the footsteps of his brother Alexander, he began to contribute short stories, sketches, and parodies regularly to certain comic papers. They were signed 'Antosha Chekhonte', and under this facetious pen-name Chekhov acquired considerable popularity with the reading public and within a certain limited literary circle. His production at this time was very great (in 1883 alone he wrote no less than 120 stories and sketches), but its quality was on the whole rather low, although in some of the stories of this period one can already catch glimpses of the future Chekhov.

In 1885 one of his stories attracted the attention of the well-known novelist Grigorovich, a man of the same generation as Turgenev and Dostoevsky, who liked patronizing and encouraging budding young authors. Chekhov was invited to St. Petersburg and there made the acquaintance of Alexey Suvorin, editor of *Novoe Vremya*, the most important Russian daily. This meeting with Suvorin, and the encouragement which the young Chekhov received from such older writers as Grigorovich and Leskov, was a turning-point in his literary career. Until then he had looked upon his literary occupations as an amusement and an easy way of earning money by pandering to the low-brow tastes of the readers of *Oskolki* and other comic papers. When Grigorovich urged Chekhov to 'respect' his talent Chekhov answered: 'If I have a gift which has to be respected, then I must confess to your pure heart that hitherto I have not respected it.' Now he took literature more seriously.

There is a marked difference between Chekhov's stories

before 1886 (which in the selection given in this book are represented by *Tolsty i tonki, Ekzamen na chin, Neudacha,* and *Shutochka*) and those written after. In 1886 Suvorin published Chekhov's story *Panikhida* in the Literary Supplement to *Novoe Vremya,* and this began an association between Chekhov and Suvorin's paper which lasted several years and enabled Chekhov to gain a firm foothold in literature and to secure his independence. His relations with Suvorin grew into a warm friendship which for many years was not affected by Suvorin's political leanings (his *Novoe Vremya* was a pro-Government paper and Chekhov's participation in it was looked upon unfavourably in Russian progressive circles). In 1888 Chekhov stayed with Suvorin in the Crimea and travelled with him to the Caucasus. Later they went abroad together. After 1893 they drifted apart, largely for political reasons and, among other things, because of the attitude which Suvorin and his paper took up in the famous Dreyfus case. But Chekhov never denied the great debt he owed to Suvorin. His letters to Suvorin are among the most interesting in his voluminous correspondence.

When, with the help of Suvorin, Chekhov's literary reputation was established, he was able to drop his earlier hack-work for the comic papers. Parallel with an improvement in quality went a diminution in the quantity of his output: as against 129 stories and sketches in 1885 and 112 in 1886, he wrote 66 in 1887 and only 12 in 1888. To the year 1889 belongs *Skuchnaya istoriya,* one of Chekhov's most characteristic stories, which marks the beginning of his mature period. Most of his best stories were written between 1889 and 1895.

Soon after Chekhov had finished his University studies there appeared the first signs of an illness which can be traced back in its origins to a cold caught in boyhood when bathing, and which was to develop into tuberculosis and bring about his premature death. In the winter of 1889 there was a sharp turn for the worse in the state of Chekhov's health; he suffered from constant fever and nervous irritability, had nightmares, complained of *taedium vitae* and of an overpowering sense of frustration. Periods of frustration and lassitude, when he lost all interest in life, alternated with periods of acute restlessness, of *Wanderlust*. Chekhov talked of going to America or Australia. In the spring of 1890 he did in fact undertake a long and risky journey. Disregarding the advice of his friends and the state of his health, he set out on an adventurous trek across Siberia to visit Russian convict settlements on the island of Sakhalin. He spent over three months there, returning to Russia by sea. The outcome of this journey was a thorough study, in book form, of the life of the convicts. In this book, his only non-fiction work, Chekhov the writer and Chekhov the medical man with strong social-humanitarian propensities join hands.

In 1892 Chekhov was able to buy a small dilapidated country house at Melekhovo near Moscow and for five years he settled down to a quiet rural life with his parents and other members of the family, engaging in literature, in voluntary medical practice, and in social work among the peasants. But his illness continued to progress rapidly and in 1897 he was obliged to abandon Melekhovo and go south. Henceforth most of his life was spent either at Yalta in the Crimea, where he eventually made his home and built himself a villa (which now houses the Chekhov Museum), or at foreign health resorts, with occasional visits to Moscow and St. Petersburg. Even before he went to Melekhovo Chekhov had fallen under the spell of Tolstoy's moral teaching, and during his stay in Melekhovo the two often met (later they were to meet again in Yalta). Several of Chekhov's stories written about 1890–2 reflect his 'Tolstoyism', but he soon grew out of it. As early as 1891 he wrote to Suvorin: 'Alas! I shall never be a Tolstoyan. In women I love above all beauty, and in the history of mankind, that civilization which manifests itself in carpets, spring carriages, and wit.'

In October 1896 Chekhov's play *Chayka* (known in English as *The Seagull*), written the year before, was produced by the St. Petersburg Imperial Theatre. It was not Chekhov's first play—before this he had written *Ivanov* and *The Forest Spirit* (which was later to become *Uncle Vanya*), as well as several gay one-act comedies. *Chayka*, misunderstood by the actors and the public, was a complete failure, and after the first performance Chekhov fled back to Melekhovo in disgust and disappointment, vowing to himself never to write any more plays. But a little more than three years later (in December 1898) *Chayka* was to see the footlights in Moscow as one of the first ventures of a new theatrical undertaking headed by Stanislavsky and Nemirovich-Danchenko—the famous Moscow Art Theatre. This time the play was a sensational success, the names of Chekhov and the Moscow Art Theatre became indissolubly linked, and Chekhov wrote three more plays specially for Stanislavsky's theatre: *Uncle Vanya* in 1899, *The Three Sisters* in 1900, and *The Cherry Orchard* in 1903. Without

Stanislavsky and Nemirovich-Danchenko and their sympathetic handling of *Chayka*, Chekhov would probably never have written the other plays, of which the two last are undoubtedly his best. On the other hand, the reputation of the Moscow Art Theatre as a theatre, and as a pioneer of a new realism and a novel art of stage-craft, was built largely on Chekhov's plays. During this last period of his association with the Moscow Art Theatre he wrote very few stories.

In 1901 Chekhov married Olga Knipper, one of the principal actresses of the Moscow Art Theatre, who created some of the main parts in his plays and who to-day still lives in Moscow. Their short married life, spent mostly in their house at Yalta, was happy. On 17 January 1904 Chekhov was present at the first night of his *Cherry Orchard* in Moscow. In April he went back to Yalta, but in June his condition became worse and his doctor advised him to go to Badenweiler in the Black Forest. From there, on 13 June, Chekhov wrote a letter to his mother expressing a hope for recovery. Less than three weeks later, on 1 July, he died in his wife's arms.

As a man Chekhov was singularly attractive: kindly, generous, simple, unassuming. Gorky, with whom Chekhov was very friendly during the last few years of his life, said of him: 'I think that in Chekhov's presence everybody felt an instinctive desire to be simpler, more truthful, to be more himself, and more than once I saw people discard the motley array of bookish phrases and fashionable words and other cheap tricks with which a Russian, wishing to pass for a European, is fond of decorating himself just as a savage adorns himself with shells and fishes' teeth. Chekhov disliked fishes' teeth and cocks' feathers; everything motley, tinkling and foreign, which a man puts on to give himself airs, caused him embarrassment. . . . All his life Chekhov lived on the resources of his own soul, was always himself, always inwardly free and never bothered about what some people expected of Anton Chekhov, and others—coarser people—demanded of him. . . .' Another friend and fellow writer, Ivan Bunin, said of him: ' He was fond of life and joy and longed for happiness. '

GUIDE TO FURTHER READING

The definitive edition of Chekhov so far is the 30-volume complete edition published by the Academy of Sciences in Moscow in 1974-83; for these and the comprehensive notes on them see:

A.P. Chekhov *Polnoe sobranie sochinenii i pisem v tridtsati tomakh, Sochineniia* vols 8 and 10 (Nauka, Moscow, 1977).

Chudakov, A.P., *Chekhov's Poetics*, translated by Edwina Jannie Cruise and Donald Dragt (Ardis, Ann Arbor, 1983).

Gerhardie, William, *Anton Chekhov: A Critical Study* (MacDonald, London, 1974). (First published in 1923, but still revealing.)

Hahn, Beverley, *Chekhov: A Study of the Major Stories and Plays* (Cambridge University Press, Cambridge, 1977).

(transl.) Heim, Michael Henry in collaboration with Simon Karlinsky, *The Letters of Anton Chekhov*, Selection, commentary and introduction by Simon Karlinsky (Harper & Row, New York, 1973 and The Bodley Head, London, 1973); paperback edition as *Anton Chekhov's Life and Thought* (University of California Press, Berkeley, 1976).

Hingley, Ronald, *Chekhov: A Biographical and Critical Study* (Barnes & Noble, New York, 1950; paperback edition by Unwin Books, London, 1966).

———— *A New Life of Anton Chekhov* (Oxford University Press, London, 1976; paperback edition as *A Life of Anton Chekhov*, Oxford University Press, 1989).

———— (transl. and ed.) *The Oxford Chekhov* 9 vols (Oxford University Press, London, 1964-80). See vols 6 and 9 for these stories, translated as *The Butterfly, A Hard Case* and *Angel*; N.B. introduction and notes.)

Jackson, R.L. (ed.) *Chekhov: A Collection of Critical Essays* (Prentice Hall, Englewood Cliffs, New Jersey, 1967).

———— *Reading Chekhov's Texts* (Northwestern University Press, Evanston, Ill. 1993).

Pritchett, V.S., *Chekhov: A Biography* (Hodder & Stoughton, London, 1988; paperback edition by Penguin Books, London 1990).

Rayfield, Donald, *Chekhov: The Evolution of his Art* (Paul Elek, London, 1975).

Simmons, Ernest J., *Chekhov: A Biography* (Little, Brown & Co., Boston, 1962; paperback edition by Chicago University Press, Chicago, 1970).

Troyat, Henri (translated by Michael Henry Heim), *Chekhov* (E.P. Dutton, New York, 1986; Macmillan, London, 1987; paperback edition by Hamish Hamilton, London, 1987).

Tulloch, John, *Chekhov: A Structuralist Study* (Macmillan, London and Basingstoke, 1980).

in Russian:

Berdnikov, G.P., *A.P. Chekhov: ideinye i tvorcheskie iskaniia* (Goslitizdat, Moscow-Leningrad, 1961) (and later editions).

Gitovich, N.I., *Letopis' zhizni i tvorchestva A.P. Chekhova* (Goslitizdat, Moscow, 1955).

Golubov, S.N. (ed.) *et al.*, *A.P. Chekhov v vospominaniiakh sovremennikov* (Goslitizdat, Moscow, 1960) (and later editions).

Kataev, V.B., *Proza Chekhova: problemy interpretatsii* (Izdatel'stvo Moskovskogo gosudarstvenngo universiteta, Moscow, 1979).

Polotskaia, E.A., *Chekhov: dvizhenie khudozhestvennoi mysli* (Sovetskii pisatel', Moscow, 1979).

Turkov A.M., *Chekhov i ego vremia* (Khudozhlit, Moscow, 1980).

1. ТОЛСТЫЙ И ТОНКИЙ

На вокзале Николаевской железной дороги встретились два приятеля: один толстый, другой тонкий. Толстый только-что пообедал на вокзале, и губы его, подёрнутые маслом, лоснились, как спелые вишни. Пахло от него хересом и флёр-д'оранжем. Тонкий же только-что вышел из вагона и был навьючен чемоданами, узлами и картонками. Пахло от него ветчиной и кофейной гущей. Из-за его спины выглядывала худенькая женщина с длинным подбородком — его жена, и высокий гимназист с прищуренным глазом — его сын.

— Порфирий! — воскликнул толстый, увидев тонкого. — Ты ли это? Голубчик мой! Сколько зим, сколько лет!

— Батюшки! — изумился тонкий. — Миша! друг детства! откуда ты взялся?

Приятели троекратно облобызались и устремили друг на друга глаза, полные слёз. Оба были приятно ошеломлены.

— Милый мой! — начал тонкий после лобызания. — Вот не ожидал! Вот сюрприз! ну, да погляди же на меня хорошенько! Такой же красавец, как и был! Такой же душонок и щёголь! Ах, ты Господи! Ну, что же ты? Богат? Женат? Я уже женат, как видишь. . . . Это вот моя жена, Луиза, урождённая Ванценбах . . . лютеранка. . . . А это сын мой, Нафанаил, ученик III класса. Это, Нафаня, друг моего детства! В гимназии вместе учились.

Нафанаил немного подумал и снял шапку.

— В гимназии вместе учились! — продолжал тонкий. — Помнишь, как тебя дразнили? Тебя дразнили Геростратом за то, что ты казённую книжку папиросной прожёг, а меня́ Эфиа́льтом за то, что я я́бедничать люби́л. Хо-хо. . . . Детьми́ бы́ли! Не бо́йся, Нафа́ня! Подойди́ к нему́ побли́же. . . . А э́то моя́ жена́, урождённая Ванценба́х . . . лютера́нка.

Нафанаи́л немно́го поду́мал и спря́тался за́ спину отца́. 5

— Ну, как живёшь, друг? — спроси́л то́лстый, восто́рженно гля́дя на дру́га. — Слу́жишь где? Дослужи́лся?

— Служу́, ми́лый мой! Колле́жским асе́ссором уже́ второ́й год и Станисла́ва име́ю. Жа́лованье плохо́е . . . 10 ну, да Бог с ним! Жена́ уро́ки му́зыки даёт, я портсига́ры прива́тно из де́рева де́лаю. Отли́чные портсига́ры! По рублю́ за шту́ку прода́ю. Е́сли кто берёт де́сять штук и бо́лее, тому́, понима́ешь, усту́пка. Пробавля́емся ко́е-ка́к. Служи́л, зна́ешь, в департа́менте, а тепе́рь 15 сюда́ переведён столонача́льником по тому́ же ве́домству. . . . Здесь бу́ду служи́ть. Ну, а ты как? Небо́сь, уже́ ста́тский? А?

— Нет, ми́лый мой, поднима́й повы́ше, — сказа́л то́лстый. — Я уже́ до та́йного дослужи́лся. . . . Две 20 звезды́ име́ю.

То́нкий вдруг побледне́л, окамене́л, но ско́ро лицо́ его́ искриви́лось во все сто́роны широча́йшей улы́бкой; каза́лось, что от лица́ и глаз его́ посы́пались и́скры. Сам он съёжился, сго́рбился, су́зился. . . . Его́ чемода́ны, 25 узлы́ и карто́нки съёжились, помо́рщились. . . . Дли́нный подборо́док жены́ стал ещё длинне́е; Нафанаи́л вы́тянулся во фрунт и застегну́л все пу́говки своего́ мунди́ра. . . .

— Я, ва́ше превосходи́тельство. . . . О́чень прия́тно-с! Друг, мо́жно сказа́ть, де́тства и вдруг вы́шли в таки́е 30 вельмо́жи-с! Хи-хи-с!

— Ну, полно! — поморщился толстый. — Для чего
этот тон? Мы с тобой друзья детства — и к чему тут это
чинопочитание!

— Помилуйте.... Что вы-с... — захихикал тонкий,
ещё более съёживаясь. — Милостивое внимание вашего
превосходительства ... вроде как бы живительной
влаги.... Это вот, ваше превосходительство, сын мой
Нафанаил ... жена Луиза, лютеранка, некоторым
образом....

Толстый хотел-было возразить что-то, но на лице у
тонкого было написано столько благоговения, сладости и
почтительной кислоты, что тайного советника стошнило.
Он отвернулся от тонкого и подал ему на прощанье руку.

Тонкий пожал три пальца, поклонился всем туловищем
и захихикал, как китаец: «хи-хи-хи». Жена улыбнулась.
Нафанаил шаркнул ногой и уронил фуражку. Все трое
были приятно ошеломлены.

2. МАЛЬЧИКИ

— Володя приехал! — крикнул кто-то на дворе.

— Володичка приехали! — завопила Наталья, вбегая в столовую. — Ах, Боже мой!

Вся семья Королёвых, с часу на час поджидавшая своего Володю, бросилась к окнам. У подъезда стояли широкие розвальни, и от тройки белых лошадей шёл густой туман. Сани были пусты, потому что Володя уже стоял в сенях и красными, озябшими пальцами развязывал башлык. Его гимназическое пальто, фуражка, калоши и волосы на висках были покрыты инеем, и весь он от головы до ног издавал такой вкусный морозный запах, что, глядя на него, хотелось озябнуть и сказать: «бррр!». Мать и тётка бросились обнимать и целовать его, Наталья повалилась к его ногам и начала стаскивать с него валенки, сёстры подняли визг, двери скрипели, хлопали, а отец Володи в одной жилетке и с ножницами в руках вбежал в переднюю и закричал испуганно:

— А мы тебя ещё вчера ждали! Хорошо доехал? Благополучно? Господи Боже мой, да дайте же ему с отцом поздороваться! Что я не отец, что ли?

— Гав! Гав! — ревёл басом Милорд, огромный, чёрный пёс, стуча хвостом по стенам и по мебели.

Всё смешалось в один сплошной, радостный звук, продолжавшийся минуты две. Когда первый порыв радости прошёл, Королёвы заметили, что кроме Володи в передней находился ещё один маленький человек, укутанный в платки, шали и башлыки и покрытый инеем; он неподвижно стоял в углу, в тени, бросаемой большою лисьей шубой.

— Воло́дичка, а э́то же кто? — спроси́ла шо́потом мать.

— Ах! — спохвати́лся Воло́дя. — Э́то, честь име́ю предста́вить, мой това́рищ Чечеви́цын, учени́к второ́го 5 кла́сса. ... Я привёз его́ с собо́й погости́ть у нас.

— О́чень прия́тно, ми́лости про́сим! — сказа́л ра́достно оте́ц. — Извини́те, я по-дома́шнему, без сюртука́. ... Пожа́луйте! Ната́лья, помоги́ господи́ну Черепи́цыну разде́ться! Го́споди Бо́же мой, да прогони́те э́ту соба́ку! 10 Э́то наказа́ние!

Немно́го погодя́ Воло́дя и его́ друг Чечеви́цын, ошеломлённые шу́мной встре́чей и всё ещё ро́зовые от хо́лода, сиде́ли за столо́м и пи́ли чай. Зи́мнее со́лнышко, проника́я сквозь снег и узо́ры на о́кнах, дрожа́ло на 15 самова́ре и купа́ло свои́ чи́стые лучи́ в полоска́тельной ча́шке. В ко́мнате бы́ло тепло́, и ма́льчики чу́вствовали, как в их озя́бших тела́х, не жела́я уступа́ть друг дру́гу, щекота́лись тепло́ и моро́з.

— Ну, вот ско́ро и Рождество́! — говори́л нараспе́в 20 оте́ц, крутя́ из тёмно-ры́жего табаку́ папиро́су. — А давно́ ли бы́ло ле́то и мать пла́кала, тебя́ провожа́ючи? Ан ты и прие́хал. ... Вре́мя, брат, идёт бы́стро! А́хнуть не успе́ешь, как ста́рость придёт. Господи́н Чи́бисов, ку́шайте, прошу́ вас, не стесня́йтесь! У нас по́просту.

25 Три сестры́ Воло́ди, Ка́тя, Со́ня и Ма́ша — са́мой ста́ршей из них бы́ло оди́ннадцать лет, — сиде́ли за столо́м и не отрыва́ли глаз от но́вого знако́мого. Чечеви́цын был тако́го же во́зраста и ро́ста, как Воло́дя, но не так пухл и бел, а худ, смугл, покры́т весну́шками. 30 Во́лосы у него́ бы́ли щети́нистые, глаза́ у́зенькие, гу́бы то́лстые, вообще́ был он о́чень некраси́в, и е́сли б на нём

не́ было гимнази́ческой ку́ртки, то по нару́жности его́
мо́жно бы́ло бы приня́ть за куха́ркина сы́на. Он был
угрю́м, всё вре́мя молча́л и ни ра́зу не улыбну́лся.
Де́вочки, гля́дя на него́, сра́зу сообрази́ли, что э́то,
должно́-быть, о́чень у́мный и учёный челове́к. Он о   5
чём-то всё вре́мя ду́мал и так был за́нят свои́ми мы́слями,
что когда́ его́ спра́шивали о чём-нибудь, то он вздра́гивал,
встря́хивал голово́й и проси́л повтори́ть вопро́с.

Де́вочки заме́тили, что и Воло́дя, всегда́ весёлый и
разгово́рчивый, на э́тот раз говори́л ма́ло, во́все не   10
улыба́лся и как бу́дто да́же не рад был тому́, что прие́хал
домо́й. Пока́ сиде́ли за ча́ем, он обрати́лся к сёстрам
то́лько раз, да и то с каки́ми-то стра́нными слова́ми. Он
указа́л па́льцем на самова́р и сказа́л:

— А в Калифо́рнии вме́сто ча́ю пьют джин.   15

Он то́же был за́нят каки́ми-то мы́слями и, су́дя по тем
взгля́дам, каки́ми он и́зредка обме́нивался с дру́гом
свои́м Чечеви́цыным, мы́сли у ма́льчиков бы́ли о́бщие.

По́сле ча́ю все пошли́ в де́тскую. Оте́ц и де́вочки се́ли
за стол и заняли́сь рабо́той, кото́рая была́ пре́рвана   20
прие́здом ма́льчиков. Они́ де́лали из разноцве́тной
бума́ги цветы́ и бахрому́ для ёлки. Э́то была́ увлека́-
тельная и шу́мная рабо́та. Ка́ждый вновь сде́ланный
цвето́к де́вочки встреча́ли восто́рженными кри́ками,
да́же кри́ками у́жаса, то́чно э́тот цвето́к па́дал с не́ба;   25
папа́ша то́же восхища́лся и и́зредка броса́л но́жницы
на́ пол, сердя́сь на них за то, что они́ ту́пы. Мама́ша
вбега́ла в де́тскую с о́чень озабо́ченным лицо́м и спра́-
шивала:

— Кто взял мой но́жницы? Опя́ть ты, Ива́н Никола́ич,   30
взял мой но́жницы?

— Го́споди Бо́же мой, да́же но́жниц не даю́т! — отвеча́л пла́чущим го́лосом Ива́н Никола́ич и, отки́нувшись на спи́нку сту́ла, принима́л по́зу оскорблённого челове́ка, но че́рез мину́ту опя́ть восхища́лся.

5 В предыду́щие свои́ прие́зды Воло́дя то́же занима́лся приготовле́ниями для ёлки и́ли бе́гал на двор погляде́ть, как ку́чер и пасту́х де́лали снегову́ю го́ру, но тепе́рь он и Чечеви́цын не обрати́ли никако́го внима́ния на разноцве́тную бума́гу и ни ра́зу да́же не побыва́ли в коню́шне,
10 а се́ли у окна́ и ста́ли о чём-то шепта́ться; пото́м они́ о́ба вме́сте раскры́ли географи́ческий а́тлас и ста́ли рассма́тривать каку́ю-то ка́рту.

— Снача́ла в Пермь . . . — ти́хо говори́л Чечеви́цын. — Отту́да в Тюме́нь . . . пото́м Томск . . . пото́м . . . пото́м . . .
15 в Камча́тку. . . . Отсю́да самое́ды перевезу́т на ло́дках че́рез Бе́рингов проли́в. . . . Вот тебе́ и Аме́рика. . . . Тут мно́го пушны́х звере́й.

— А Калифо́рния? — спроси́л Воло́дя.

— Калифо́рния ни́же. . . . Лишь бы в Аме́рику попа́сть,
20 а Калифо́рния не за гора́ми. Добыва́ть же себе́ пропита́ние мо́жно охо́той и грабежо́м.

Чечеви́цын весь день сторони́лся де́вочек и гляде́л на них исподло́бья. По́сле вече́рнего ча́я случи́лось, что его́ мину́т на́ пять оста́вили одного́ с де́вочками. Он
25 суро́во ка́шлянул, потёр пра́вой ладо́нью ле́вую ру́ку, погляде́л угрю́мо на Ка́тю и спроси́л:

— Вы чита́ли Майн-Ри́да?

— Нет, не чита́ла. . . . Послу́шайте, вы уме́ете на конька́х ката́ться?
30 Погружённый в свои́ мы́сли, Чечеви́цын ничего́ не отве́тил на э́тот вопро́с, а то́лько си́льно наду́л щёки и

сде́лал тако́й вздох, как бу́дто ему́ бы́ло о́чень жа́рко. Он
ещё раз по́днял глаза́ на Ка́тю и сказа́л:

— Когда́ ста́до бизо́нов бежи́т че́рез пампа́сы, то
дрожи́т земля́, а в э́то вре́мя муста́нги, испуга́вшись,
брыка́ются и ржут.   5

Чечеви́цын гру́стно улыбну́лся и доба́вил:

— А та́кже инде́йцы напада́ют на поезда́. Но ху́же
всего́ э́то моски́ты и терми́ты.

А что́ э́то тако́е?

— Э́то вро́де мура́вчиков, то́лько с кры́льями. О́чень 10
си́льно куса́ются. Зна́ете, кто я?

— Господи́н Чечеви́цын.

— Нет. Я Монтиго́мо, Ястреби́ный Ко́готь, вождь
непобеди́мых.

Ма́ша, са́мая ма́ленькая де́вочка, погляде́ла на него́, 15
пото́м на окно́, за кото́рым уже́ наступа́л ве́чер, и сказа́ла
в разду́мьи:

— А у нас чечеви́цу вчера́ гото́вили.

Соверше́нно непоня́тные слова́ Чечеви́цына и то, что
он постоя́нно шепта́лся с Воло́дей, и то, что Воло́дя не 20
игра́л, а всё ду́мал о чём-то, — всё э́то бы́ло зага́дочно и
стра́нно. И о́бе ста́ршие де́вочки, Ка́тя и Со́ня, ста́ли
зо́рко следи́ть за ма́льчиками. Ве́чером, когда́ ма́льчики
ложи́лись спать, де́вочки подкра́лись к две́ри и под-
слу́шали их разгово́р. О, что́ они́ узна́ли! Ма́льчики 25
собира́лись бежа́ть куда́-то в Аме́рику добыва́ть зо́лото;
у них для доро́ги бы́ло уже́ всё гото́во: пистоле́т, два
ножа́, сухари́, увеличи́тельное стекло́ для добыва́ния
огня́, ко́мпас и четы́ре рубля́ де́нег. Они́ узна́ли, что
ма́льчикам придётся пройти́ пешко́м не́сколько ты́сяч 30
вёрст, а по доро́ге сража́ться с ти́грами и дикаря́ми,

пото́м добыва́ть зо́лото и слоно́вую кость, убива́ть враго́в, поступа́ть в морски́е разбо́йники, пить джин и в конце́ концо́в жени́ться на краса́вицах и обраба́тывать планта́-ции. Воло́дя и Чечеви́цын говори́ли и в увлече́нии
5 перебива́ли друг дру́га. Себя́ Чечеви́цын называ́л при э́том так: «Монтиго́мо Ястреби́ный Ко́готь», а Воло́дю — «бледноли́цый брат мой».

— Ты смотри́ же, не говори́ ма́ме, — сказа́ла Ка́тя Со́не, отправля́ясь с ней спать. — Воло́дя привезёт нам
10 из Аме́рики зо́лота и слоно́вой ко́сти, а е́сли ты ска́жешь ма́ме, то его́ не пу́стят.

Накану́не соче́льника Чечеви́цын це́лый день рассма́-тривал ка́рту А́зии и что-то запи́сывал, а Воло́дя, то́мный, пу́хлый, как уку́шенный пчело́й, угрю́мо
15 ходи́л по ко́мнатам и ничего́ не ел. И раз да́же в де́тской он останови́лся пе́ред ико́ной, перекрести́лся и сказа́л:

— Го́споди, прости́ меня́ гре́шного! Го́споди, сохрани́ мою́ бе́дную, несча́стную ма́му!
20 К ве́черу он распла́кался. Идя́ спать, он до́лго обнима́л отца́, мать и сестёр. Ка́тя и Со́ня понима́ли, в чём тут де́ло, а мла́дшая, Ма́ша, ничего́ не понима́ла, реши́тельно ничего́, и то́лько при взгля́де на Чечеви́цына заду́мывалась и говори́ла со вздо́хом:
25 — Когда́ пост, ня́ня говори́т, на́до ку́шать горо́х и чечеви́цу.

Ра́но у́тром в соче́льник Ка́тя и Со́ня ти́хо подняли́сь с посте́лей и пошли́ подсмотре́ть, как ма́льчики бу́дут бежа́ть в Аме́рику. Подкра́лись к две́ри.
30 — Так ты не пое́дешь? — серди́то спра́шивал Чечеви́-цын. — Говори́: не пое́дешь?

— Господи! — тихо плакал Володя. — Как же я поеду? Мне маму жалко.

— Бледнолицый брат мой, я прошу тебя, поедем! Ты же уверял, что поедешь, сам меня сманил, а как ехать, так вот и струсил.

— Я . . . я не струсил, а мне . . . мне маму жалко.

— Ты говори: поедешь, или нет?

— Я поеду, только . . . только погоди. Мне хочется дома пожить.

— В таком случае, я сам поеду! — решил Чечевицын. — И без тебя обойдусь. А ещё тоже хотел охотиться на тигров, сражаться! Когда так, отдай же мои пистоны!

Володя заплакал так горько, что сёстры не выдержали и тоже тихо заплакали. Наступила тишина.

— Так ты не поедешь? — ещё раз спросил Чечевицын.

— По . . . поеду.

— Так одевайся!

И Чечевицын, чтобы уговорить Володю, хвалил Америку, рычал как тигр, изображал пароход, бранился, обещал отдать Володе всю слоновую кость и все львиные и тигровые шкуры.

И этот худенький, смуглый мальчик со щетинистыми волосами и веснушками казался девочкам необыкновенным, замечательным. Это был герой, решительный, неустрашимый человек, и рычал он так, что, стоя за дверями, в самом деле можно было подумать, что это тигр или лев.

Когда девочки вернулись к себе и одевались, Катя с глазами полными слёз сказала:

— Ах, мне гак страшно!

До двух часов, когда сели обедать, всё было тихо, но

за обедом вдруг оказалось, что мальчиков нет дома. Послали в людскую, в конюшню, во флигель к приказчикам — там их нè было. Послали в деревню — и там не нашли. И чай потом тоже пили без мальчиков, а когда садились ужинать, мамаша очень беспокоилась, даже плакала. А ночью опять ходили в деревню, искали, ходили с фонарями нà реку. Боже, какая поднялась суматоха!

На другой день приезжал урядник, писали в столовой какую-то бумагу. Мамаша плакала.

Но вот у крыльца остановились розвальни, и от тройки белых лошадей валил пар.

— Володя приехал! — крикнул кто-то на дворе.

— Володичка приехали! — завопила Наталья, вбегая в столовую.

И Милорд залаял басом: «гав! гав!» Оказалось, что мальчиков задержали в городе, в Гостином дворе (там они ходили и всё спрашивали, где продаётся порох). Володя, как вошёл в переднюю, так и зарыдал и бросился матери на шею. Девочки, дрожа, с ужасом думали о том, чтò теперь будет, слышали, как папаша повёл Володю и Чечевицына к себе в кабинет и долго там говорил с ними; и мамаша тоже говорила и плакала.

— Разве это так можно? — убеждал папаша. — Не дай Бог, узнают в гимназии, вас исключат. А вам стыдно, господин Чечевицын! Не хорошо-с! Вы зачинщик и, надеюсь, вы будете наказаны вашими родителями. Разве это так можно? Вы где ночевали?

— На вокзале! — гордо ответил Чечевицын.

Володя потом лежал, и ему к голове прикладывали полотенце, смоченное в уксусе. Послали куда-то телегра́мму, и на друго́й день прие́хала да́ма, мать Чечеви́цына, и увезла́ своего́ сы́на.

Когда́ уезжа́л Чечеви́цын, то лицо́ у него́ бы́ло суро́вое, надме́нное, и, проща́ясь с де́вочками, он не сказа́л ни одного́ сло́ва; то́лько взял у Ка́ти тетра́дку и написа́л в 5 знак па́мяти:

«Монтиго́мо Ястреби́ный Ко́готь.»

3. ЭКЗАМЕН НА ЧИН

— Учитель географии Галкин на меня злобу имеет и, верьте-с, я у него не выдержу сегодня экзамента, — говорил, нервно потирая руки и потея, приёмщик Х-го почтового отделения Ефим Захарыч Фендриков, седой, бородатый человек с почтенной лысиной и солидным животом. — Не выдержу . . . Это как Бог свят. . . . А злится он на меня совсем из-за пустяков-с. Приходит ко мне однажды с заказным письмом и сквозь всю публику лезет, чтоб я, видите ли, принял сперва его письмо, а потом уж прочие. Это не годится. . . . Хоть он и образованного класса, а всё-таки соблюдай порядок и жди. Я ему сделал приличное замечание. «Дожидайтесь, говорю, очереди, милостивый государь.» Он вспыхнул, и с той поры восстаёт на меня, аки Саул. Сынишке моему Егорушке единицы выводит, а про меня разные названия по городу распускает. Иду я однажды-с мимо трактира Кухтина, а он высунулся с бильярдным кием из окна и кричит в пьяном виде на всю площадь:

— «Господа, поглядите: марка, бывшая в употреблении, идёт!»

Учитель русского языка Пивомёдов, стоявший в передней Х-го уездного училища вместе с Фендриковым и снисходительно куривший его папиросу, пожал плечами и успокоил:

— Не волнуйтесь. У нас и примера не было, чтоб вашего брата на экзаменах резали. Проформа!

Фендриков успокоился, но не надолго. Через переднюю прошёл Галкин, молодой человек с жидкой, словно оборванной, бородкой, в парусинковых брюках и новом

си́нем фра́ке. Он стро́го посмотре́л на Фе́ндрикова и
прошёл да́льше.

Зате́м разнёсся слух, что инспе́ктор е́дет. Фе́ндриков
похолоде́л и стал ждать с тем стра́хом, кото́рый так
хорошо́ изве́стен всем подсуди́мым и экзамену́ющимся   5
впервы́е. Че́рез пере́днюю пробежа́л на у́лицу шта́тный
смотри́тель уе́здного учи́лища Ха́мов. За ним спеши́л
навстре́чу к инспе́ктору законоучи́тель Змиежа́лов в
камила́вке и с напе́рсным кресто́м. Туда́ же стреми́лись
и про́чие учителя́. Инспе́ктор наро́дных учи́лищ Аха́хов 10
гро́мко поздоро́вался, вы́разил своё неудово́льствие на
пыль и вошёл в учи́лище. Че́рез пять мину́т приступи́ли
к экза́менам.

Проэкзаменова́ли двух попо́вичей на се́льского учи́теля.
Оди́н вы́держал, друго́й же не вы́держал. Провали́вшийся 15
вы́сморкался в кра́сный плато́к, постоя́л немно́го,
поду́мал и ушёл. Проэкзаменова́ли двух вольноопре-
деля́ющихся тре́тьего разря́да. По́сле э́того про́бил час
Фе́ндрикова. . . .

— Вы где слу́жите? — обрати́лся к нему́ инспе́ктор.   20
— Приёмщиком в зде́шнем почто́вом отделе́нии, ва́ше
высокоро́дие, — проговори́л он, выпрямля́ясь и стара́ясь
скрыть от пу́блики дрожа́ние свои́х рук. — Прослужи́л
два́дцать оди́н год, ва́ше высокоро́дие, а ны́не потре́-
бованы све́дения для представле́ния меня́ к чи́ну кол- 25
ле́жского регистра́тора, для чего́ и осме́ливаюсь
подве́ргнуться испыта́нию на пе́рвый кла́ссный чин.
— Так-с. . . . Напиши́те дикта́нт.
Пивомёдов подня́лся, ка́шлянул и на́чал диктова́ть
густы́м, пронзи́тельным ба́сом, стара́ясь улови́ть экзаме- 30
ну́ющегося на слова́х, кото́рые пи́шутся не так, как

выгова́риваются: «хараша́ хало́дная вада́, когда́ хо́чица пить» и проч.

Но как ни изощря́лся хитроу́мный Пивомёдов, дикта́нт удался́. Бу́дущий колле́жский регистра́тор сде́лал 5 немно́го оши́бок, хотя́ и напира́л бо́льше на красоту́ букв, чем на грамма́тику. В сло́ве «чрезвыча́йно» он написа́л два «н», сло́во «лу́чше» написа́л «лу́тше», а слова́ми «но́вое по́прище» вы́звал на лице́ инспе́ктора улы́бку, так как написа́л «но́вое по́дприще»; но ведь 10 всё э́то не гру́бые оши́бки.

— Дикта́нт удовлетвори́телен, — сказа́л инспе́ктор.

— Осме́люсь довести́ до све́дения ва́шего высокоро́дия, — сказа́л подбодрённый Фе́ндриков, и́скоса погля́дывая на врага́ своего́ Га́лкина: — осме́люсь доложи́ть, что гео- 15 ме́трию я учи́л из кни́ги Давы́дова, отча́сти же обуча́лся ей у племя́нника Варсоно́фия, приезжа́вшего на кани́кулах из Тро́ице-Се́ргиевской, Вифа́нской тож, семина́рии. И планиме́трию учи́л, и стереоме́трию . . . всё как есть . . . .

— Стереоме́трии по програ́мме не полага́ется.

20 — Не полага́ется? А я ме́сяц над ней сиде́л. . . . Э́такая жа́лость! — вздохну́л Фе́ндриков.

— Но оста́вим пока́ геоме́трию. Обрати́мся к нау́ке, кото́рую вы, как чино́вник почто́вого ве́домства, вероя́тно лю́бите. Геогра́фия — нау́ка почтальо́нов.

25 Все учителя́ почти́тельно улыбну́лись. Фе́ндриков был не согла́сен с тем, что геогра́фия есть нау́ка почтальо́нов (об э́том нигде́ нѐ было напи́сано: ни в почто́вых пра́вилах, ни в прика́зах по о́кругу), но из почти́тельности сказа́л:

— «То́чно так». Он не́рвно ка́шлянул и с у́жасом стал 30 ждать вопро́сов. Его́ враг Га́лкин отки́нулся на спи́нку сту́ла и, не гля́дя на него́, спроси́л протя́жно:

— Э . . . скажите мне, какое правление в Турции?

— Известно какое . . . турецкое. . . .

— Гм! . . . турецкое. . . . Это понятие растяжимое. Там правление конституционное. А какие вы знаете притоки Ганга?

— Я географию Смирнова учил и, извините, не отчётливо выучил. . . . Ганг, это которая река в Индии текёт . . . Река эта текёт в океан.

— Я вас не про это спрашиваю. Какие притоки имеет Ганг? Не знаете? А где течёт Аракс? И этого не знаете? Странно. . . . Какой губернии Житомир?

— Тракт 18, место 121.

На лбу у Фёндрикова выступил холодный пот. Он замигал глазами и сделал такое глотательное движёние. что показалось, будто он проглотил свой язык.

— Как перед истинным Богом, ваше высокородие, — забормотал он. — Даже отец протоиерей могут подтвердить. . . . Двадцать один год прослужил и теперь это самое, которое. . . . Век буду Бога молить. . . .

— Хорошо, оставим географию. Что вы из арифметики приготовили?

— И арифметику не отчётливо. . . . Даже отец протоиерей могут подтвердить. . . . Век буду Бога молить. . . . С самого Покрова учусь, учусь и . . . ничего толку. . . . Постарел для умственности. . . . Будьте столь милостивы, ваше высокородие, заставьте вечно Бога молить.

На ресницах у Фёндрикова повисли слёзы.

— Прослужил честно и беспорочно. . . . Говёю ежегодно. . . . Даже отец протоиерей могут подтвердить. . . . Будьте великодушны, ваше высокородие.

— Ничего не приготовили?

— Всё приготовил-с, но ничего не помню-с. . . . Скоро шестьдесят стукнет, ваше высокородие, где уж тут за науками угоняться? Сделайте милость!

— Уж и шапку с кокардой себе заказал . . . — сказал 5 протоиерей Змиежалов и усмехнулся.

— Хорошо, ступайте! — сказал инспектор.

Через полчаса Фендриков шёл с учителями в трактир Кухтина пить чай и торжествовал. Лицо у него сияло, в глазах светилось счастье, но ежеминутное почёсывание 10 затылка показывало, что его терзала какая-то мысль.

— Экая жалость! — бормотал он. — Ведь этакая, скажи на милость, глупость с моей стороны!

— Да что такое? — спросил Пивомёдов.

— Зачем я стереометрию учил, ежели её в программе 15 нет? Ведь целый месяц над ней, подлой, сидел. Этакая жалость!

4. НЕУДАЧА

Илья Сергеич Пеплов и жена его Клеопатра Петровна стояли у двери и жадно подслушивали. За дверью, в маленькой зале, происходило, повидимому, объяснение в любви; объяснялись их дочь Наташенька и учитель уездного училища Щупкин. 5

— Клюёт! — шептал Пеплов, дрожа от нетерпения и потирая руки. — Смотри же, Петровна, как только заговорят о чувствах, тотчас же снимай со стены образ и идём благословлять. . . . Накроем. . . . Благословение образом свято и ненарушимо. . . . Не отвертится тогда, 10 пусть хоть в суд подаёт.

А за дверью происходил такой разговор:

— Оставьте ваш характер, — говорил Щупкин, зажигая спичку о свои клетчатые брюки. — Вовсе я не писал вам писем! 15

— Ну, да! Будто я не знаю вашего почерка! — хохотала девица, манерно взвизгивая и то и дело поглядывая на себя в зеркало. — Я сразу узнала! И какие вы странные! Учитель чистописания, а почерк как у курицы! Как же вы учите писать, если сами плохо пишете? 20

— Гм! . . . Это ничего не значит-с. В чистописании главное не почерк, главное, чтоб ученики не забывались. Кого линейкой по голове ударишь, кого на колени. . . . Да чтò почерк! Пустое дело! Некрасов писатель был, а совестно глядеть, как он писал. В собрании сочинений 25 показан его почерк.

— То Некрасов, а то вы . . . (вздох). Я за писателя с удовольствием бы пошла. Он постоянно бы мне стихи на память писал!

— Стихи́ и я могу́ написа́ть вам, е́жели жела́ете.

— О чём же вы писа́ть мо́жете?

— О любви́ . . . о чу́вствах . . . о ва́ших глаза́х. . . .
Прочтёте — очуме́ете. . . . Слеза́ прошибёт! А е́жели я
напишу́ вам поэти́ческие стихи́, то дади́те тогда́ ру́чку
поцелова́ть?

— Велика́ ва́жность! . . . Да хоть сейча́с целу́йте!

Щу́пкин вскочи́л и, вы́пучив глаза́, припа́л к пу́хлой,
па́хнувшей яи́чным мы́лом ру́чке.

— Снима́й о́браз! — заторопи́лся Пе́плов, толкну́в
ло́ктем свою́ жену́, бледне́я от волне́ния и застёгиваясь.

— Идём! ну!

И не ме́для ни секу́нды, Пе́плов распахну́л дверь.

— Де́ти . . . — забормота́л он, воздева́я ру́ки и
слезли́во мига́я глаза́ми. — Госпо́дь вас благослови́т,
де́ти мой́. . . . Живи́те . . . плоди́тесь . . . размножа́й-
тесь. . . .

— И . . . и я благословля́ю . . . — проговори́ла мама́ша,
пла́ча от сча́стья. — Бу́дьте сча́стливы, дороги́е! О, вы
отнима́ете у меня́ еди́нственное сокро́вище! — обрати́лась
она́ к Щу́пкину. — Люби́те же мою́ дочь, жале́йте её. . . .

Щу́пкин рази́нул рот от изумле́ния и испу́га. Присту́п
роди́телей был так внеза́пен и смел, что он не мог вы́гово-
рить ни одного́ сло́ва.

«Попа́лся! Округи́ли! — поду́мал он, мле́я от у́жаса.
— кры́шка тепе́рь тебе́, брат! не вы́скочишь!»

И он поко́рно подста́вил свою́ го́лову, как бы жела́я
сказа́ть: «бери́те, я побеждён!»

— Бла . . . благословля́ю . . . — продолжа́л папа́ша и
то́же запла́кал. — Ната́шенька, дочь моя́ . . . станови́сь
ря́дом. . . . Петро́вна, дава́й о́браз. . . .

Но тут роди́тель вдруг переста́л пла́кать, и лицо́ у него́ перекоси́ло от гне́ва.

— Ту́мба! — серди́то сказа́л он жене́. — Голова́ твоя́ глу́пая! Да не́што э́то о́браз?

— Ах, ба́тюшки-све́ты!

Что̀ случи́лось? Учи́тель чистописа́ния несме́ло по́днял глаза́ и уви́дел, что он спасён: мама́ша впопыха́х сняла́ со стены́, вме́сто о́браза, портре́т писа́теля Лаже́чникова. Стари́к Пе́плов и его́ супру́га Клеопа́тра Петро́вна, с портре́том в рука́х, стоя́ли сконфу́женные, не зна́я, что̀ им де́лать и что̀ говори́ть. Учи́тель чистописа́ния воспо́льзовался смяте́нием и бежа́л.

5. ШУТОЧКА

Я́сный, зи́мний по́лдень. . . . Моро́з кре́пок, трещи́т, и у На́деньки, кото́рая де́ржит меня́ по́д руку, покрыва́ются серебри́стым и́неем ку́дри на виска́х и пушо́к над ве́рхней губо́й. Мы стои́м на высо́кой горе́. От на́ших ног до 5 са́мой земли́ тя́нется пока́тая пло́скость, в кото́рую со́лнце гляди́тся, как в зе́ркало. Во́зле нас ма́ленькие са́нки, оби́тые я́рко-кра́сным сукно́м.

— Съе́демте вниз, Наде́жда Петро́вна! — умоля́ю я. — Оди́н то́лько раз! Уверя́ю вас, мы оста́немся це́лы и 10 невреди́мы.

Но На́денька бои́тся. Всё простра́нство от её ма́леньких кало́ш до конца́ ледяно́й горы́ ка́жется ей стра́шной, неизмери́мо глубо́кой про́пастью. У неё замира́ет дух и прерыва́ется дыха́ние, когда́ она́ гляди́т вниз, когда́ я 15 то́лько предлага́ю сесть в са́нки, но что же бу́дет, е́сли она́ рискнёт полете́ть в про́пасть! Она́ умрёт, сойдёт с ума́.

— Умоля́ю вас! — говорю́ я. — Не на́до боя́ться! Пойми́те же, э́то малоду́шие, тру́сость!

20 На́денька наконе́ц уступа́ет, и я по лицу́ ви́жу, что она́ уступа́ет с опа́сностью для жи́зни. Я сажа́ю её бле́дную, дрожа́щую в са́нки, обхва́тываю руко́й и вме́сте с не́ю низверга́юсь в бе́здну.

Са́нки летя́т, как пу́ля. Рассека́емый во́здух бьёт в 25 лицо́, ревёт, свисти́т в уша́х, рвёт, бо́льно щи́плет от зло́сти, хо́чет сорва́ть с плеч го́лову. От напо́ра ве́тра нет сил дыша́ть. Ка́жется, сам дья́вол обхвати́л нас ла́пами и с рёвом та́щит нас в ад. Окружа́ющие предме́ты слива́ются в одну́ дли́нную, стреми́тельно бегу́щую по́лосу. . . . Вот-вот ещё мгнове́ние и ка́жется, — мы поги́бнем!

— Я люблю́ вас, На́дя! — говорю́ я вполго́лоса.

Са́нки начина́ют бежа́ть всё ти́ше и ти́ше, рёв ве́тра и жужжа́нье поло́зьев не так уже́ страшны́, дыха́ние 5 перестаёт замира́ть, и мы, наконе́ц, внизу́. На́денька ни жива́, ни мертва́. Она́ бледна́, едва́ ды́шит. . . . Я помога́ю ей подня́ться.

— Ни за что в друго́й раз не пое́ду, — говори́т она́, гля́дя на меня́ широ́кими, по́лными у́жаса глаза́ми. — Ни 10 за что на све́те! Я едва́ не умерла́!

Немно́го погодя́, она́ прихо́дит в себя́ и уже́ вопроси́-гельно загля́дывает мне в глаза́: я ли сказа́л те четы́ре сло́ва, и́ли же они́ то́лько послы́шались ей в шу́ме ви́хря? А я стою́ во́зле неё, курю́ и внима́тельно рассма́триваю 15 свою́ перча́тку.

Она́ берёт меня́ под руку, и мы до́лго гуля́ем о́коло горы́. Зага́дка, ви́димо, не даёт ей поко́ю. Бы́ли ска́заны те слова́, и́ли нет? Да, и́ли нет? Да, и́ли нет? Это вопро́с самолю́бия, че́сти, жи́зни, сча́стья, вопро́с о́чень ва́жный, 20 са́мый ва́жный на све́те. На́денька нетерпели́во, гру́стно, проница́ющим взо́ром загля́дывает мне в лицо́, отвеча́ет невпопа́д, ждёт, не заговорю́ ли я. О, кака́я игра́ на э́том ми́лом лице́, кака́я игра́! Я ви́жу, она́ бо́рется с собо́й, ей ну́жно что-то сказа́ть, о чём-то спроси́ть, но она́ 25 не нахо́дит слов, ей нело́вко, стра́шно, меша́ет ра́дость. . . .

— Зна́ете что? — говори́т она́, не гля́дя на меня́.

— Что? — спра́шиваю я.

— Дава́йте ещё раз . . . прока́тим.

Мы взбира́емся по ле́стнице на́ гору. Опя́ть я сажа́ю 30 бле́дную, дрожа́щую На́деньку в са́нки, опя́ть мы лети́м

в страшную пропасть, опять ревёт ветер и жужжат
полозья, и опять при самом сильном и шумном разлёте
санок я говорю вполголоса:

— Я люблю вас, Наденька!

5 Когда санки останавливаются, Наденька окидывает
взглядом гору, по которой мы только-что катили, потом
долго всматривается в моё лицо, вслушивается в мой
голос, равнодушный и бесстрастный, и вся, вся, даже
муфта и башлык её, вся её фигурка — выражают крайнее
10 недоумение. И на лице у неё написано:

— В чём же дело? Кто произнёс *те* слова? Он, или
мне только послышалось?

Эта неизвестность беспокоит её, выводит из терпения.
Бедная девочка не отвечает на вопросы, хмурится,
15 готова заплакать.

— Не пойти ли нам домой? — спрашиваю я.

— А мне . . . мне нравится это катанье, — говорит она,
краснея. — Не проехаться ли нам ещё раз?

Ей нравится это катанье, а между тем, садясь в санки,
20 она, как и в те разы, бледна, еле дышит от страха,
дрожит.

Мы спускаемся в третий раз, и я вижу, как она
смотрит мне в лицо, следит за моими губами. Но я
прикладываю к губам платок, кашляю и, когда дости-
25 гаем середины горы, успеваю вымолвить:

— Я люблю вас, Надя!

И загадка остаётся загадкой! Наденька молчит, о
чём-то думает. . . . Я провожаю её с катка домой, она
старается идти тише, замедляет шаги и всё ждёт, не
30 скажу ли я ей тех слов. И я вижу, как страдает её душа,
как она делает усилия над собой, чтобы не сказать:

— Не мо́жет же быть, что́бы их говори́л ве́тер! И я не хочу́, что́бы э́то говори́л ве́тер!

На друго́й день у́тром я получа́ю запи́сочку: «Е́сли пойдёте сего́дня на като́к, то заходи́те за мной. Н.» И с э́того дня я с На́денькой начина́ю ка́ждый день ходи́ть на като́к и, слета́я вниз на са́нках, я вся́кий раз произношу́ вполго́лоса одни́ и те же слова́:

— Я люблю́ вас, На́дя!

Ско́ро На́денька привыка́ет к э́той фра́зе, как к вину́ и́ли мо́рфию. Она́ жить без неё не мо́жет. Пра́вда, лете́ть с горы́ попре́жнему стра́шно, но тепе́рь уже́ страх и опа́сность придаю́т осо́бое очарова́ние слова́м о любви́, слова́м, кото́рые попре́жнему составля́ют зага́дку и томя́т ду́шу. Подозрева́ются всё те же дво́е: я и ве́тер. . . . Кто из двух признаётся ей в любви́, она́ не зна́ет, но ей, повидимому, уже́ всё равно́; из како́го сосу́да ни пить — всё равно́, лишь бы быть пья́ным.

Ка́к-то в по́лдень я отпра́вился на като́к оди́н; смеша́вшись с толпо́й, я ви́жу, как к горе́ подхо́дит На́денька, как и́щет глаза́ми меня́. . . . Зате́м она́ ро́бко идёт вверх по ле́сенке. . . . Стра́шно е́хать одно́й, о, как стра́шно! Она́ бледна́, как снег, дрожи́т, она́ идёт то́чно на казнь, но идёт, идёт без огля́дки, реши́тельно. Она́, очеви́дно, реши́ла наконе́ц попро́бовать: бу́дут ли слы́шны те изуми́тельные сла́дкие слова́, когда́ меня́ нет? Я ви́жу, как она́, бле́дная, с раскры́тым от у́жаса ртом, сади́тся в са́нки, закрыва́ет глаза́ и, прости́вшись наве́ки с землёй, тро́гается с ме́ста. . . . «Жжжж» . . . жужжа́т поло́зья. Слы́шит ли На́денька те слова́, я не зна́ю. . . . Я ви́жу то́лько, как она́ поднима́ется из сане́й изнеможён- ная, сла́бая. И ви́дно по её лицу́, она́ и сама́ не зна́ет,

слышала она что-нибудь или нет. Страх, пока она
катила вниз, отнял у неё способность слышать, различать
звуки, понимать. . . .

Но вот наступает весенний месяц март. . . . Солнце
5 становится ласковее. Наша ледяная гора темнеет, теряет
свой блеск и тает наконец. Мы перестаём кататься.
Бедной Наденьке больше уж негде слышать тех слов, да и
некому произносить их, так как ветра не слышно, а я со-
бираюсь в Петербург — надолго, должно-быть, навсегда.
10 Как-то перед отъездом, дня за два, в сумерки сижу я в
садике, а от двора, в котором живёт Наденька, садик
этот отделён высоким забором с гвоздями. . . . Ещё
достаточно холодно, под навозом ещё снег, деревья
мертвы, но уже пахнет весной и, укладываясь на ночлег,
15 шумно кричат грачи. Я подхожу к забору и долго
смотрю в щель. Я вижу, как Наденька выходит на
крылечко и устремляет печальный, тоскующий взор на
небо. . . . Весенний ветер дует ей прямо в бледное,
унылое лицо. . . . Он напоминает ей о том ветре, который
20 ревел нам тогда на горе, когда она слышала те четыре
слова, и лицо у неё становится грустным, грустным, по
щеке ползёт слеза. . . . И бедная девочка протягивает
обе руки, как бы прося этот ветер принести ей ещё раз
те слова. И я, дождавшись ветра, говорю вполголоса:
25 — Я люблю вас, Надя!

Боже мой, что делается с Наденькой! Она вскрикивает,
улыбается во всё лицо и протягивает навстречу ветру
руки, радостная, счастливая, такая красивая.

А я иду укладываться. . . .

30 Это было уже давно. Теперь Наденька уже замужем;
её выдали, или она сама вышла — это всё равно, за

секретаря́ дворя́нской опе́ки, и тепе́рь у неё уже́ тро́е
дете́й. То, как мы вме́сте когда́-то ходи́ли на като́к и
как ве́тер доноси́л до неё слова́ «я вас люблю́, На́денька»,
не забы́то; для неё тепе́рь э́то са́мое счастли́вое, са́мое
тро́гательное и прекра́сное воспомина́ние в жи́зни.   5

А мне тепе́рь, когда́ я стал ста́рше, уже́ не поня́тно,
заче́м я говори́л те слова́, для чего́ шути́л. . . .

6. БЕЛОЛОБЫЙ

Голодная волчиха встала, чтобы итти на охоту. Её волчата, все трбе, крепко спали, сбившись в кучу, и грели друг друга. Она облизала их и пошла.

Был уже весенний месяц март, но по ночам деревья
5 трещали от холода, как в декабре, и едва высунешь язык, как его начинало сильно щипать. Волчиха была слабого здоровья, мнительная; она вздрагивала от малейшего шума и всё думала о том, как бы дома без неё кто не обидел волчат. Запах человеческих и лошадиных
10 следов, пни, сложенные дрова и тёмная унавоженная дорога пугали её; ей казалось, будто за деревьями в потёмках стоят люди и где-то за лесом воют собаки.

Она была уже не молода, и чутьё у неё ослабело, так что, случалось, лисий след она принимала за собачий и
15 иногда даже, обманутая чутьём, сбивалась с дороги, чего с нею никогда не бывало в молодости. По слабости здоровья она уже не охотилась на телят и крупных баранов, как прежде, и уже далеко обходила лошадей с жеребятами, а питалась одною падалью; свежее мясо ей
20 приходилось кушать очень редко, только весной, когда она, набредя на зайчиху, отнимала у неё детей или забиралась к мужикам в хлев, где были ягнята.

В верстах четырёх от её логовища, у почтовой дороги, стояло зимовье. Тут жил сторож Игнат, старик лет
25 семидесяти, который всё кашлял и разговаривал сам с собой; обыкновенно ночью он спал, а днём бродил пò лесу с ружьём-одностволкой и посвистывал на зайцев. Должно быть, раньше он служил в механиках, потому что каждый раз, прежде чем остановиться, кричал себе:

«Стоп, машина!» и прежде чем пойти дальше: «Полный
ход!» При нём находилась громадная чёрная собака
неизвестной породы, по имени Арапка. Когда она
забегала далеко вперёд, то он кричал ей: «Задний ход!»
Иногда он пел и при этом сильно шатался и часто падал 5
(волчиха думала, что это от ветра) и кричал: «Сошёл с
рельсов!»

Волчиха помнила, что летом и осенью около зимовья
паслись баран и две ярки, и когда она не так давно
пробегала мимо, то ей послышалось, будто в хлеву 10
блеяли. И теперь, подходя к зимовью, она соображала,
что уже март и, судя по времени, в хлеву должны быть
ягнята непременно. Её мучил голод, она думала о том,
с какою жадностью она будет есть ягнёнка, и от таких
мыслей зубы у неё щёлкали и глаза светились в потёмках, 15
как два огонька. Изба Игната, его сарай, хлев и колодец
были окружены высокими сугробами. Было тихо. Арап-
ка, должно быть, спала под сараем. По сугробу волчиха
взобралась на хлев и стала разгребать лапами и мордой
соломенную крышу. Солома была гнилая и рыхлая, так 20
что волчиха едва не провалилась; на неё вдруг прямо в
морду пахнуло тёплым паром и запахом навоза и ове-
чьего молока. Внизу, почувствовав холод, нежно
заблеял ягнёнок. Прыгнув в дыру, волчиха упала
передними лапами и грудью на что-то мягкое и тёплое, 25
должно-быть, на барана, и в это время в хлеву что-то
завизжало, залаяло и залилось тонким, подвывающим
голоском; овцы шарахнулись к стенке, и волчиха,
испугавшись, схватила что первое попалось в зубы и
бросилась вон. . . . 30

Она бежала, напрягая силы, и в это время Арапка,

уже́ почу́явшая во́лка, неи́стово вы́ла, куда́хтали в зи-
мо́вье потрево́женные ку́ры, и Игна́т, вы́йдя на крыльцо́,
крича́л: — По́лный ход! Пошёл к свистку́!

И свисте́л, как маши́на, и пото́м — го-го-го-го! . . . И
5 весь э́тот шум повторя́ло лесно́е э́хо.

Когда́ ма́ло-пома́лу всё э́то зати́хло, волчи́ха успо-
ко́илась немно́го и ста́ла замеча́ть, что её добы́ча, кото́рую
она́ держа́ла в зуба́х и волокла́ по́ снегу, была́ тяжеле́е
и как бу́дто твёрже, чем обыкнове́нно быва́ют в э́ту по́ру
10 ягня́та; и па́хло как бу́дто ина́че, и слы́шались каки́е-то
стра́нные зву́ки. . . . Волчи́ха останови́лась и положи́ла
свою́ но́шу на снег, что́бы отдохну́ть и нача́ть есть, и
вдруг отскочи́ла с отвраще́нием. Э́то был не ягнёнок, а
щено́к, чёрный, с большо́й голово́й и на высо́ких нога́х,
15 кру́пной поро́ды, с таки́м же бе́лым пятно́м во весь лоб,
как у Ара́пки. Су́дя по мане́рам, э́то был неве́жа, просто́й
дворня́жка. Он облиза́л свою́ помя́тую, ра́неную спи́ну
и, как ни в чём не быва́ло, замаха́л хвосто́м и зала́ял на
волчи́ху. Она́ зарыча́ла, как соба́ка, и побежа́ла от него́.
20 Он за ней. Она́ огляну́лась и щёлкнула зуба́ми; он оста-
нови́лся в недоуме́нии и, вероя́тно, реши́в, что э́то она́
игра́ет с ним, протяну́л мо́рду по направле́нию к зимо́вью
и зали́лся зво́нким ра́достным ла́ем, как бы приглаша́я
мать свою́ Ара́пку поигра́ть с ним и с волчи́хой.

25 Уже́ света́ло, и когда́ волчи́ха пробира́лась к себе́
густы́м оси́нником, то бы́ло ви́дно отчётливо ка́ждую
оси́нку, и уже́ просыпа́лись тетерева́ и ча́сто вспа́рхивали
краси́вые петухи́, обеспоко́енные неосторо́жными прыж-
ка́ми и ла́ем щенка́.

30 «Заче́м э́то он бежи́т за мной? — ду́мала волчи́ха с
доса́дой. — Должно́ быть, он хо́чет, что́бы я его́ съе́ла.»

Жила́ она́ с волча́тами в неглубо́кой я́ме; го́да три наза́д во вре́мя си́льной бу́ри вы́вернуло с ко́рнем высо́кую ста́рую сосну́, отчего́ и образова́лась э́та я́ма. Тепе́рь на дне её бы́ли ста́рые ли́стья и мох, тут же валя́лись ко́сти и бы́чьи рога́, кото́рыми игра́ли волча́та. Они́ уже́ проснулись и все тро́е, о́чень похо́жие друг на дру́га, стоя́ли ря́дом на краю́ свое́й я́мы и, гля́дя на возвраща́вшуюся мать, пома́хивали хвоста́ми. Уви́дев их, щено́к останови́лся поо́даль и до́лго смотре́л на них; заме́тив, что они́ то́же внима́тельно смо́трят на него́, он стал ла́ять на них серди́то, как на чужи́х.

Уже́ рассвело́ и взошло́ со́лнце, засверка́л круго́м снег, а он всё стоя́л поо́даль и ла́ял. Волча́та соса́ли свою́ мать, пиха́я её ла́пами в то́щий живо́т, а она́ в э́то вре́мя гры́зла лошади́ную кость, бе́лую и суху́ю; её му́чил го́лод, голова́ разболе́лась от соба́чьего ла́я, и хоте́лось ей бро́ситься на непро́шенного го́стя и разорва́ть его́.

Наконе́ц, щено́к утоми́лся и охри́п; ви́дя, что его́ не боя́тся и да́же не обраща́ют на него́ внима́ния, он стал несме́ло, то приседа́я, то подска́кивая, подходи́ть к волча́там. Тепе́рь, при дневно́м све́те, легко́ уже́ бы́ло рассмотре́ть его́. Бе́лый лоб у него́ был большо́й, а на лбу буго́р, како́й быва́ет у о́чень глу́пых соба́к; глаза́ бы́ли ма́ленькие, голубы́е, ту́склые, а выраже́ние всей мо́рды чрезвыча́йно глу́пое. Подойдя́ к волча́там, он протяну́л вперёд широ́кие ла́пы, положи́л на них мо́рду и на́чал:

— Мня, мня . . . нга-нга-нга! . . .

Волча́та ничего́ не по́няли, но замаха́ли хвоста́ми. Тогда́ щено́к уда́рил ла́пой одного́ волчо́нка по большо́й голове́. Волчо́нок то́же уда́рил его́ ла́пой по голове́. Щено́к стал к нему́ бо́ком и посмотре́л на него́ и́скоса,

помáхивая хвостóм, потóм вдруг рванýлся с мéста и
сдéлал нéсколько кругóв по нáсту. Волчáта погнáлись
за ним, он упáл нà спину и задрáл вверх нóги, а онѝ
втроём напáли на негó и, визжá от востóрга, стáли кусáть
5 егó, но не бóльно, а в шýтку. Ворóны сидéли на высóкой
соснé и смотрéли свéрху на их борьбý и óчень беспокóи-
лись. Стáло шýмно и вéсело. Сóлнце припекáло ужé по-
весéннему; и петухѝ, то и дéло перелетáвшие чéрез соснý,
повáленную бýрей, при блéске сóлнца казáлись изум-
10 рýдными. Обыкновéнно волчѝхи приучáют свойх детéй
к охóте, давáя им поигрáть добы́чей; и тепéрь, глядя, как
волчáта гоня́лись по нáсту за щенкóм и борóлись с ним,
волчѝха дýмала: «Пускáй приучáются».

Наигрáвшись, волчáта пошлѝ в я́му и леглѝ спать.
15 Щенóк повы́л немнóго с гóлоду, потóм тóже растянýлся
на сóлнышке. А проснýвшись, опя́ть стáли игрáть.

Весь день и вéчером волчѝха вспоминáла, как прóшлою
нóчью в хлевý блéял ягнёнок и как пáхло овéчьим моло-
кóм, и от аппетѝта онá всё щёлкала зубáми и не переста-
20 вáла грызть с жáдностью стáрую кость, воображáя себé,
что э́то ягнёнок. Волчáта сосáли, а щенóк, котóрый
хотéл есть, бéгал кругóм и обню́хивал снег.

«Съéм-ка егó . . .» решѝла волчѝха.

Онá подошлá к немý, а он лизнýл её в мóрду и заскулѝл,
25 дýмая, что онá хóчет игрáть с ним. В былóе врéмя онá
едáла собáк, но от щенкá сѝльно пáхло псѝной, и, по
слáбости здорóвья, онá ужé не терпéла э́того зáпаха; ей
стáло протѝвно, и онá отошлá прочь. . . .

К нóчи похолодéло. Щенóк соскýчился и ушёл домóй.
30 Когдá волчáта крéпко уснýли, волчѝха опя́ть отпрáви-
лась на охóту. Как и в прóшлую ночь, онá тревóжилась

малейшего шума, и её пугали пни, дрова, тёмные, одиноко стоящие кусты можжевельника, издали похожие на людей. Она бежала в стороне от дороги, по насту. Вдруг далеко впереди на дороге замелькало что-то тёмное. . . . Она напрягла зрение и слух: в самом деле, что-то шло впереди, и даже слышны были мерные шаги. Не барсук ли? Она осторожно, чуть дыша, забирая всё в сторону, обогнала тёмное пятно, оглянулась на него и узнала. Это, не спеша, шагом, возвращался к себе в зимовье щенок с белым лбом.

«Как бы он опять мне не помешал», подумала волчиха и быстро побежала вперёд.

Но зимовье было уже близко. Она опять взобралась на хлев по сугробу. Вчерашняя дыра была уже заделана яровой соломой, и по крыше протянулись две новые слеги. Волчиха стала быстро работать ногами и мордой, оглядываясь, не идёт ли щенок, но едва пахнуло на неё тёплым паром и запахом навоза, как сзади послышался радостный, заливчатый лай. Это вернулся щенок. Он прыгнул к волчихе на крышу, потом в дыру и, почувствовав себя дома, в тепле, узнав своих овец, залаял ещё громче. . . . Арапка проснулась под сараем и, почуяв волка, завыла, закудахтали куры, и когда на крыльце показался Игнат со своей одностволкой, то перепуганная волчиха была уже далеко от зимовья.

— Фюйть! — засвистел Игнат. — Фюйть! Гони на всех парах!

Он спустил курок — ружьё дало осечку; он спустил ещё раз — опять осечка; он спустил в третий раз — и громадный огненный сноп вылетел из ствола, и раздалось оглушительное «бу, бу!» Ему сильно отдало в плечо; и, взя́вши в одну́ ру́ку ружьё, а в другу́ю топо́р, он пошёл посмотре́ть, отчего́ шум. . . .

Немно́го погодя́ он верну́лся в избу́.

— Что́ там? — спроси́л хри́плым го́лосом стра́нник, ночева́вший у него́ в э́ту ночь и разбу́женный шу́мом.

— Ничего́ . . . — отве́тил Игна́т. — Пусто́е де́ло. Пова́дился наш Белоло́бый с о́вцами спать, в тепле́. То́лько нет того́ поня́тия, чтобы в дверь, а норови́т всё как бы в кры́шу. Наме́дни но́чью разобра́л кры́шу и гуля́ть ушёл, подле́ц, а тепе́рь верну́лся и опя́ть развороши́л кры́шу.

— Глу́пый.

— Да, пружи́на в мозгу́ ло́пнула. Смерть не люблю́ глу́пых! — вздохну́л Игна́т, полеза́я на печь. — Ну, Бо́жий челове́к, ра́но ещё встава́ть, дава́й спать по́лным хо́дом. . . .

А у́тром он подозва́л к себе́ Белоло́бого, бо́льно оттрепа́л его́ за́ уши и пото́м, нака́зывая его́ хворости́ной, всё пригова́ривал:

— Ходи́ в дверь! Ходи́ в дверь! Ходи́ в дверь!

7. КРАСАВИЦЫ

I

Помню, будучи ещё гимназистом V или VI класса, я ехал с дедушкой из села Большой Крепкой, Донской области, в Ростов-на-Дону. День был августовский, знойный, томительно-скучный. От жара и сухого, горячего ветра, гнавшего нам навстречу облака пыли, слипались глаза, сохло во рту; не хотелось ни глядеть, ни говорить, ни думать, и когда дремавший возница, хохол Карпо, замахиваясь на лошадь, хлестал меня кнутом по фуражке, я не протестовал, не издавал ни звука и только, очнувшись от полусна, уныло и кротко поглядывал вдаль: не видать ли сквозь пыль деревни? Кормить лошадей остановились мы в большом армянском селе Бахчи-Салах у знакомого дедушке богатого армянина. Никогда в жизни я не видел ничего карикатурнее этого армянина. Представьте себе маленькую, стриженую головку с густыми низко нависшими бровями, с птичьим носом, с длинными, седыми усами и с широким ртом, из которого торчит длинный, черешневый чубук; головка эта неумело приклеена к тощему, горбатому туловищу, одетому в фантастический костюм: в куцую, красную куртку и в широкие, ярко-голубые шаровары; ходила эта фигура расставя ноги и шаркая туфлями, говорила не вынимая изо рта чубука, а держала себя с чисто-армянским достоинством: не улыбалась, пучила глаза и старалась обращать на своих гостей как можно меньше внимания.

В комнатах армянина нё было ни ветра, ни пыли, но было так же неприятно, душно и скучно, как в степи и по доро́ге. По́мню, запылённый и измо́ренный зно́ем, сиде́л я в углу́ на зелёном сундуке́. Некра́шенные, деревя́нные сте́ны, ме́бель и набхренные полы́ издава́ли за́пах сухо́го де́рева, прижжённого со́лнцем. Куда́ ни

5 взгля́нешь, всю́ду му́хи, му́хи, му́хи. . . . Де́душка и армяни́н вполго́лоса говори́ли о попа́се, о толбке, об о́вцах. . . . Я знал, что самова́р бу́дут ста́вить це́лый час, что де́душка бу́дет пить чай не ме́нее ча́са и потом заля́жет спать часа́ на́ два, на́ три, что у меня́ че́тверть дня уйдёт

10 на ожида́ние, по́сле кото́рого опя́ть жара́, пыль, тря́ские доро́ги. Я слу́шал бормота́нье двух голосо́в, и мне начина́ло каза́ться, что армяни́на, шкап с посу́дой, мух, о́кна, в кото́рые бьёт горя́чее со́лнце, я ви́жу давно́-давно́ и переста́ну их ви́деть в о́чень далёком

15 бу́дущем, и мно́ю овладева́ла не́нависть к степи́, к со́лнцу, к му́хам. . . .

Хохлу́шка в платке́ внесла́ подно́с с посу́дой, пото́м самова́р. Армяни́н не спеша́ вы́шел в се́ни и кри́кнул:

— Ма́шя! ступа́й налива́й чай! Где ты? Ма́шя!

20 Послы́шались торопли́вые шаги́, и в ко́мнату вошла́ де́вушка лет шестна́дцати, в просто́м си́тцевом пла́тье и в бе́лом плато́чке. Мо́я посу́ду и налива́я чай, она́ стоя́ла ко мне спино́й, и я заме́тил то́лько, что она́ была́ тонка́ в та́лии, боса́, и что ма́ленькие, го́лые пя́тки прикрыва́лись

25 ни́зко опу́щенными панталбнами.

Хозя́ин пригласи́л меня́ пить чай. Садя́сь за стол, я взгляну́л в лицо́ де́вушки, подава́вшей мне стака́н, и вдруг почу́вствовал, что то́чно ве́тер пробежа́л по мое́й душе́ и сду́нул с неё все впечатле́ния дня с их ску́кой и

30 пы́лью. Я уви́дел обворожи́тельные черты́ прекра́снейшего из лиц, каки́е когда́-либо встреча́лись мне наяву́ и

чу́дились во сне́. Передо мно́ю стоя́ла краса́вица, и я
по́нял э́то с пе́рвого взгля́да, как понима́ю мо́лнию.

Я гото́в кля́сться, что Ма́ша, и́ли как звал оте́ц, Ма́шя,
была́ настоя́щая краса́вица, но доказа́ть э́того не уме́ю.
Иногда́ быва́ет, что облака́ в беспоря́дке толпя́тся на   5
горизо́нте, и со́лнце, пря́чась за них, кра́сит их и не́бо во
всевозмо́жные цвета́: в багря́ный, ора́нжевый, золото́й,
лило́вый, гря́зно-ро́зовый; одно́ о́блачко похо́же на
мона́ха, друго́е на ры́бу, тре́тье на ту́рка в чалме́. За́рево
охвати́ло треть не́ба, блести́т в церко́вном кресте́ и в   10
стёклах госпо́дского до́ма, отсве́чивает в реке́ и в лу́жах,
дрожи́т на дере́вьях; далёко-далёко на фо́не зари́ лети́т
куда́-то ночева́ть ста́я ди́ких у́ток. . . . И подпа́сок,
го́нящий коро́в, и землеме́р, е́дущий в бри́чке че́рез
плоти́ну, и гуля́ющие господа́ — все глядя́т на зака́т и   15
все до одного́ нахо́дят, что он стра́шно краси́в, но никто́
не зна́ет и не ска́жет, в чём тут красота́.

Не я оди́н находи́л, что армя́ночка краси́ва.   Мой
де́душка, восьмидесятиле́тний стари́к, челове́к круто́й,
равноду́шный к же́нщинам и красо́там приро́ды, це́лую   20
мину́ту ла́сково гляде́л на Ма́шу и спроси́л:

— Э́то ва́ша до́чка, Аве́т Наза́рыч?

— До́чка. Э́то до́чка . . . — отве́тил хозя́ин.

— Хоро́шая ба́рышня, — похвали́л де́душка.

Красоту́ армя́ночки худо́жник назва́л бы класси́ческой   25
и стро́гой.   Э́то была́ и́менно та красота́, созерца́ние
кото́рой, Бог весть отку́да, вселя́ет в вас уве́ренность,
что вы ви́дите черты́ пра́вильные, что зо́лосы, глаза́, нос,
рот, ше́я, грудь и все движе́ния молодо́го те́ла слили́сь
вме́сте в оди́н це́льный, гармони́ческий акко́рд, в кото́ром   30
приро́да не оши́блась ни на одну́ мале́йшую черту́; вам

ка́жется почему́-то, что у идеа́льно краси́вой же́нщины
до́лжен быть и́менно тако́й нос, как у Ма́ши, прямо́й
и с небольшо́й горби́нкой, таки́е больши́е, тёмные
глаза́, таки́е же дли́нные ресни́цы, тако́й же то́мный
5 взгляд, что её чёрные, кудря́вые во́лосы и бро́ви так же
иду́т к не́жному, бе́лому цве́ту лба и щёк, как зелёный
камы́ш к ти́хой ре́чке; бе́лая ше́я Ма́ши и её молода́я
грудь сла́бо ра́звиты, но чтобы суме́ть изва́ять их, вам
ка́жется, ну́жно облада́ть грома́дным тво́рческим тала́н-
10 том. Гляди́те вы, и ма́ло-по-ма́лу вам прихо́дит жела́ние
сказа́ть Ма́ше что́-нибудь необыкнове́нно прия́тное,
и́скреннее, краси́вое, тако́е же краси́вое, как она́ сама́.

Снача́ла мне бы́ло оби́дно и сты́дно, что Ма́ша не
обраща́ет на меня́ никако́го внима́ния и смо́трит всё
15 вре́мя вниз; како́й-то осо́бый во́здух, каза́лось мне,
счастли́вый и го́рдый, отделя́л её от меня́ и ревни́во
заслоня́л от мои́х взгля́дов.

«Это оттого́, — ду́мал я: — что я весь в пыли́, загоре́л,
и оттого́, что я ещё ма́льчик.»

20 Но пото́м я ма́ло-по-ма́лу забы́л о себе́ само́м и весь
отда́лся ощуще́нию красоты́. Я уже́ не по́мнил о степно́й
ску́ке, о пы́ли, не слы́шал жужжа́нья мух, не понима́л
вку́са ча́я и то́лько чу́вствовал, что че́рез стол от меня́
стои́т краси́вая де́вушка.

25 Ощуща́л я красоту́ ка́к-то стра́нно. Не жела́ния, не
восто́рг и не наслажде́ние возбужда́ла во мне Ма́ша, а
тяжёлую, хотя́ и прия́тную, грусть. Эта грусть была́
неопределённая, сму́тная, как сон. Почему́-то мне бы́ло
жаль и себя́, и де́душки, и армяни́на, и само́й армя́ночки,
30 и бы́ло во мне тако́е чу́вство, как бу́дто мы все че́тверо
потеря́ли что́-то ва́жное и ну́жное для жи́зни, чего́ уж

бо́льше никогда́ не найдём.   Де́душка то́же сгрустну́л.
Он уже́ не говори́л о толо́ке и об о́вцах, а молча́л и
заду́мчиво погля́дывал на Ма́шу.

По́сле ча́ю де́душка лёг спать, а я вы́шел из дому и сел
на крыле́чке. Дом, как и все дома́ в Бахчи-Сала́х, стоя́л 5
на припёке; нё́ было ни дере́вьев, ни навёсов, ни тене́й.
Большо́й двор армяни́на, поро́сший лебедо́й и кала́чиком,
несмотря́ на си́льный зной, был оживлён и по́лон весе́лья.
За одни́м из невысо́ких плетне́й, там и сям пересека́вших
большо́й двор, происходи́ла молотьба́. Вокру́г столба́, 10
вби́того в са́мую серёдку гумна́, запряжённые в ряд и
образу́я оди́н дли́нный ра́диус, бе́гали двена́дцать лоша-
де́й. Во́зле ходи́л хохо́л в дли́нной жиле́тке и в широ́ких
шарова́рах, хло́пал бичо́м и крича́л таки́м то́ном, как
бу́дто хоте́л подразни́ть лошаде́й и похва́стать свое́ю 15
вла́стью над ни́ми:

— А-а-а, окая́нные! а-а-а . . . не́ту на вас холе́ры!
Бо́йтесь?

Ло́шади, гнеды́е, бе́лые и пе́гие, не понима́я, заче́м э́то
заставля́ют их кружи́ть на одно́м ме́сте и мять пшени́чную 20
соло́му, бе́гали неохо́тно, то́чно че́рез си́лу, и оби́женно
пома́хивали хвоста́ми. Из-под их копы́т ве́тер поднима́л
це́лые облака́ золоти́стой поло́вы и уноси́л её далеко́
че́рез плете́нь О́коло высо́ких, све́жих скирд копоши́лись
ба́бы с гра́блями и дви́гались арбы́, а за скирда́ми, в 25
друго́м дворе́, бе́гала вокру́г столба́ друга́я дю́жина таки́х
же лошаде́й и тако́й же хохо́л хло́пал бичо́м и насмеха́лся
над лошадя́ми.

Ступе́ни, на кото́рых я сиде́л, бы́ли горячи́; на жи́дких
пери́льцах и на око́нных ра́мах кое-где вы́ступил от жары́ 30
древе́сный клей; под ступе́ньками и под ста́внями в поло́-

ских те́ни жа́лись друг к дру́гу кра́сные козя́вки. Со́лнце
пекло́ мне и в го́лову, и в грудь, и в спи́ну, но я не
замеча́л э́того и то́лько чу́вствовал, как сза́ди меня́ в сеня́х
и в ко́мнатах стуча́ли по доща́тому по́лу босы́е но́ги.
5 Убра́в ча́йную посу́ду, Ма́ша пробежа́ла по ступе́ням,
пахну́в на меня́ ве́тром, и, как пти́ца, полете́ла к небольшо́й, закопчёной пристро́йке, должно́-быть, ку́хне, отку́да шёл за́пах жа́реной бара́нины и слы́шался серди́тый
армя́нский го́вор. Она́ исче́зла в тёмной две́ри и вме́сто
10 неё на поро́ге показа́лась ста́рая, сго́рбленная армя́нка с
кра́сным лицо́м и в зелёных шарова́рах. Стару́ха серди́лась и кого́-то брани́ла. Ско́ро на поро́ге показа́лась
Ма́ша, покрасне́вшая от ку́хонного жа́ра и с больши́м
чёрным хле́бом на плече́; краси́во изгиба́ясь под тя́жестью
15 хле́ба, она́ побежа́ла че́рез двор к гумну́, шмыгну́ла че́рез
плете́нь и, окуну́вшись в о́блако золоти́стой поло́вы,
скры́лась за арба́ми. Хохо́л, подгоня́вший лошаде́й,
опусти́л бич, умо́лк и мину́ту мо́лча гляде́л в сто́рону
арб, пото́м, когда́ армя́ночка опя́ть мелькну́ла о́коло
20 лошаде́й и перескочи́ла че́рез плете́нь, он проводи́л её
глаза́ми и кри́кнул на лошаде́й таки́м то́ном, как бу́дто
был о́чень огорчён:
— А, чтоб вам пропа́сть, нечи́стая си́ла!
И всё вре́мя пото́м слы́шал я не перестава́я шаги́ её
25 босы́х ног, ви́дел, как она́ с серьёзным, озабо́ченным
лицо́м носи́лась по́ двору. Пробега́ла она́ то по ступе́ням,
обдава́я меня́ ве́тром, то в ку́хню, то на гумно́, то за
воро́та, и я едва́ успева́л повора́чивать го́лову, что́бы
следи́ть за не́ю.
30 И чем ча́ще она́ со свое́й красото́й мелька́ла у меня́
пе́ред глаза́ми, тем сильне́е станови́лась моя́ грусть. Мне

бы́ло жаль и себя́, и её, и хохла́, гру́стно провожа́вшего её взгля́дом вся́кий раз, когда́ она́ сквозь о́блако поло́вы бе́гала к арба́м. Была́ ли э́то у меня́ за́висть к её красоте́, и́ли я жале́л, что э́та де́вочка не моя́ и никогда́ не бу́дет мое́ю, и что я для неё чужо́й, и́ли сму́тно чу́вствовал я, что её ре́дкая красота́ случа́йна, не нужна́ и, как всё на земле́, не долгове́чна, и́ли, быть-мо́жет, моя́ грусть была́ тем осо́бенным чу́вством, кото́рое возбужда́ется в челове́ке созерца́нием настоя́щей красоты́, Бог зна́ет!

Три часа́ ожида́ния прошли́ незаме́тно. Мне каза́лось, не успе́л я нагляде́ться на Ма́шу, как Карпо́ съе́здил к реке́, вы́купал ло́шадь и уж стал запряга́ть. Мо́края ло́шадь фы́ркала от удово́льствия и стуча́ла копы́тами по огло́блям. Карпо́ крича́л на неё «наза́-ад!». Просну́лся де́душка. Ма́ша со скри́пом отвори́ла нам воро́та, мы се́ли на дро́ги и вы́ехали со двора́. Е́хали мы мо́лча, то́чно серди́лись друг на дру́га.

Когда́ часа́ че́рез два и́ли три вдали́ показа́лись Росто́в и Нахичева́нь, Карпо́, всё вре́мя молча́вший, бы́стро огляну́лся и сказа́л:

— А сла́вная у армя́шки де́вка!

И хлестну́л по лошади.

II

В друго́й раз, бу́дучи уже́ студе́нтом, е́хал я по желе́зной доро́ге на юг. Был май. На одно́й из ста́нций, ка́жется, ме́жду Бе́лгородом и Ха́рьковом, вы́шел я из ваго́на прогуля́ться по платфо́рме.

На станцио́нный са́дик, на платфо́рму и на по́ле легла́ уже́ вече́рняя тень; вокза́л заслоня́л собо́ю зака́т, но по са́мым ве́рхним клуба́м ды́ма, выходи́вшего из парово́за

и окра́шенного в не́жный ро́зовый цвет, ви́дно бы́ло, что
со́лнце ещё не совсе́м спря́талось.

Проха́живаясь по платфо́рме, я заме́тил, что большин-
ство́ гуля́вших пассажи́ров ходи́ло и стоя́ло то́лько о́коло
одного́ ваго́на второ́го кла́сса, и с таки́м выраже́нием, как
бу́дто в э́том ваго́не сиде́л како́й-нибудь знамени́тый
челове́к. Среди́ любопы́тных, кото́рых я встре́тил о́коло
э́того ваго́на, ме́жду про́чим находи́лся мой спу́тник,
артиллери́йский офице́р, ма́лый у́мный, тёплый и симпа-
ти́чный, как все, с кем мы знако́мимся в доро́ге случа́йно
и не надо́лго.

— Что̀ вы тут смо́трите? — спроси́л я.

Он ничего́ не отве́тил и то́лько указа́л мне глаза́ми на
одну́ же́нскую фигу́ру. Э́то была́ ещё молода́я де́вушка,
лет 17–18, оде́тая в ру́сский костю́м, с непокры́той
голово́й и с манти́лькой, небре́жно набро́шенной на одно́
плечо́, не пассажи́рка, а должно́-быть, дочь и́ли сестра́
нача́льника ста́нции. Она́ стоя́ла о́коло ваго́нного окна́ и
разгова́ривала с како́й-то пожило́й пассажи́ркой. Пре́жде
чем я успе́л дать себе́ отчёт в том, что я ви́жу, мно́ю вдруг
овладе́ло чу́вство, како́е я испыта́л когда́-то в армя́нской
дере́вне.

Де́вушка была́ замеча́тельная краса́вица, и в э́том не
сомнева́лись ни я и не те, кто вме́сте со мной смотре́л на
неё.

Е́сли, как при́нято, опи́сывать её нару́жность по
частя́м, то действи́тельно прекра́сного у неё бы́ли одни́
то́лько белоку́рые, волни́стые, густы́е во́лосы, распу́щен-
ные и перевя́занные на голове́ чёрной ле́нточкой, всё же
остально́е бы́ло и́ли непра́вильно, и́ли же о́чень обыкно-
ве́нно. От осо́бой ли мане́ры коке́тничать, и́ли от

близору́кости, глаза́ её бы́ли прищу́рены, нос был нереши́-
тельно вздёрнут, рот мал, про́филь сла́бо и вя́ло очéрчен,
плéчи узки́ не по лета́м, но тем не мéнее дéвушка производи́-
ла впечатлéние настоя́щей краса́вицы, и, гля́дя на неё, я
мог убеди́ться, что ру́сскому лицу́ для того́, чтобы каза́ться 5
прекра́сным, нет на́добности в стро́гой пра́вильности черт,
ма́ло того́, да́же éсли бы дéвушке вмéсто её вздёрнутого
но́са поста́вили друго́й — пра́вильный и пласти́чески
непогреши́мый, как у армя́ночки, то, ка́жется, от э́того
лицо́ утеря́ло бы всю свою́ прéлесть.   10

Сто́я у окна́ и разгова́ривая, дéвушка, пожима́ясь от
вечéрней сы́рости, то и дéло огля́дывалась на нас, то
подбочéнивалась, то поднима́ла к головé ру́ки, чтобы
попра́вить во́лосы, говори́ла, смея́лась, изобража́ла на
своём лицé то удивлéние, то у́жас, и я не по́мню того́ 15
мгновéния, когда́ бы её тéло и лицо́ находи́лись в поко́е.
Весь секрéт и волшебство́ её красоты́ заключа́лись и́менно
в э́тих мéлких, бесконéчно изя́щных движéниях, в улы́б-
ке, в игрé лица́, в бы́стрых взгля́дах на нас, в сочета́нии
то́нкой гра́ции э́тих движéний с мо́лодостью, свéжестью, 20
с чистото́ю души́, звуча́вшей в смéхе и в го́лосе, и с то́ю
сла́бостью, кото́рую мы так лю́бим в дéтях, в пти́цах, в
молоды́х олéнях, в молоды́х дерéвьях.

Э́то была́ красота́ мотылько́вая, к кото́рой так иду́т
вальс, порха́нье по са́ду, смех, весéлье и кото́рая не 25
вя́жется с серьёзной мы́слью, печа́лью и поко́ем; и,
ка́жется, сто́ит то́лько пробежа́ть по платфо́рме хоро́шему
вéтру, и́ли пойти́ дождю́, чтобы хру́пкое тéло вдруг
поблёкло и капри́зная красота́ осы́палась, как цветочная
пыль.   30

— Тэк-с . . . — пробормота́л со вздо́хом офицéр,

когда́ мы по́сле второ́го звонка́ напра́вились к своему́
ваго́ну.

А что̀ зна́чило э́то «тэк-с», не беру́сь сказа́ть.

Быть-мо́жет, ему́ бы́ло гру́стно и не хоте́лось уходи́ть
5 от краса́вицы и весе́ннего ве́чера в ду́шный ваго́н, и́ли,
быть-мо́жет, ему́, как и мне, бы́ло безотчётно жаль и
краса́вицы, и себя́, и меня́, и всех пассажи́ров, кото́рые
вя́ло и не́хотя брели́ к свои́м ваго́нам. Проходя́ ми́мо
станцио́нного окна́, за кото́рым о́коло своего́ аппара́та
10 сиде́л бле́дный, рыжеволо́сый телеграфи́ст с высо́кими
кудря́ми и полиня́вшим, скула́стым лицо́м, офице́р вздох-
ну́л и сказа́л:

— Держу́ пари́, что э́тот телеграфи́ст влюблён в ту
хоро́шенькую. Жить среди́ по́ля под одно́й кры́шей с
15 э́тим возду́шным созда́нием и не влюби́ться — вы́ше сил
челове́ческих. А како́е, мой друг, несча́стие, кака́я нас-
ме́шка, быть суту́лым, лохма́тым, се́реньким, поря́доч-
ным и неглу́пым, и влюби́ться в э́ту хоро́шенькую и
глу́пенькую де́вочку, кото́рая на вас ноль внима́ния!
20 И́ли ещё ху́же: предста́вьте, что э́тот телеграфи́ст влю-
блён и в то же вре́мя жена́т и что жена́ у него́ така́я
же суту́лая, лохма́тая и поря́дочная, как он сам. . . .
Пы́тка!

Около на́шего ваго́на, облокоти́вшись о загоро́дку
25 площа́дки, стоя́л конду́ктор и гляде́л в ту сто́рону, где
стоя́ла краса́вица, и его́ испито́е, обрю́зглое, неприя́тно
сы́тое, утомлённое бессо́нными ноча́ми и ваго́нной ка́чкой
лицо́ выража́ло умиле́ние и глубоча́йшую грусть, как
бу́дто в де́вушке он ви́дел свою́ мо́лодость, сча́стье, свою́
30 тре́звость, чистоту́, жену́, дете́й, как бу́дто он ка́ялся и
чу́вствовал всем свои́м существо́м, что де́вушка э́та не его́

и что до обыкновенного человеческого, пассажирского счастья ему с его преждевременной старостью, неуклюжестью и жирным лицом так же далеко, как до неба.

Пробил третий звонок, раздались свистки, и поезд лениво тронулся. В наших окнах промелькнули сначала 5 кондуктор, начальник станции, потом сад, красавица со своей чудной, детски-лукавой улыбкой. . . .

Высунувшись наружу и глядя назад, я видел, как она, проводив глазами поезд, прошлась по платформе мимо окна, где сидел телеграфист, поправила свои волосы и 10 побежала в сад. Вокзал уж не загораживал запада, поле было открыто, но солнце уже село, и дым чёрными клубами стлался по зелёной бархатной озими. Было грустно и в весеннем воздухе, и на темневшем небе, и в вагоне.

Знакомый кондуктор вошёл в вагон и стал зажигать 15 свечи.

8. СТУДЕНТ

Погода в начале была хорошая, тихая. Кричали дрозды, и по соседству в болотах что-то живое жалобно гудело, точно дуло в пустую бутылку. Протянул один вальдшнеп, и выстрел по нём прозвучал в весеннем воздухе раскатисто и весело. Но когда стемнело в лесу, некстати подул с востока холодный пронизывающий ветер, всё смолкло. По лужам протянулись ледяные иглы, и стало в лесу неуютно, глухо и нелюдимо. Запахло зимой.

Иван Великопольский, студент духовной академии, сын дьячка, возвращаясь с тяги домой, шёл всё время заливным лугом по тропинке. У него закоченели пальцы, и разгорелось от ветра лицо. Ему казалось, что этот внезапно наступивший холод нарушил во всём порядок и согласие, что самой природе жутко, и оттого вечерние потёмки сгустились быстрей, чем надо. Кругом было пустынно и как-то особенно мрачно. Только на вдовьих огородах около реки светился огонь; далеко же кругом и там, где была деревня, версты за четыре, всё сплошь утопало в холодной вечерней мгле. Студент вспомнил, что, когда он уходил из дому, его мать, сидя в сенях на полу, босая, чистила самовар, а отец лежал на печи и кашлял; по случаю страстной пятницы дома ничего не варили, и мучительно хотелось есть. И теперь, пожимаясь от холода, студент думал о том, что точно такой же ветер дул и при Рюрике, и при Иоанне Грозном, и при Петре, и что при них была точно такая же лютая бедность, голод; такие же дырявые соломенные крыши, невежество, тоска, такая же пустыня кругом, мрак, чувство гнёта, — все эти ужасы были, есть и будут, и оттогó, что пройдёт ещё тысяча лет, жизнь не станет лучше. И ему не хотéлось домóй.

Огорóды назывались вдóвьими потому́, что их содержа́ли две вдовы, мать и дочь. Костёр горéл жарко, с треском, освеща́я далекó кругóм вспа́ханную зéмлю. 5 Вдова́ Василиса, высóкая, пу́хлая стару́ха в мужскóм полушу́бке, стоя́ла вóзле и в разду́мье гляде́ла на огóнь; её дочь, Лукéрья, ма́ленькая, ряба́я, с глупова́тым лицóм, сидéла на землé и мыла котёл и лóжки. Очеви́дно, тóлько-что оту́жинали. Слы́шались мужски́е голоса́; это 10 здéшние рабóтники на рекé пои́ли лошадéй.

— Вот вам и зима́ пришла́ наза́д, — сказа́л студéнт, подходя́ к костру́. — Здра́вствуйте!

Василиса вздрóгнула, но тотча́с же узна́ла егó и улыбну́лась приве́тливо. 15

— Не узна́ла, Бог с тобóй, — сказа́ла она́. — Бога́тым быть.

Поговори́ли. Василиса, же́нщина быва́лая, служи́вшая когда́-то у госпóд в ма́мках, а потóм ня́ньках, выража́лась делика́тно, и с лица́ её всё врéмя не сходи́ла мя́гкая, 20 степéнная улы́бка; дочь же её Лукéрья, деревéнская ба́ба, заби́тая му́жем, тóлько щу́рилась на студéнта и молча́ла, и выраже́ние у неё бы́ло стра́нное, как у глухонемóй.

— Тóчно так же в холóдную ночь грéлся у костра́ 25 апóстол Пётр, — сказа́л студéнт, протя́гивая к огню́ ру́ки. — Зна́чит, и тогда́ бы́ло хóлодно. Ах, кака́я то была́ стра́шная ночь, ба́бушка! до чрезвыча́йности уны́лая, дли́нная ночь!

Он посмотрéл кругóм на потёмки, су́дорожно встрях- 30 ну́л головóй и спроси́л:

— Небо́сь, была́ на двена́дцати ева́нгелиях?

— Была́, — отве́тила Васили́са.

— Е́сли по́мнишь, во вре́мя та́йной ве́чери Пётр сказа́л Иису́су: «С Тобо́ю я гото́в и в темни́цу, и на смерть». А
5 Госпо́дь ему́ на э́то: «Говорю́ тебе́, Пётр, не пропоёт сего́дня пе́тел, то́-есть пету́х, как ты три́жды отречёшься, что не зна́ешь Меня́». По́сле ве́чери Иису́с смерте́льно тоскова́л в саду́ и моли́лся, а бе́дный Пётр истоми́лся душо́й, ослабе́л, ве́ки у него́ отяжеле́ли, и он никáк не
10 мог поборо́ть сна. Спал. Пото́м, ты слы́шала, Иу́да в ту же ночь поцелова́л Иису́са и пре́дал Его́ мучи́телям. Его́ свя́занного вели́ к первосвяще́ннику и би́ли, а Пётр, изнеможённый, заму́ченный тоско́й и трево́гой, понима́ешь ли, не вы́спавшийся, предчу́вствуя, что вот-во́т на земле́
15 произойдёт что́-то ужа́сное, шёл вслед. . . . Он стра́стно, без па́мяти люби́л Иису́са, и тепе́рь ви́дел издали́, как Его́ би́ли. . . .

Луке́рья оста́вила ло́жки и устреми́ла неподви́жный взгляд на студе́нта.

20 — Пришли́ к первосвяще́ннику, — продолжа́л он, — Иису́са ста́ли допра́шивать, а рабо́тники тем вре́менем развели́ среди́ двора́ ого́нь, потому́ что бы́ло хо́лодно, и гре́лись. С ни́ми о́коло костра́ стоя́л Пётр и то́же гре́лся, как вот я тепе́рь. Одна́ же́нщина, уви́дев его́, сказа́ла:
25 «И э́тот был с Иису́сом», то́-есть, что и его́, мол, ну́жно вести́ к допро́су. И все рабо́тники, что находи́лись о́коло огня́, должно́-быть, подозри́тельно и суро́во погляде́ли на него́, потому́ что он смути́лся и сказа́л: «Я не зна́ю Его́». Немно́го погодя́ опя́ть кто́-то узна́л в нём одного́
30 из ученико́в Иису́са и сказа́л: «И ты из них». Но он опя́ть отрёкся. И в тре́тий раз кто́-то обрати́лся к нему́:

« Да не тебя́ ли сего́дня я ви́дел с Ним в саду́ ? » Он тре́тий
раз отрёкся. И по́сле э́того ра́за тотча́с же запе́л пету́х, и
Пётр, взгляну́в и́здали на Иису́са, вспо́мнил слова́,
кото́рые Он сказа́л ему́ на ве́чери. . . . Вспо́мнил, очну́лся,
пошёл со двора́ и го́рько-го́рько запла́кал. В Ева́нгелии   5
ска́зано: « И исше́д вон, пла́кася го́рько ». Вообража́ю:
ти́хий-ти́хий, тёмный-тёмный сад, и в тишине́ едва́
слы́шатся глухи́е рыда́ния. . . .

Студе́нт вздохну́л и заду́мался. Продолжа́я улыба́ться,
Васили́са вдруг всхли́пнула, слёзы, кру́пные, изо- 10
би́льные, потекли́ у неё по щека́м, и она́ заслони́ла
рукаво́м лицо́ от огня́, как бы стыдя́сь свои́х слёз, а
Луке́рья, гля́дя неподви́жно на студе́нта, покрасне́ла, и
выраже́ние у неё ста́ло тяжёлым, напряжённым, как у
челове́ка, кото́рый сде́рживает си́льную боль.   15

Рабо́тники возвраща́лись с реки́, и оди́н из них верхо́м
на ло́шади был уже́ бли́зко, и свет от костра́ дрожа́л на
нём. Студе́нт пожела́л вдо́вам споко́йной но́чи и пошёл
да́льше. И опя́ть наступи́ли потёмки, и ста́ли зя́бнуть
ру́ки. Дул жесто́кий ве́тер, в са́мом де́ле возвраща́лась 20
зима́, и не́ было похо́же, что послеза́втра Па́сха.

Тепе́рь студе́нт ду́мал о Васили́се: е́сли она́ запла́кала,
то, зна́чит, всё, происходи́вшее в ту стра́шную ночь с
Петро́м, име́ет к ней како́е-то отноше́ние. . . .

Он огляну́лся. Одино́кий ого́нь споко́йно мига́л в 25
темноте́, и во́зле него́ уже́ не́ было ви́дно люде́й. Студе́нт
опя́ть поду́мал, что е́сли Васили́са запла́кала, а её дочь
смути́лась, то, очеви́дно, то, о чём он то́лько что расска́зы-
вал, что происходи́ло девятна́дцать веко́в наза́д, име́ет
отноше́ние к настоя́щему — к обе́им же́нщинам и, 30
вероя́тно, к э́той пусты́нной дере́вне, к нему́ самому́, ко

всем лю́дям. Е́сли стару́ха запла́кала, то не потому́, что он уме́ет тро́гательно расска́зывать, а потому́, что Пётр ей бли́зок, и потому́, что она́ всем существо́м заинтересо́вана в том, что́ происходи́ло в душе́ Петра́.

5 И ра́дость вдруг заволнова́лась в его́ душе́, и он да́же останови́лся на мину́ту, чтобы перевести́ дух. Про́шлое, — ду́мал он, — свя́зано с настоя́щим непреры́вною це́пью собы́тий, вытека́вших одно́ из друго́го. И ему́ каза́лось, что он то́лько что ви́дел о́ба конца́ э́той це́пи; дотро́нулся 10 до одного́ конца́, как дро́гнул друго́й.

А когда́ он переправля́лся на паро́ме че́рез реку́ и пото́м, поднима́ясь на́ гору, гляде́л на свою́ родну́ю дере́вню и на за́пад, где у́зкою полосо́й свети́лась холо́дная багро́вая заря́, то ду́мал о том, что пра́вда и красота́, 15 направля́вшие челове́ческую жизнь там, в саду́ и во дворе́ первосвяще́нника, продолжа́лись непреры́вно до сего́ дня и, повиди́мому, всегда́ составля́ли гла́вное в челове́ческой жи́зни и вообще́ на земле́; и чу́вство мо́лодости, здоро́вья, си́лы, — ему́ бы́ло то́лько два́дцать два го́да, — 20 и невырази́мо сла́дкое ожида́ние сча́стья, неве́домого, таи́нственного сча́стья овладева́ли им мало-по-ма́лу, и жизнь каза́лась ему́ восхити́тельной, чуде́сной и по́лной высо́кого смы́сла.

9. НА СВЯТКАХ

I

— Что́ писа́ть? — спроси́л Его́р и умокну́л перо́.

Васили́са не ви́делась со свое́ю до́черью уже́ четы́ре го́да. Дочь Ефи́мья по́сле сва́дьбы уе́хала с му́жем в Петербу́рг, присла́ла два письма́ и пото́м как в во́ду ка́нула: ни слу́ху, ни ду́ху. И дои́ла ли стару́ха коро́ву 5 на рассве́те, топи́ла ли пе́чку, дрема́ла ли но́чью — и всё ду́мала об одно́м: ка́к-то там Ефи́мья, жива́ ли? На́до бы посла́ть письмо́, но стари́к писа́ть не уме́л, а попроси́ть бы́ло не́кого.

Но вот пришли́ свя́тки, и Васили́са не вы́терпела и 10 пошла́ в тракти́р к Его́ру, хозя́йкиному бра́ту, кото́рый, как пришёл со слу́жбы, так и сиде́л всё до́ма, в тракти́ре и ничего́ не де́лал; про него́ говори́ли, что он мо́жет хорошо́ писа́ть пи́сьма, е́жели ему́ заплати́ть как сле́дует. Васили́са поговори́ла в тракти́ре с куха́ркой, пото́м с 15 хозя́йкой, пото́м с сами́м Его́ром. Сошли́сь на пятиалты́нном.

И тепе́рь — э́то происходи́ло на второ́й день пра́здника в тракти́ре, в ку́хне — Его́р сиде́л за столо́м и держа́л перо́ в руке́. Васили́са стоя́ла пе́ред ним, заду́мавшись, с 20 выраже́нием забо́ты и ско́рби на лице́. С не́ю пришёл и Пётр, её стари́к, о́чень худо́й, высо́кий, с кори́чневой лы́синой; он стоя́л и гляде́л неподви́жно и пря́мо, как слепо́й. На плите́ в кастрю́ле жа́рилась свини́на; она́ шипе́ла и фы́ркала, и как бу́дто да́же говори́ла: «флю- 25 флю». Бы́ло ду́шно.

— Что́ писа́ть? — спроси́л опя́ть Его́р.

— Чего! — сказала Василиса, глядя на него сердито и подозрительно. — Не гони! Небось, не задаром пишешь, за деньги. Ну, пиши! Любезному нашему зятю Андрею Хрисанфычу и единственной нашей любимой дочери Ефимье Петровне с любовью низкий поклон и благословение родительское навеки нерушимо.

— Есть. Стреляй дальше.

— А ещё поздравляем с праздником Рождества Христова, мы живы и здоровы, чего и вам желаем от Господа . . . Царя Небесного.

Василиса подумала и переглянулась со стариком.

— Чего и вам желаем от Господа. . . . Царя Небесного . . . — повторила она и заплакала.

Больше ничего она не могла сказать. А раньше, когда она по ночам думала, то ей казалось, что всего не поместить и в десяти письмах. С того времени, как уехали дочь с мужем, утекло в море много воды, старики жили, как сироты, и тяжко вздыхали по ночам, точно похоронили дочь. А сколько за это время было в деревне всяких происшествий, сколько свадеб, смертей. Какие были длинные зимы. Какие длинные ночи.

— Жарко! — проговорил Егор, расстёгивая жилет. — Должно, градусов семьдесят будет. Что же ещё? — спросил он.

Старики молчали.

— Чем твой зять там занимается? — спросил Егор.

— Он из солдат, батюшка, тебе известно, — ответил слабым голосом старик. — В одно время с тобой со службы пришёл. Был солдат, а теперь, значит, в Петербурге в водоцелебном заведении. Доктор больных водой пользует. Так он, значит, у доктора в швейцарах.

— Вот тут напи́сано . . . — сказа́ла стару́ха, вынима́я
из плато́чка письмо́. — От Ефи́мьи получи́ли, ещё Бог
зна́ет когда́. Мо́жет, их уж и на све́те нет.

Его́р поду́мал немно́го и стал бы́стро писа́ть.

«В настоя́щее вре́мя, писа́л он, как судба́ ва́ша че́рез 5
себе́ определи́ла на Вое́ное По́прыще, то мы Вам сове́туем
загляну́ть в Уста́в Дисцыплина́рных Взыска́ний и
Уголо́вных Зако́нов Вое́нного Ве́домства, и Вы усмо́-
трите в о́ном Зако́не цывилиза́цию Чино́в Вое́ного
Ве́домства».   10

Он писа́л и прочи́тывал вслух напи́санное, а Васили́са
сообража́ла о том, что на́до бы написа́ть, кака́я в про́-
шлом году́ была́ нужда́, не хвати́ло хле́ба да́же до
свя́ток, пришло́сь прода́ть коро́ву. На́до бы попроси́ть
де́нег, на́до бы написа́ть, что стари́к ча́сто похва́рывает 15
и ско́ро, должно́-быть, отда́ст Бо́гу ду́шу. . . . Но
как вы́разить э́то на слова́х? Что сказа́ть пре́жде и
что по́сле?

«Обрати́те внема́ние, — продолжа́л Его́р писа́ть: — в
5 то́ме Вое́ных Постановле́ний. Солда́т есть И́мя о́бчшее, 20
Знамени́тое. Солда́том называ́ется Перьве́йшый Генера́л
и после́дней Рядово́й. . . .»

Стари́к пошевели́л губа́ми и сказа́л ти́хо:

— Внуча́т погляде́ть, оно́ бы ничего́.

— Каки́х внуча́т? — спроси́ла стару́ха и погляде́ла на 25
него́ серди́то. — Да мо́жет их и не́ту!

— Внуча́т-то? А мо́жет, и есть. Кто их зна́ет!

«И поэ́тому Вы мо́жете суди́ть, — торопи́лся Его́р:
— како́й есть враг Иноземный и како́й Вну́треный.
Перьве́йшый наш Вну́треный Враг есть: Ба́хус».   30

Перо́ скрипе́ло, выде́лывая на бума́ге завиту́шки,

похо́жие на рыболо́вные крючки́. Его́р спеши́л и прочи́-
тывал ка́ждую стро́чку по не́скольку раз. Он сиде́л на
табуре́те, раски́нув широко́ н̶ и под столо́м, сы́тый,
здоро́вый, морда́стый, с кра́сным заты́лком. Э́то была́
5 сама́ по́шлость, гру́бая, надме́нная, непобеди́мая, го́рдая
тем, что она́ родила́сь и вы́росла в тракти́ре, и Васили́са
хорошо́ понима́ла, что тут по́шлость, но не могла́ вы́-
разить на слова́х, а то́лько гляде́ла на Его́ра серди́то и
подозри́тельно. От его́ го́лоса, непоня́тных слов, от
10 жа́ра и духоты́ у неё разболе́лась голова́, запу́тались
мы́сли, и она́ уже́ ничего́ не говори́ла, не ду́мала и
ждала́ то́лько, когда́ он ко́нчит скрипе́ть. А стари́к
гляде́л с по́лным дове́рием. Он ве́рил и стару́хе,
кото́рая его́ привела́ сюда́, и Его́ру; и когда́ упомяну́л
15 да́веча о водолече́бном заведе́нии, то ви́дно бы́ло по
лицу́, что он ве́рил и в заведе́ние, и в целе́бную си́лу
воды́.

Ко́нчив писа́ть, Его́р встал и прочёл всё письмо́ снача́ла.
Стари́к не по́нял, но дове́рчиво закива́л голово́й.

20 — Ничего́, гла́дко . . . — сказа́л он: — дай Бог здоро́в-
вья. Ничего́. . . .

Положи́ли на стол три пятака́ и вы́шли из тракти́ра;
стари́к гляде́л неподви́жно и пря́мо, как слепо́й, и на
лице́ его́ бы́ло напи́сано по́лное дове́рие, а Васили́са,
25 когда́ выходи́ли из тракти́ра, замахну́лась на соба́ку и
сказа́ла серди́то:

— У-у, я́зва!

Всю ночь стару́ха не спала́, беспоко́или её мы́сли, а на
рассве́те она́ вста́ла, помоли́лась и пошла́ на ста́нцию,
30 что́бы посла́ть письмо́.

До ста́нции бы́ло оди́ннадцать вёрст.

II

Водолечебница доктора Б. О. Мозельвейзера работала и на Новый год так же, как в обыкновенные дни, и только на швейцаре Андрее Хрисанфыче был мундир с новыми галунами, блестели как-то особенно сапоги; и всех приходивших он поздравлял с новым годом, с новым 5 счастьем.

Было утро. Андрей Хрисанфыч стоял у двери и читал газету. Ровно в десять часов вошёл генерал, знакомый, один из обычных посетителей, а вслед за ним почтальон. Андрей Хрисанфыч снял с генерала шинель и сказал: 10

— С новым годом, с новым счастьем, ваше превосходительство!

— Спасибо, любезный. И тебя также.

И идя вверх по лестнице, генерал кивнул на дверь и спросил (он каждый день спрашивал и всякий раз потом 15 забывал):

— А в этой комнате что?

— Кабинет для массажа, ваше превосходительство.

Когда шаги генерала затихли, Андрей Хрисанфыч осмотрел полученную почту и нашёл одно письмо на 20 своё имя. Он распечатал, прочёл несколько строк, потом, не спеша, глядя в газету, пошёл к себе в свою комнату, которая была тут же внизу в конце коридора. Жена его Ефимья сидела на кровати и кормила ребёнка; другой ребёнок, самый старший, стоял возле, 25 положив кудрявую голову ей на колени, третий спал на кровати.

Войдя в свою комнатку, Андрей подал жене письмо и сказал:

— Дóлжно, из деревни.

Затéм он вышел, не отрывáя глаз от газéты, и остановился в коридóре, недалекó от своéй двéри. Ему бы́ло слы́шно, как Ефи́мья дрожáщим гóлосом прочлá пéрвые
5 стрóки. Прочлá и уж бóльше не моглá; для неё бы́ло довóльно и э́тих строк, онá залилáсь слезáми и, обнимáя своегó стáршенького, целуя егó, стáла говори́ть, и нельзя́ бы́ло поня́ть, плáчет онá и́ли смеётся.

— Э́то от бáбушки, от дéдушки . . . — говори́ла онá. —
10 Из дерéвни. . . . Цари́ца небéсная, святи́тели угóдники. Там тепéрь снéгу навали́ло под кры́ши . . . дерéвья бéлые-бéлые. Ребя́тки на мáхоньких сáночках . . . И дéдушка лы́сенький на пéчке . . . и собáчка жёлтенькая. . . . Голубчики мои родны́е!

15 Андрéй Хрисáнфыч, слушая э́то, вспóмнил, что рáза три и́ли четы́ре женá давáла ему пи́сьма, проси́ла послáть в дерéвню, но мешáли какие-то вáжные делá: он не послáл, пи́сьма гдé-то завалялись.

— А в пóле зáйчики бéгают, — причи́тывала Ефи́мья,
20 обливáясь слезáми, целуя своегó мáльчика. — Дéдушка ти́хий, дóбрый, бáбушка тóже дóбрая, жáлосливая. В дерéвне душéвно живут, Бóга боя́тся. . . . И церкóвочка в селé, мужички́ на кли́росе поют. Унеслá бы нас отсюда Цари́ца небéсная, застýпница Мáтушка!

25 Андрéй Хрисáнфыч вернýлся к себé в кóмнату, чтобы покури́ть, покá кто не пришёл, и Ефи́мья вдруг замолчáла, прити́хла и вы́терла глазá, и тóлько губы у неё дрожáли. Онá егó óчень боя́лась, ах как боя́лась! Трепетáла, приходи́ла в ужас от егó шагóв, от егó
30 взгля́да, не смéла сказáть при нём ни одногó слóва.

Андрéй Хрисáнфыч закури́л, но как раз в э́то врéмя

наверху́ позвони́ли. Он потуши́л папиро́су и, сде́лав о́чень серьёзное лицо́, побежа́л к свое́й пара́дной две́ри.

Све́рху спуска́лся генера́л, ро́зовый, све́жий от ва́нны.

— А в э́той ко́мнате что́? - спроси́л он, ука́зывая на дверь.

Андре́й Хриса́нфыч вы́тянулся, ру́ки по швам, и произнёс гро́мко:

— Душ Шарко́, ва́ше превосходи́тельство!

10. СЛУ́ЧАЙ ИЗ ПРА́КТИКИ

Профе́ссор получи́л телегра́мму из фа́брики Ля́ликовых: его́ проси́ли поскоре́е прие́хать. Была́ больна́ дочь каको́й-то госпожи́ Ля́ликовой, повидимому, владе́лицы фа́брики, и бо́льше ничего́ нельзя́ бы́ло поня́ть из э́той
5 дли́нной, бестолко́во соста́вленной телегра́ммы. И профе́ссор сам не пое́хал, а вме́сто себя́ посла́л своего́ ордина́тора Короле́ва.

Ну́жно бы́ло прое́хать от Москвы́ две ста́нции и пото́м на лошадя́х версты́ четы́ре. За Короле́вым вы́слали на
10 ста́нцию тро́йку; ку́чер был в шля́пе с павли́ньим перо́м и на все вопро́сы отвеча́л гро́мко, по-солда́тски: «Ника́к нет!» — «То́чно так!» Был суббо́тний ве́чер, заходи́ло со́лнце. От фа́брики к ста́нции толпа́ми шли рабо́чие и кла́нялись лошадя́м, на кото́рых е́хал Короле́в. И его́
15 пленя́л ве́чер, и уса́дьбы, и да́чи по сторона́м, и берёзы, и э́то ти́хое настрое́ние круго́м, когда́, каза́лось, вме́сте с рабо́чими тепе́рь, накану́не пра́здника, собира́лись отдыха́ть и по́ле, и лес, и со́лнце, — отдыха́ть, быть-мо́жет, моли́ться. . . .

20 Он роди́лся и вы́рос в Москве́, дере́вни не знал и фа́бриками никогда́ не интересова́лся и не быва́л на них. Но ему́ случа́лось чита́ть про фа́брики и быва́ть в гостя́х у фабрика́нтов и разгова́ривать с ни́ми; и когда́ он ви́дел каку́ю-нибудь фа́брику и́здали, и́ли вблизи́, то вся́кий
25 раз ду́мал о том, что вот снару́жи всё ти́хо и сми́рно, а внутри́, должно́-быть, непроходи́мое неве́жество и тупо́й эгои́зм хозя́ев, ску́чный, нездоро́вый труд рабо́чих, дря́зги, во́дка, насеко́мые. И тепе́рь, когда́ рабо́чие почти́тельно и пугли́во сторони́лись коля́ски, он в их

ли́цах, картуза́х, в похо́дке уга́дывал физи́ческую нечи-
стоту́, пья́нство, не́рвность, растёрянность.

Въе́хали в фабри́чные воро́та. По́ обе сто́роны мелька́ли
до́мики рабо́чих, ли́ца же́нщин, бельё и одея́ла на
кры́льцах. «Береги́сь!» — крича́л ку́чер, не сде́рживая 5
лошаде́й. Вот широ́кий двор без травы́, на нём пять
грома́дных корпусо́в с тру́бами, друг от дру́га поб-
дали, това́рные скла́ды, бара́ки, и на всём како́й-то
се́рый налёт, то́чно от пы́ли. Там и сям, как оа́зисы в
пусты́не, жа́лкие са́дики и зелёные и́ли кра́сные кры́ши 10
домо́в, в кото́рых живёт администра́ция. Ку́чер вдруг
осади́л лошаде́й, и коля́ска останови́лась у до́ма, вы́кра-
шенного за́ново в се́рый цвет; тут был палиса́дник с
сире́нью, покры́той пы́лью, и на жёлтом крыльце́ си́льно
па́хло кра́ской.   15

— Пожа́луйте, господи́н до́ктор, — говори́ли же́нские
голоса́ в сеня́х и в пере́дней; и при э́том слы́шались
вздо́хи и шо́пот. — Пожа́луйте, заждали́сь . . . чи́стое
го́ре. Вот сюда́ пожа́луйте.

Госпожа́ Ля́ликова, по́лная, пожила́я да́ма, в чёрном 20
шёлковом пла́тье с мо́дными рукава́ми, но, су́дя по лицу́,
проста́я, малогра́мотная, смотре́ла на до́ктора с трево́гой
и не реша́лась пода́ть ему́ ру́ку, не сме́ла. Ря́дом с ней
стоя́ла осо́ба с коро́ткими волоса́ми, в pince-nez, в
пёстрой цветно́й ко́фточке, то́щая и уже́ не молода́я. 25
Прислу́га называ́ла её Христи́ной Дми́триевной, и Королёв
догада́лся, что э́то гуверна́нтка. Вероя́тно, ей, как са́мой
образо́ванной в до́ме, бы́ло поруче́но встре́тить и приня́ть
до́ктора, потому́ что она́ то́тчас же, торопя́сь, ста́ла
излага́ть причи́ны боле́зни, с ме́лкими, назо́йливыми 30
подро́бностями, но не говоря́, кто бо́лен и в чём де́ло.

Доктор и гувернантка сидели и говорили, а хозяйка стояла неподвижно у двери, ожидая. Из разговора Королёв понял, что больна Лиза, девушка двадцати лет, единственная дочь госпожи Ляликовой, наследница; она давно уже болела и лечилась у разных докторов, а в последнюю ночь, с вечера до утра, у неё было такое сердцебиение, что все в доме не спали; боялись, как бы не умерла.

— Она у нас, можно сказать, с малолетства была хворенькая, — рассказывала Христина Дмитриевна певучим голосом, то и дело вытирая губы рукой. — Доктора говорят — нервы, но когда она была маленькой, доктора ей золотуху внутрь вогнали, так вот, думаю, может от этого.

Пошли к больной. Совсем уже взрослая, большая, хорошего роста, но некрасивая, похожая на мать, с такими же маленькими глазами и с широкой, неумеренно развитой нижней частью лица, не причёсанная, укрытая до подбородка, она в первую минуту произвела на Королёва впечатление существа несчастного, убогого, которое из жалости пригрели здесь и укрыли, и не верилось, что это была наследница пяти громадных корпусов.

— А мы к вам, — начал Королёв: — пришли вас лечить. Здравствуйте.

Он назвал себя и пожал ей руку, — большую, холодную, некрасивую руку. Она села и, очевидно привыкшая к докторам, равнодушная к тому, что у неё были открыты плечи и грудь, дала себя выслушать.

— У меня сердцебиение, — сказала она. — Всю ночь был такой ужас... я едва не умерла от ужаса! Дайте мне чего-нибудь.

— Дам, дам! Успоко́йтесь.

Королёв осмотре́л её и пожа́л плеча́ми.

— Се́рдце, как сле́дует, — сказа́л он: — всё обстои́т благополу́чно, всё в поря́дке. Не́рвы, должно́-быть, подгуля́ли немно́жко, но э́то так обыкнове́нно. Припа́- 5 док, на́до ду́мать, уже́ ко́нчился, ложи́тесь себе́ спать.

В э́то вре́мя принесли́ в спа́льню ла́мпу. Больна́я прищу́рилась на свет и вдруг охвати́ла го́лову рука́ми и зарыда́ла. И впечатле́ние существа́ убо́гого и некраси́вого вдруг исче́зло, и Королёв уже́ не замеча́л ни ма́лень- 10 ких глаз, ни гру́бо развито́й ни́жней ча́сти лица́; он ви́дел мя́гкое страда́льческое выраже́ние, кото́рое бы́ло так разу́мно и тро́гательно, и вся она́ каза́лась ему́ стро́йной, же́нственной, просто́й, и хоте́лось уже́ успо- ко́ить её не лека́рствами, не сове́том, а просты́м, ла́сковым 15 сло́вом. Мать обняла́ её го́лову и прижа́ла к себе́. Ско́лько отча́яния, ско́лько ско́рби на лице́ у стару́хи! Она́, мать, вскорми́ла, вы́ростила дочь, не жале́я ничего́, всю жизнь отдала́ на то, чтоб обучи́ть её францу́зскому языку́, та́нцам, му́зыке, приглаша́ла для неё деся́ток 20 учителе́й, са́мых лу́чших докторо́в, держа́ла гуверна́нтку, и тепе́рь не понима́ла, отку́да э́ти слёзы, заче́м сто́лько мук, не понима́ла и теря́лась, и у неё бы́ло винова́тое, трево́жное, отча́янное выраже́ние, то́чно она́ упусти́ла что́-то о́чень ва́жное, чего́-то ещё не сде́лала, кого́-то ещё 25 не пригласи́ла, а кого́ — неизве́стно.

— Ли́занька, ты опя́ть . . . ты опя́ть, — говори́ла она́, прижима́я к себе́ дочь. — Родна́я моя́, голу́бушка, де́точка моя́, скажи́, что́ с тобо́й? Пожале́й меня́, скажи́.

О́бе го́рько пла́кали. Королёв сел на край посте́ли и взял Ли́зу за́ руку. 30

— По́лноте, сто́ит ли пла́кать? — сказа́л он ла́сково.
— Ведь на све́те нет ничего́ тако́го, что заслу́живало бы
э́тих слёз. Ну, не бу́дем пла́кать, не ну́жно э́то. . . .

А сам поду́мал:

5 «За́муж бы ей пора́». . . .

— Наш фабри́чный до́ктор дава́л ей ка́ли-брома́ти, —
сказа́ла гуверна́нтка: — но ей от э́того, я замеча́ю,
то́лько ху́же. По-мо́ему, уж е́сли дава́ть от се́рдца, то
ка́пли . . . забы́ла, как они́ называ́ются. . . . Ла́ндышевые,
10 что ли.

И опя́ть пошли́ вся́кие подро́бности. Она́ перебива́ла
до́ктора, меша́ла ему́ говори́ть, и на лице́ у неё бы́ло
напи́сано страда́ние, то́чно она́ полага́ла, что, как са́мая
образо́ванная же́нщина в до́ме, она́ была́ обя́зана вести́ с
15 до́ктором непреры́вный разгово́р и непреме́нно о меди-
ци́не.

Короле́ву ста́ло ску́чно.

— Я не нахожу́ ничего́ осо́бенного, — сказа́л он,
выходя́ из спа́льни и обраща́ясь к ма́тери. — Е́сли ва́шу
20 дочь лечи́л фабри́чный врач, то пусть и продолжа́ет
лечи́ть. Лече́ние до сих пор бы́ло пра́вильное, и я не
ви́жу необходи́мости меня́ть врача́. Для чего́ меня́ть?
Боле́знь така́я обыкнове́нная, ничего́ серьёзного. . . .

Он говори́л не спеша́, надева́я перча́тки, а госпожа́
25 Ля́ликова стоя́ла неподви́жно и смотре́ла на него́
запла́канными глаза́ми.

— До десятичасово́го по́езда оста́лось полчаса́, —
сказа́л он: — наде́юсь, я не опозда́ю.

— А вы не мо́жете у нас оста́ться? — спроси́ла она́, и
30 опя́ть слёзы потекли́ у неё по щека́м. — Со́вестно вас
беспоко́ить, но бу́дьте так добры́ . . . ра́ди Бо́га, — продол-

жа́ла она́ вполго́лоса, огля́дываясь на дверь, — перено-
чу́йте у нас. Она́ у меня́ одна́ . . . еди́нственная дочь. . . .
Напуга́ла про́шлую ночь, опо́мниться не могу́. . . . Не
уезжа́йте, Бо́га ра́ди. . . .

Он хоте́л сказа́ть ей, что у него́ в Москве́ мно́го рабо́ты, 5
что до́ма его́ ждёт семья́; ему́ бы́ло тяжело́ провести́ в
чужо́м до́ме без на́добности весь ве́чер и всю ночь, но он
погляде́л на её лицо́, вздохну́л и стал мо́лча снима́ть
перча́тки.

В за́ле и гости́ной для него́ зажгли́ все ла́мпы и све́чи. 10
Он сиде́л у роя́ля и перели́стывал но́ты, пото́м осма́тривал
карти́ны на стена́х, портре́ты. На карти́нах, напи́санных
ма́сляными кра́сками, в золоты́х ра́мах, бы́ли виды́
Кры́ма, бу́рное мо́ре с кора́бликом, католи́ческий мона́х
с рю́мкой, и всё э́то су́хо, зали́зано, безда́рно. . . . На 15
портре́тах ни одного́ краси́вого, интере́сного лица́, всё
широ́кие ску́лы, удивлённые глаза́; у Ля́ликова, отца́
Ли́зы, ма́ленький лоб и самодово́льное лицо́, мунди́р
мешко́м сиди́т на его́ большо́м не поро́дистом те́ле, на
груди́ меда́ль и знак Кра́сного Креста́. Культу́ра бе́дная, 20
ро́скошь случа́йная, не осмы́сленная, не удо́бная, как э́тот
мунди́р; по́лы раздража́ют свои́м бле́ском, раздража́ет
лю́стра, и вспомина́ется почему́-то расска́з про купца́,
ходи́вшего в ба́ню с меда́лью на ше́е. . . .

Из пере́дней доноси́лся шо́пот, кто́-то ти́хо храпе́л. И 25
вдруг со двора́ послы́шались ре́зкие, отры́вистые, метал-
ли́ческие зву́ки, каки́х Королёв ра́ньше никогда́ не
слы́шал и каки́х не по́нял тепе́рь; они́ отозва́лись в его́
душе́ стра́нно и неприя́тно.

«Ка́жется, ни за что́ не оста́лся бы тут жить» . . . — 30
поду́мал он и опя́ть приня́лся за но́ты.

— До́ктор, пожа́луйте закуси́ть! — позвала́ вполго́-
лоса гуверна́нтка.

Он пошёл у́жинать. Стол был большо́й, со мно́жеством
заку́сок и вин, но у́жинали то́лько дво́е: он да Христи́на
5 Дми́триевна. Она́ пила́ маде́ру, бы́стро ку́шала и гово-
ри́ла, погля́дывая на него́ че́рез pince-nez:

— Рабо́чие на́ми о́чень дово́льны. На фа́брике у нас
ка́ждую зи́му спекта́кли, са́ми рабо́чие игра́ют, ну
чте́ния с волше́бным фонарём, великоле́пная ча́йная и,
10 ка́жется, чего́ уж. Они́ нам о́чень приве́рженные, и
когда́ узна́ли, что Ли́заньке ху́же ста́ло, заказа́ли
моле́бен. Необразо́ванные, а ведь то́же чу́вствуют.

— Похо́же, у вас в до́ме нет ни одного́ мужчи́ны, —
сказа́л Королёв.

15 — Ни одного́. Пётр Никано́рыч по́мер полтора́ го́да
наза́д, и мы одни́ оста́лись. Так и живём втроём. Ле́том
здесь, а зимо́й в Москве́ на Поля́нке. Я у них уже́
оди́ннадцать лет живу́. Как своя́.

К у́жину подава́ли сте́рлядь, кури́ные котле́ты и
20 компо́т; ви́на бы́ли дороги́е, францу́зские.

— Вы, до́ктор, пожа́луйста, без церемо́нии, — гово-
ри́ла Христи́на Дми́триевна, ку́шая, утира́я рот кулач-
ко́м, и ви́дно бы́ло, что она́ жила́ здесь в своё по́лное
удово́льствие. — Пожа́луйста, ку́шайте.

25 По́сле у́жина до́ктора отвели́ в ко́мнату, где для него́
была́ пригото́влена посте́ль. Но ему́ не хоте́лось спать,
бы́ло ду́шно, и в ко́мнате па́хло кра́ской; он наде́л пальто́
и вы́шел.

На дворе́ бы́ло прохла́дно; уже́ бре́зжил рассве́т, и в
30 сыро́м во́здухе я́сно обознача́лись все пять ко́рпусов с
их дли́нными тру́бами, бара́ки и скла́ды. По слу́чаю

пра́здника не рабо́тали, бы́ло в о́кнах темно́, и то́лько в
одно́м из корпусо́в горе́ла ещё печь, два окна́ бы́ли багро́-
вы, и из трубы́ вме́сте с ды́мом и́зредка выходи́л ого́нь.
Далеко́ за дворо́м крича́ли лягу́шки и пел солове́й.

Гля́дя на корпуса́ и бара́ки, где спа́ли рабо́чие, он 5
опя́ть ду́мал о том, о чём ду́мал всегда́, когда́ ви́дел
фа́брики. Пусть спекта́кли для рабо́чих, волше́бные
фонари́, фабри́чные доктора́, ра́зные улучше́ния, но всё
же рабо́чие, кото́рых он встре́тил сего́дня по доро́ге со
ста́нции, ниче́м не отлича́ются от тех рабо́чих, кото́рых 10
он ви́дел давно́ в де́тстве, когда́ ещё нѐ было фабри́чных
спекта́клей и улучше́ний. Он, как ме́дик, пра́вильно
суди́вший о хрони́ческих страда́ниях, коренна́я причи́на
кото́рых была́ непоня́тна и неизлечи́ма, и на фа́брики
смотре́л, как на недоразуме́ние, причи́на кото́рого была́ 15
то́же нея́сна и неустрани́ма, и все улучше́ния в жи́зни
фабри́чных он не счита́л ли́шними, но прира́внивал их к
пече́нию неизлечи́мых боле́зней.

«Тут недоразуме́ние, коне́чно . . . — ду́мал он, гля́дя
на багро́вые о́кна. — Ты́сячи полторы́–две фабри́чных 20
рабо́тают без о́тдыха, в нездоро́вой обстано́вке, де́лая
плохо́й си́тец, живу́т впро́голодь и то́лько и́зредка в
кабаке́ отрезвля́ются от э́того кошма́ра; со́тня люде́й
надзира́ет за рабо́той, и вся жизнь э́той со́тни ухо́дит на
запи́сывание штра́фов, на брань, несправедли́вости, и 25
то́лько дво́е–тро́е, так-называ́емые хозя́ева, по́льзуются
вы́годами, хотя́ совсе́м не рабо́тают и презира́ют плохо́й
си́тец. Но каки́е вы́годы, как по́льзуются и́ми? Ля́ликова
и её дочь несча́стны, на них жа́лко смотре́ть, живёт в своё
удово́льствие то́лько одна́ Христи́на Дми́триевна, пожи- 30
ла́я, глупова́тая деви́ца в pince-nez. И выхо́дит так,

значит, что работают все пять корпусов и на восточных рынках продаётся плохой ситец для того только, чтобы Христина Дмитриевна могла кушать стерлядь и пить мадеру.

Вдруг раздались странные звуки, те самые, которые Королёв слышал до ужина. Около одного из корпусов кто-то бил в металлическую доску, бил и тотчас же задерживал звук, так что получались короткие, резкие, нечистые звуки, похожие на «дер . . . дер . . . дер . . .». Затем полминуты тишины, и у другого корпуса раздались звуки, такие же отрывистые и неприятные, уже более низкие, басовые — «дрын . . . дрын . . . дрын. . . ». Одиннадцать раз. Очевидно, это сторожа били одиннадцать часов.

Послышалось около третьего корпуса: «жак . . . жак . . . жак. . . .» И так около всех корпусов и потом за бараками и за воротами. И похоже было, как будто среди ночной тишины издавало эти звуки само чудовище с багровыми глазами, сам дьявол, который владел тут и хозяевами, и рабочими, и обманывал и тех и других.

Королёв вышел со двора в поле.

— Кто идёт? — окликнули его у ворот грубым голосом.

«Точно в остроге» . . . — подумал он и ничего не ответил.

Здесь соловьи и лягушки были слышнее, чувствовалась майская ночь. Со станции доносился шум поезда; кричали где-то сонные петухи, но всё же ночь была тиха, мир покойно спал. В поле, недалеко от фабрики, стоял сруб, тут был сложен материал для постройки. Королёв сел на доски и продолжал думать:

«Хорошо́ чу́вствует себя́ здесь то́лько одна́ гуверна́нтка, и фа́брика рабо́тает для её удово́льствия. Но э́то так ка́жется, она́ здесь то́лько подставно́е лицо́. Гла́вное же, для кого́ здесь всё де́лается, — э́то дья́вол».

И он ду́мал о дья́воле, в кото́рого не ве́рил, и огля́ды- 5 вался на два окна́, в кото́рых свети́лся ого́нь. Ему́ каза́лось, что э́тими багро́выми глаза́ми смотре́л на него́ сам дья́вол, та неве́домая си́ла, кото́рая создала́ отноше́ния ме́жду си́льными и сла́быми, э́ту гру́бую оши́бку, кото́рую тепе́рь ниче́м не испра́вишь. Ну́жно, что́бы 10 си́льный меша́л жить сла́бому, тако́в зако́н приро́ды, но э́то поня́тно и легко́ укла́дывается в мысль то́лько в газе́тной статье́ и́ли в уче́бнике, в той же ка́ше, каку́ю представля́ет из себя́ обы́денная жизнь, в пу́танице всех мелоче́й, из кото́рых со́тканы челове́ческие отноше́ния, э́то уже́ не 15 зако́н, а логи́ческая несообра́зность, когда́ и си́льный, и сла́бый одина́ково па́дают же́ртвой свои́х взаи́мных отноше́ний, нево́льно покоря́ясь како́й-то направля́ющей си́ле, неизве́стной, стоя́щей вне жи́зни, посторо́нней челове́ку. Так ду́мал Королёв, си́дя на до́сках, и мало- 20 по-ма́лу им овладе́ло настрое́ние, как бу́дто э́та неизве́стная, таи́нственная си́ла в са́мом де́ле была́ бли́зко и смотре́ла. Ме́жду тем, восто́к станови́лся все бледне́е, вре́мя шло бы́стро. Пять корпусо́в и тру́бы на се́ром фо́не рассве́та, когда́ круго́м не́ было ни души́, то́чно 25 вы́мерло всё, име́ли осо́бенный вид, не тако́й, как днём; совсе́м вы́шло из па́мяти, что тут внутри́ паровы́е дви́гатели, электри́чество, телефо́ны, но ка́к-то всё ду́малось о сва́йных постро́йках, о ка́менном ве́ке, чу́вствовалось прису́тствие гру́бой, бессозна́тельной 30 си́лы. . . .

И опять послышалось:

— Дер . . . дер . . . дер . . . дер. . . .

Двенадцать раз. Потом тихо, тихо полминуты и — раздаётся в другом конце двора:

5 — Дрын . . . дрын . . . дрын. . . .

«Ужасно неприятно!» — подумал Королёв.

— Жак . . . жак . . . — раздалось в третьем месте отрывисто, резко, точно с досадой: — жак . . . жак. . . .

И чтобы пробить двенадцать часов, понадобилось 10 минуты четыре. Потом затихло; и опять такое впечатление, будто вымерло всё кругом.

Королёв посидел ещё немного и вернулся в дом, но ещё долго не ложился. В соседних комнатах шептались, слышалось шлёпанье туфель и босых ног.

15 «Уж не опять ли с ней припадок?» — подумал Королёв.

Он вышел, чтобы взглянуть на больную. В комнатах было уже совсем светло и в зале на стене и на полу дрожал слабый солнечный свет, проникший сюда сквозь 20 утренний туман. Дверь в комнату Лизы была отворена, и сама она сидела в кресле около постели, в капоте, окутанная в шаль, непричёсанная. Шторы на окнах были опущены.

— Как вы себя чувствуете? — спросил Королёв.

25 — Благодарю вас.

Он потрогал пульс, потом поправил ей волосы, упавшие на лоб.

— Вы не спите, — сказал он. — На дворе прекрасная погода, весна, поют соловьи, а вы сидите в потёмках и о 30 чём-то думаете.

Она слушала и глядела ему в лицо; глаза у неё были

гру́стные, у́мные и бы́ло ви́дно, что она́ хо́чет что́-то сказа́ть ему́.

— Ча́сто э́то с ва́ми быва́ет? — спроси́л он.

Она́ пошевели́ла губа́ми и отве́тила:

— Ча́сто. Мне почти́ ка́ждую ночь тяжело́.   5

В э́то вре́мя на дворе́ сторожа́ на́чали бить два часа́. Послы́шалось — «дер . . . дер . . .» и она́ вздро́гнула.

— Вас беспоко́ят э́ти сту́ки? — спроси́л он.

— Не зна́ю. Меня́ тут всё беспоко́ит, — отве́тила она́ и заду́малась. — Всё беспоко́ит. В ва́шем го́лосе мне 10 слы́шится уча́стие, мне с пе́рвого взгля́да на вас почему́-то показа́лось, что с ва́ми мо́жно говори́ть обо всём.

— Говори́те, прошу́ вас.

— Я хочу́ сказа́ть вам своё мне́ние. Мне ка́жется, что у меня́ не боле́знь, а беспоко́юсь я и мне стра́шно, потому́ 15 что так до́лжно и ина́че быть не мо́жет. Да́же са́мый здоро́вый челове́к не мо́жет не беспоко́иться, е́сли у него́, наприме́р, под окно́м хо́дит разбо́йник. Меня́ ча́сто ле́чат, — продолжа́ла она́, гля́дя себе́ в коле́ни, и улыбну́лась засте́нчиво: — я, коне́чно, о́чень благода́рна и не 20 отрица́ю по́льзы лече́ния, но мне хоте́лось бы поговори́ть не с до́ктором, а с бли́зким челове́ком, с дру́гом, кото́рый бы по́нял меня́, убеди́л бы меня́, что я права́ или неправа́.

— Ра́зве у вас нет друзе́й? — спроси́л Королёв.

— Я одино́ка. У меня́ есть мать, я люблю́ её, но всё же 25 я одино́ка. Так жизнь сложи́лась. . . . Одино́кие мно́го чита́ют, но ма́ло говоря́т и ма́ло слы́шат, жизнь для них таи́нственна; они́ ми́стики и ча́сто ви́дят дья́вола там, где его́ нет. Тама́ра у Ле́рмонтова была́ одино́ка и ви́дела дья́вола.   30

— А вы мно́го чита́ете?

— Много. Ведь у меня всё время свободно, от утра до вечера. Днём читаю, а по ночам — пустая голова, вместо мыслей какие-то тени.

— Вы что-нибудь видите по ночам? — спросил Королёв.

— Нет, но я чувствую. . . .

Она опять улыбнулась и подняла глаза на доктора и смотрела так грустно, так умно; и ему казалось, что она верит ему, хочет говорить с ним искренно и что она думает так же, как он. Но она молчала и, быть-может, ждала, не заговорит ли он.

И он знал, что сказать ей; для него было ясно, что ей нужно поскорее оставить пять корпусов, и миллион, если он у неё есть, оставить этого дьявола, который по ночам смотрит; для него было ясно также, что так думала и она сама, и только ждала, чтобы кто-нибудь, кому она верит, подтвердил это.

Но он не знал, как это сказать. Как? У приговорённых людей стесняются спрашивать, за что они приговорены; так и у очень богатых людей неловко бывает спрашивать, для чего им так много денег, отчего они так дурно распоряжаются своим богатством, отчего не бросают его, даже когда видят в нём своё несчастье; и если начинают разговор об этом, то выходит он обыкновенно стыдливый, неловкий, длинный.

Как сказать? — раздумывал Королёв. — Да и нужно ли говорить?

И он сказал то, что хотел, не прямо, а окольным путём:

— Вы в положении владелицы фабрики и богатой наследницы недовольны, не верите в своё право и теперь

вот не спи́те, э́то, коне́чно, лу́чше, чем е́сли бы вы бы́ли
дово́льны, кре́пко спа́ли и ду́мали, что всё обстои́т
благополу́чно. У вас почте́нная бессо́нница; как бы ни́
было, она́ хоро́ший при́знак. В са́мом де́ле, у роди́телей
на́ших был бы не мы́слим тако́й разгово́р; по ноча́м они́ 5
не разгова́ривали, а кре́пко спа́ли, мы же, на́ше поко-
ле́ние, ду́рно спим, томи́мся, мно́го говори́м и всё реша́ем,
правы́ мы и́ли нет. А для на́ших детей и́ли вну́ков вопро́с
э́тот, — правы́ они́ и́ли нет, — бу́дет уже́ решён. Им
бу́дет видне́е, чем нам. Хоро́шая бу́дет жизнь лет че́рез 10
пятьдеся́т, жаль то́лько, что мы не дотя́нем. Интере́сно
бы́ло бы взгляну́ть.

— Что́ же бу́дут де́лать де́ти и вну́ки? — спроси́ла
Ли́за.

— Не зна́ю. . . . Должно́-быть, побро́са́ют всё и уйду́т. 15

— Куда́ уйду́т?

— Куда́? . . . Да куда́ уго́дно, — сказа́л Королёв и
засмея́лся. — Ма́ло ли куда́ мо́жно уйти́ хоро́шему,
у́мному челове́ку.

Он взгляну́л на часы́. 20

— Уже́ со́лнце взошло́, одна́ко, — сказа́л он. — Вам
пора́ спать. Раздева́йтесь и спи́те себе́ во здра́вие. О́чень
рад, что познако́мился с ва́ми, — продолжа́л он, пожи-
ма́я ей ру́ку. — Вы сла́вный, интере́сный челове́к.
Споко́йной но́чи! 25

Он пошёл к себе́ и лёг спать.

На друго́й день у́тром, когда́ по́дали экипа́ж, все
вы́шли на крыльцо́ проводи́ть его́. Ли́за была́ по-пра́зд-
ничному в бе́лом пла́тье, с цветко́м в волоса́х, бле́дная,
то́мная; она́ смотре́ла на него́, как вчера́, гру́стно и умно́, 30
улыба́лась, говори́ла и всё с таки́м выраже́нием, как

бу́дто хоте́ла сказа́ть ему́ что́-то осо́бенное, ва́жное, — то́лько ему́ одному́. Бы́ло слы́шно, как пе́ли жа́воронки, как звони́ли в це́ркви. Óкна в фабри́чных корпуса́х ве́село сия́ли и, проезжа́я че́рез двор и пото́м по доро́ге к
5 ста́нции, Королёв уже́ не по́мнил ни о рабо́чих, ни о сва́йных постро́йках, ни о дья́воле, а ду́мал о том вре́мени, быть-мо́жет, уже́ бли́зком, когда́ жизнь бу́дет тако́ю же све́тлою и ра́достной, как э́то ти́хое, воскре́сное у́тро; и ду́мал о том, как э́то прия́тно в тако́е у́тро, весно́й, е́хать
10 на тро́йке, в хоро́шей коля́ске и гре́ться на со́лнышке.

11. АННА НА ШЕЕ

I

После венчания нѐ было даже лёгкой закуски; молодые выпили по бокалу, переоделись и поехали на вокзал. Вместо весёлого свадебного бала и ужина, вместо музыки и танцев — поездка на богомолье за двести вёрст. Многие одобряли это, говоря, что Модест Алексеич уже в чинах и не молод, и шумная свадьба могла бы, пожалуй, показаться не совсем приличной; да и скучно слушать музыку, когда чиновник 52 лет женится на девушке, которой едва минуло 18. Говорили также, что эту поездку в монастырь Модест Алексеич, как человек с правилами, затеял собственно для того, чтобы дать понять своей молодой жене, что и в браке он отдаёт первое место религии и нравственности.

Молодых провожали. Толпа сослуживцев и родных стояла с бокалами и ждала, когда пойдёт поезд, чтобы крикнуть ура, и Пётр Леонтьич, отец, в цилиндре, в учительском фраке, уже пьяный и уже очень бледный, всё тянулся к окну со своим бокалом и говорил умоляюще:

— Анюта! Аня! Аня, на одно слово!

Аня наклонялась к нему из окна, и он шептал ей что-то, обдавая её запахом винного перегара, дул в ухо, — ничего нельзя было понять, — и крестил ей лицо, грудь, руки; при этом дыхание у него дрожало, и на глазах блестели слёзы. А братья Ани, Петя и Андрюша, гимназисты, дёргали его сзади за фрак и шептали сконфуженно:

— Папочка, будет. . . . Папочка, не надо. . . .

Когда поезд тронулся, Аня видела, как её отец побежал

5

10

15

20

25

немножко за вагоном, пошатываясь и расплёскивая своё
вино, и какое у него было жалкое, доброе, виноватое
лицо.

— Ура-а-а! — кричал он.

5   Молодые остались одни. Модест Алексеич осмотрелся
в купэ, разложил вещи по полкам и сел против своей
молодой жены, улыбаясь. Это был чиновник среднего
роста, довольно полный, пухлый, очень сытый, с длин-
ными бакенами и без усов, и его бритый, круглый, резко
10 очерченный подбородок походил на пятку. Самое харак-
терное в его лице было отсутствие усов, это свеже
выбритое голое место, которое постепенно переходило в
жирные, дрожащие, как желе, щёки. Держался он солид-
но, движения у него были не быстрые, манеры мягкие.

15   — Не могу не припомнить теперь одного обстоятельст-
ва, — сказал он, улыбаясь. — Пять лет назад, когда
Косоротов получил орден святыя Анны второй степени и
пришёл благодарить, то его сиятельство выразился так:
«Значит, у вас теперь три Анны: одна в петлице, две на
20 шее». А надо сказать, что в то время к Косоротову
только-что вернулась его жена, особа сварливая и лег-
комысленная, которую звали Анной. Надеюсь, что
когда я получу Анну второй степени, то его сиятельство
не будет иметь повода сказать мне то же самое.

25   Он улыбался своими маленькими глазками. И она
тоже улыбалась, волнуясь от мысли, что этот человек
может каждую минуту поцеловать её своими полными,
влажными губами и что она уже не имеет права отказать
ему в этом. Мягкие движения его пухлого тела пугали её,
30 ей было и страшно, и гадко. Он встал, не спеша снял с
шеи орден, снял фрак и жилет и надел халат.

— Вот так, — сказал он, садясь рядом с Аней.

Она вспоминала, как мучительно было венчание, когда казалось ей, что и священник, и гости, и все в церкви глядели на неё печально: зачем, зачем она, такая милая, хорошая, выходит за этого пожилого, неинтересного 5 господина? Ещё утром сегодня она была в восторге, что всё так хорошо устроилось, во время же венчания и теперь в вагоне чувствовала себя виноватой, обманутой и смешной. Вот она вышла за богатого, а денег у неё всётаки не было, венчальное платье шили в долг и, когда 10 сегодня её провожали отец и братья, она по их лицам видела, что у них не было ни копейки. Будут ли они сегодня ужинать? А завтра? И ей почему-то казалось, что отец и мальчики сидят теперь без неё голодные и испытывают точно такую же тоску, какая была в первый 15 вечер после похорон матери.

«О, как я несчастна! — думала она. — Зачем я так несчастна?»

С неловкостью человека солидного, непривыкшего обращаться с женщинами, Модест Алексеич трогал её за 20 талию и похлопывал по плечу, и она думала о деньгах, о матери, об её смерти. Когда умерла мать, отец, Пётр Леонтьич, учитель чистописания и рисования в гимназии, запил, наступила нужда; у мальчиков не было сапог и калош, отца таскали к мировому, приходил судебный 25 пристав и описывал мебель. . . . Какой стыд! Аня должна была ухаживать за пьяным отцом, штопать братьям чулки, ходить на рынок и, когда хвалили её красоту, молодость и изящные манеры, ей казалось, что весь свет видит её дешёвую шляпку и дырочки на ботинках, зама- 30 занные чернилами. А по ночам слёзы и неотвязчивая,

беспокойная мысль, что скоро-скоро отца уволят из
гимназии за слабость и что он не перенесёт этого и тоже
умрёт, как мать.   Но вот знакомые дамы засуетились и
стали искать для Ани хорошего человека.   Скоро нашёлся
5 вот этот самый Модест Алексеич, не молодой и не краси-
вый, но с деньгами.   У него в банке тысяч сто, и есть
родовое имение, которое он отдаёт в аренду.   Это человек
с правилами и на хорошем счету у его сиятельства; ему
ничего не стоит, как говорили Ане, взять у его сиятельст-
10 ва записочку к директору гимназии и даже к попечителю,
чтобы Петра Леонтьича не увольняли. . . .

Пока она вспоминала эти подробности, послышалась
вдруг музыка, ворвавшаяся в окно вместе с шумом
голосов.   Это поезд остановился на полустанке.   За плат-
15 формой в толпе бойко играли на гармонике и на дешёвой
визгливой скрипке, а из-за высоких берёз и тополей,
из-за дач, залитых лунным светом, доносились звуки
военного оркестра: должно-быть, на дачах был танцо-
вальный вечер.   На платформе гуляли дачники и горо-
20 жане, приезжавшие сюда в хорошую погоду подышать
чистым воздухом.   Был тут и Артынов, владелец всего
этого дачного места, богач, высокий, полный брюнет,
похожий лицом на армянина, с глазами на выкате и в
странном костюме.   На нём была рубаха, расстёгнутая
25 на груди, и высокие сапоги со шпорами, и с плеч спу-
скался чёрный плащ, тащившийся по земле, как шлейф.
За ним, опустив свои острые морды, ходили две борзые.
У Ани ещё блестели на глазах слёзы, но она уже не
помнила ни о матери, ни о деньгах, ни о своей свадьбе,
30 а пожимала руки знакомым гимназистам и офицерам,
весело смеялась и говорила быстро:

— Здрáвствуйте! Как поживáете?

Онá вы́шла на площáдку, под лýнный свет, и стáла так, чтóбы ви́дели её всю в нóвом великолéпном плáтье и в шля́пке.

— Зачéм мы здесь стои́м? — спроси́ла онá.

— Здесь разъéзд, — отвéтили ей: — ожидáют почтóвого пóезда.

Замéтив, что на неё смóтрит Арты́нов, онá кокéтливо прищу́рила глазá и заговори́ла грóмко по-францýзски, и оттогó, что её сóбственный гóлос звучáл так прекрáсно, и что слы́шалась мýзыка, и лунá отражáлась в прудé, и оттогó, что на неё жáдно и с любопы́тством смотрéл Арты́нов, э́тот извéстный дон-жуáн и баловни́к, и оттогó, что всем бы́ло вéсело, онá вдруг почýвствовала рáдость и, когдá пóезд трóнулся и знакóмые офицéры на прощáнье сдéлали ей под козырёк, онá ужé напевáла пóльку, звýки котóрой посылáл ей вдогóнку воéнный оркéстр, гремéвший гдé-то там за дерéвьями; и вернýлась онá в своё купэ́ с таки́м чýвством, как бýдто на полустáнке её убеди́ли, что онá бýдет счáстлива непремéнно, несмотря́ ни на чтó.

Молоды́е прóбыли в монастырé два дня, потóм вернýлись в гóрод. Жи́ли они́ на казённой квари́ре. Когдá Модéст Алексéич уходи́л на слýжбу, Áня игрáла на роя́ле, и́ли плáкала от скýки, и́ли ложи́лась на кушéтку и читáла ромáны, и рассмáтривала мóдный журнáл. За обéдом Модéст Алексéич ел óчень мнóго и говори́л о поли́тике, о назначéниях, перевóдах и награ́дах, о том, что нáдо труди́ться, что семéйная жизнь есть не удовóльствие, а долг, что копéйка рубль бережёт и что вы́ше всегó на свéте он стáвит рели́гию

и нрáвственность. И, держá нож в кулакé, как меч, он
говори́л:

— Кáждый человéк дóлжен имéть свои́ обя́занности!

А Áня слу́шала егó, боя́лась и не моглá есть, и обыкно-
5 вéнно вставáла и́з-за столá голóдной. Пóсле обéда муж
отдыхáл и грóмко храпéл, а онá уходи́ла к свои́м. Отéц
и мáльчики посмáтривали на неё кáк-то осóбенно, как
бýдто тóлько-что до её прихóда осуждáли её за то, что
онá вы́шла и́з-за дéнег, за нелюби́мого, нýдного, скýчного
10 человéка; её шуршáщее плáтье, браслéтки и вообщé
дáмский вид стесня́ли, оскорбля́ли их; в её прису́тствии
они́ немнóжко конфу́зились и не знáли, о чём говори́ть с
ней; но всё же люби́ли они́ её попрéжнему и ещё не
привы́кли обéдать без неё. Онá сади́лась и кýшала с ни́ми
15 щи, кáшу и картóшку, жáреную на барáньем сáле, от
котóрого пáхло свéчкой. Пётр Леóнтьич дрожáщей рукóй
наливáл из графи́нчика и выпивáл бы́стро, с жáдностью,
с отвращéнием, потóм выпивáл другýю рю́мку, потóм
трéтью. . . . Пéтя и Андрю́ша, хýденькие, блéдные
20 мáльчики с больши́ми глазáми, брáли графи́нчик и
говори́ли растéрянно:

— Не нáдо, пáпочка. . . . Довóльно, пáпочка. . . .

И Áня тóже тревóжилась и умоля́ла егó бóльше не
пить, а он вдруг вспы́хивал и стучáл кулакóм по столý.
25 — Я никомý не позвóлю надзирáть за мной! — кричáл
он. — Мальчи́шки! Девчóнка! Я вас всех вы́гоню вон!

Но в гóлосе егó слы́шались слáбость, добротá, и никтó
его не боя́лся. Пóсле обéда обыкновéнно он наряжáлся:
блéдный, с порéзанным от бритья́ подборóдком, вытя́ги-
30 вая тóщую шéю, он цéлых полчасá стоя́л перед зéркалом
и прихорáшивался, то причёсываясь, то закрýчивая свой

чёрные усы́, пры́скался духа́ми, завя́зывал ба́нтом га́лстук, пото́м надева́л перча́тки, цили́ндр и уходи́л на ча́стные уро́ки. А́ е́сли был пра́здник, то он остава́лся до́ма и писа́л кра́сками, и́ли игра́л на фисгармо́нии, кото́рая шипе́ла и рыча́ла; он стара́лся вы́давить из неё 5 стро́йные, гармони́чные зву́ки и подпева́л, и́ли же серди́лся на ма́льчиков:

— Мерза́вцы! Негодя́и! Испо́ртили инструме́нт!

По вечера́м муж А́ни игра́л в ка́рты со свои́ми сослужи́вцами, жи́вшими с ним под одно́й кры́шей в казённом 10 до́ме. Сходи́лись во вре́мя карт жёны чино́вников, некраси́вые, безвку́сно наря́женные, гру́бые, как куха́рки, и в кварти́ре начина́лись спле́тни, таки́е же некраси́вые и безвку́сные, как са́ми чино́вницы. Случа́лось, что Моде́ст Алексе́ич ходи́л с А́ней в теа́тр. В антра́ктах он 15 не отпуска́л её от себя́ ни на шаг, а ходи́л с ней по́д руку по коридо́рам и по фойе́. Раскла́нявшись с ке́м-нибудь, он то́тчас уже́ шепта́л А́не: — «Ста́тский сове́тник . . . при́нят у его́ сия́тельства . . .» и́ли «Со сре́дствами . . . име́ет свой дом. . . .» Когда́ проходи́ли ми́мо буфе́та, А́не 20 о́чень хоте́лось чего́-нибудь сла́дкого; она́ люби́ла шокола́д и я́блочное пиро́жное, но де́нег у неё не́ бы́ло, а спроси́ть у му́жа она́ стесня́лась. Он брал гру́шу, мял её па́льцами и спра́шивал нереши́тельно:

— Ско́лько сто́ит? 25

— Два́дцать пять копе́ек.

— Одна́ко! — говори́л он и клал гру́шу на ме́сто; но так как бы́ло нело́вко отойти́ от буфе́та, ничего́ не купи́вши, то он тре́бовал се́льтерской воды́ и выпива́л оди́н всю буты́лку, и слёзы выступа́ли у него́ на глаза́х, 30 и А́ня ненави́дела его́ в э́то вре́мя.

Или он, вдруг весь покраснев, говорил ей быстро:

— Поклонись этой старой даме!

— Но я с ней незнакома.

— Всё равно. Это супруга управляющего казённой палатой! Поклонись же, тебе говорю! — ворчал он настойчиво. — Голова у тебя не отвалится.

Аня кланялась, и голова у неё в самом деле не отваливалась, но было мучительно. Она делала всё, что хотел муж, и злилась на себя за то, что он обманул её, как последнюю дурочку. Выходила она за него только из-за денег, а между тем денег у неё теперь было меньше, чем до замужества. Прежде хоть отец давал двугривенные, а теперь — ни гроша. Брать тайно или просить она не могла, она боялась мужа, трепетала его. Ей казалось, что страх к этому человеку она носит в своей душе уже давно. Когда-то в детстве самой внушительной и страшной силой, надвигающейся как туча или локомотив, готовый задавить, ей всегда представлялся директор гимназии, другой такою же силой, о которой в семье всегда говорили и которую почему-то боялись, был его сиятельство; и был ещё десяток сил помельче, и между ними учителя гимназии с бритыми усами, строгие, неумолимые и, теперь вот, наконец, Модест Алексеич, человек с правилами, который даже лицом походил на директора. И в воображении Ани все эти силы сливались в одно и в виде одного страшного громадного белого медведя надвигались на слабых и виноватых, таких, как её отец, и она боялась сказать что-нибудь против и натянуто улыбалась и выражала притворное удовольствие, когда её грубо ласкали и оскверняли объятиями, наводившими на неё ужас.

Только один раз Пётр Леонтьич осмелился попросить у него пятьдесят рублей взаймы, чтобы заплатить какой-то очень неприятный долг, но какое это было страдание!

— Хорошо, я вам дам, — сказал Модест Алексеич, подумав: — но предупреждаю, что больше уже не буду помогать вам, пока вы не бросите пить. Для человека, состоящего на государственной службе, постыдна такая слабость. Не могу не напомнить вам общеизвестного факта, что многих способных людей погубила эта страсть, между тем как при воздержании они, быть-может, могли бы со временем сделаться высокопоставленными людьми.

И потянулись длинные периоды: «по мере того»... «исходя из того положения»... «в виду только-что сказанного», а бедный Пётр Леонтьич страдал от унижения и испытывал сильное желание выпить.

И мальчики, приходившие к Ане в гости, обыкновенно в рваных сапогах и в поношенных брюках, тоже должны были выслушивать наставления.

— Каждый человек должен иметь свои обязанности! — говорил им Модест Алексеич.

А денег не давал. Но зато он дарил Ане кольца, браслеты и броши, говоря, что эти вещи хорошо иметь про чёрный день. И часто он отпирал её комод и делал ревизию: все ли вещи целы.

II

Наступила между тем зима. Ещё задолго до Рождества в местной газете было объявлено, что 29-го декабря в дворянском собрании «имеет быть» обычный зимний бал. Каждый вечер после карт, Модест Алексеич, взволнованный, шептался с чиновницами, озабоченно

поглядывая на Áню, и потóм дóлго ходи́л из угла́ в у́гол,
о чём-то ду́мая. Наконéц, ка́к-то пóздно вéчером он
остановился пéред Áней и сказа́л:

— Ты должна́ сшить себé ба́льное пла́тье. Понима́ешь?
5 Тóлько, пожа́луйста, посовéтуйся с Ма́рьей Григóрьевной
и с Натáльей Кузьми́нишной.

И дал ей сто рублéй. Она́ взяла́; но зака́зывая ба́льное
пла́тье, ни с кем не совéтовалась, а поговори́ла тóлько
с отцóм и постара́лась вообрази́ть себé, как бы одéлась
10 на бал её мать. Её покóйная мать сама́ одева́лась всегда́
по послéдней мóде и всегда́ вози́лась с Áней и одева́ла её
изя́щно, как ку́клу, и научи́ла её говори́ть по-францу́з-
ски и превосхóдно танцова́ть мазу́рку (до заму́жества она́
пять лет прослужи́ла в гувернáнтках). Áня так же, как
15 мать, могла́ из ста́рого пла́тья сдéлать нóвое, мыть в
бензи́не перча́тки, брать на прока́т bijoux и так же, как
мать, умéла щу́рить глаза́, карта́вить, принима́ть кра-
си́вые пóзы, приходи́ть, когда́ ну́жно, в востóрг, глядéть
печа́льно и зага́дочно. А от отца́ она́ унаслéдовала
20 тёмный цвет волóс и глаз, нéрвность и э́ту манéру всегда́
прихора́шиваться.

Когда́ за полчаса́ до отъéзда на бал Модéст Алексéич
вошёл к ней без сюртука́, чтобы пéред её трюмó надéть
себé на шéю óрден, то, очарóванный её красотóй и
25 блéском её свéжего, возду́шного наря́да, самодовóльно
расчеса́л себé ба́кены и сказа́л:

— Вот ты у меня́ кака́я . . . вот ты кака́я! Аню́та! —
продолжа́л он, вдруг впада́я в торжéственный тон. — Я
тебя́ осчастли́вил, а сегóдня ты мóжешь осчастли́вить меня́.
30 Прошу́ тебя́, предста́вься супру́ге его́ сия́тельства! Ра́ди
Бóга! Чéрез неё я могу́ получи́ть ста́ршего докла́дчика!

Пое́хали на бал. Вот и дворя́нское собра́ние, и подъе́зд со швейца́ром. Пере́дняя с ве́шалками, шу́бы, снуⷯющие лаке́и и декольти́рованные да́мы, закрыва́ющиеся веера́ми от сквозно́го ве́тра; па́хнет свети́льным га́зом и солда́тами. Когда́ А́ня, идя́ вверх по ле́стнице по́д-руку с мужем, услы́шала му́зыку и увида́ла в грома́дном зе́ркале всю себя́, освещёную мно́жеством огне́й, то в душе́ её просну́лась ра́дость и то са́мое предчу́вствие сча́стья, како́е испыта́ла она́ в лу́нный ве́чер на полуста́нке. Она́ шла го́рдая, самоуве́ренная, в пе́рвый раз чу́вствуя себя́ не де́вочкой, а да́мой, и нево́льно похо́дкою и мане́рами подража́я свое́й поко́йной ма́тери. И в пе́рвый раз в жи́зни она́ чу́вствовала себя́ бога́той и свобо́дной. Да́же прису́тствие му́жа не стесня́ло её, так как, перейдя́ поро́г собра́ния, она́ уже́ угада́ла инсти́нктом, что бли́зость ста́рого му́жа нисколько не унижа́ет её, а наоборо́т, кладёт на неё печа́ть пика́нтной таи́нственности, кото́рая так нра́вится мужчи́нам. В большо́й за́ле уже́ греме́л орке́стр и начали́сь та́нцы. По́сле казёной кварти́ры, охва́ченная впечатле́ниями све́та, пестроты́, му́зыки, шу́ма, А́ня оки́нула взгля́дом за́лу и поду́мала: — «ах, как хорошо́!» и сра́зу отличи́ла в толпе́ всех свои́х знако́мых, всех, кого́ она́ ра́ньше встреча́ла на вечера́х или на гуля́ньях, всех э́тих офице́ров, учителе́й, адвока́тов, чино́вников, поме́щиков, его́ сия́тельство, Арты́нова и дам вы́сшего о́бщества, разоде́тых, си́льно декольти́рованных, краси́вых и безобра́зных, кото́рые уже́ занима́ли свои́ пози́ции в избу́шках и павильо́нах благотвори́тельного база́ра, чтобы нача́ть торго́влю в по́льзу бе́дных. Грома́дный офице́р в эполе́тах — она́ познако́милась с ним на Ста́ро-Ки́евской у́лице, когда́ была́

гимназисткой, а теперь не помнила его фамилии — точно
из-под земли вырос и пригласил на вальс, и она отлетела
от мужа, и ей уж казалось, будто она плыла на парусной
лодке, в сильную бурю, а муж остался далеко на берегу.

5 . . . Она танцовала страстно, с увлечением и вальс, и
польку, и кадриль, переходя с рук на руки, угорая от
музыки и шума, мешая русский язык с французским,
картавя, смеясь и не думая ни о муже, ни о ком и ни
о чём. Она имела успех у мужчин, это было ясно, да
10 иначе и быть не могло, она задыхалась от волнения,
судорожно тискала в руках веер и хотела пить. Отец,
Пётр Леонтьич, в помятом фраке, от которого пахло
бензином, подошёл к ней, протягивая блюдечко с
красным мороженым.

15   — Ты очаровательна сегодня, — говорил он, глядя на
неё с восторгом: — и никогда ещё я так не жалел, что ты
поспешила замуж. . . . Зачем? Я знаю, ты сделала это
ради нас, но . . . — он дрожащими руками вытащил
пачечку денег и сказал: — Я сегодня получил с урока и
20 могу отдать долг твоему мужу.

Она сунула ему в руки блюдечко и, подхваченная
кем-то, унеслась далеко и мельком, через плечо своего
кавалера, видела, как отец, скользя по паркету, обнял
даму и понёсся с ней по зале.

25   — Как он мил, когда трезв! — думала она.

Мазурку она танцовала с тем же громадным офице-
ром; он важно и тяжело, словно туша в мундире,
ходил, поводил плечами и грудью, притоптывал ногами
еле-еле — ему страшно не хотелось танцовать, а она
30 порхала около, дразня его своей красотой, своей от-
крытой шеей; глаза её горели задором, движения были

страстные, а он становился всё равноду́шнее и протя́ги-
вал к ней ру́ки ми́лостиво, как коро́ль.

— Бра́во, бра́во! — говори́ли в пу́блике.

Но ма́ло-по-ма́лу и грома́дного офице́ра прорва́ло; он
оживи́лся, заволнова́лся и, уже́ подда́вшись очарова́нию, 5
вошёл в аза́рт и дви́гался легко́, мо́лодо, а она́ то́лько
поводи́ла плеча́ми и гляде́ла лука́во, то́чно она́ уже́ была́
короле́ва, а он раб, и в э́то вре́мя ей каза́лось, что на них
смо́трит вся за́ла, что все э́ти лю́ди мле́ют и зави́дуют им.
Едва́ грома́дный офице́р успе́л поблагодари́ть её, как 10
пу́блика вдруг расступи́лась и мужчи́ны вы́тянулись
ка́к-то стра́нно, опусти́в ру́ки. . . . Это шёл к ней его́
сия́тельство, во фра́ке с двумя́ звёздами. Да, его́ сия́тель-
ство шёл и́менно к ней, потому́ что гляде́л пря́мо на неё
в упо́р и слаща́во улыба́лся, и при э́том жева́л губа́ми, 15
что де́лал он всегда́, когда́ ви́дел хоро́шеньких же́нщин.

— О́чень рад, о́чень рад . . . — на́чал он. — А я при-
кажу́ посади́ть ва́шего му́жа на гауптва́хту за то, что он
до сих пор скрыва́л от нас тако́е сокро́вище. Я к вам с
поруче́нием от жены́, — продолжа́л он, подава́я ей ру́ку. 20
— Вы должны́ помо́чь нам. . . . М-да. . . . Ну́жно назна́-
чить вам пре́мию за красоту́ . . . как в Аме́рике. . . . М-да.
. . . Америка́нцы. . . . Моя́ жена́ ждёт вас с нетерпе́нием.

Он привёл её в избу́шку, к пожило́й да́ме, у кото́рой
ни́жняя часть лица́ была́ несоразме́рно велика́, так что 25
каза́лось, бу́дто она́ во рту держа́ла большо́й ка́мень.

— Помоги́те нам, — сказа́ла она́ в нос, нараспе́в. —
Все хоро́шенькие же́нщины рабо́тают на благотвори́тель-
ном база́ре, и то́лько одна́ вы почему́-то гуля́ете. Отчего́
вы не хоти́те нам помо́чь? 30

Она́ ушла́, и А́ня заняла́ её ме́сто о́коло сере́бряного

самова́ра с ча́шками.   То́тчас же начала́сь бо́йкая
торго́вля. За ча́шку ча́ю Аня брала́ не ме́ньше рубля́, а
грома́дного офице́ра заста́вила вы́пить три ча́шки.
Подошёл Арты́нов, бога́ч, с вы́пуклыми глаза́ми, стра-
5 да́ющий оды́шкой, но уже́ не в том стра́нном костю́ме, в
како́м ви́дела его́ Аня ле́том, а во фра́ке, как все.   Не
отрыва́я глаз с Ани, он вы́пил бока́л шампа́нского и
заплати́л сто рубле́й, пото́м вы́пил ча́ю и дал ещё сто — и
всё э́то мо́лча, страда́я а́стмой. . . . Аня зазыва́ла поку-
10 па́телей и брала́ с них де́ньги, уже́ глубоко́ убеждённая,
что её улы́бки и взгля́ды не доставля́ют э́тим лю́дям
ничего́, кро́ме большо́го удово́льствия. Она́ уже́ поняла́,
что она́ со́здана исключи́тельно для э́той шу́мной,
блестя́щей, смею́щейся жи́зни с му́зыкой, та́нцами,
15 покло́нниками, и давни́шний страх её пе́ред си́лой,
кото́рая надвига́ется и грози́т задави́ть, каза́лся ей
смешны́м; никого́ она́ уже́ не боя́лась, и то́лько жале́ла,
что нет ма́тери, кото́рая пора́довалась бы тепе́рь вме́сте
с ней её успе́хам.
20   Пётр Лео́нтьич, уже́ бле́дный, но ещё кре́пко держа́сь
на нога́х, подошёл к избу́шке и попроси́л рю́мку коньяку́.
Аня покрасне́ла, ожида́я, что он ска́жет что́-нибудь не по-
доба́ющее (ей уже́ бы́ло сты́дно, что у неё тако́й бе́дный,
тако́й обыкнове́нный оте́ц), но он вы́пил, вы́бросил из
25 свое́й па́чечки де́сять рубле́й и ва́жно отошёл, не сказа́в
ни сло́ва. Немно́го погодя́, она́ ви́дела, как он шёл в
па́ре в grand rond и в э́тот раз он уже́ поша́тывался и
что́-то выкри́кивал, к вели́кому конфу́зу свое́й да́мы, и
Аня вспо́мнила, как го́да три наза́д на балу́ он так же вот
30 поша́тывался и выкри́кивал — и ко́нчилось тем, что
около́точный увёз его́ домо́й спать, а на друго́й день

директор грозил уволить со службы.   Как некстати
было это воспоминание!

Когда в избушках потухли самовары и утомлённые
благотворительницы сдали выручку пожилой даме с
камнем во рту, Артынов повёл Аню под-руку в залу, где 5
был сервирован ужин для всех участвовавших в благо-
творительном базаре.   Ужинало человек двадцать, не
больше, но было очень шумно.   Его сиятельство провоз-
гласил тост: «В этой роскошной столовой будет уместно
выпить за процветание дешёвых столовых, служивших 10
предметом сегодняшнего базара».   Бригадный генерал
предложил выпить «за силу, перед которой пассует даже
артиллерия», и все потянулись чокаться с дамами.
Было очень, очень весело!

Когда Аню провожали домой, то уже светало, и 15
кухарки шли на рынок.   Радостная, пьяная, полная
новых впечатлений, замученная, она разделась, повали-
лась в постель и тотчас же уснула.

Во втором часу дня её разбудила горничная и доло-
жила, что приехал господин Артынов с визитом.   Она 20
быстро оделась и пошла в гостиную.   Вскоре после
Артынова приезжал его сиятельство благодарить за
участие в благотворительном базаре.   Он, глядя на неё
слащаво и жуя, поцеловал ей ручку и попросил позволе-
ния бывать ещё и уехал, а она стояла среди гостиной, 25
изумлённая, очарованная, не веря, что перемена в её
жизни, удивительная перемена, произошла так скоро; и
в это самое время вошёл её муж, Модест Алексеич. . . . И
перед ней также стоял он теперь с тем же заискивающим,
сладким, холопски-почтительным выражением, какое она 30
привыкла видеть у него в присутствии сильных и

знатных; и с восторгом, с негодованием, с презрением,
уже уверенная, что ей за это ничего не будет, она сказала,
отчётливо выговаривая каждое слово:

— Подите прочь, болван!

5 После этого у Ани не было уже ни одного свободного
дня, так как она принимала участие то в пикнике, то в
прогулке, то в спектакле. Возвра алась она домой
каждый день под утро и ложилась в гостиной на полу,
и потом рассказывала всем трогате ю, как она спит
10 под цветами. Денег нужно было очень много, но она уже
не боялась Модеста Алексеича и тратила его деньги, как
свои; и она не просила, не требовала, а только посылала
ему счета, или записки: «выдать подателю сего 200 р.»,
или: «немедленно уплатить 100 р.»

15 На Пасхе Модест Алексеич получил Анну второй
степени. Когда он пришёл благодарить, его сиятельство
отложил в сторону газету и сел поглубже в кресло.

— Значит, у вас теперь три Анны, — сказал он,
осматривая свои белые руки с розовыми ногтями: — одна
20 в петлице, две на шее.

Модест Алексеич приложил два пальца к губам из
осторожности, чтобы не рассмеяться громко, и сказал:

— Теперь остаётся ожидать появления на свет маленького Владимира. Осмелюсь просить ваше сиятельство в
25 восприемники.

Он намекал на Владимира IV степени и уже воображал,
как он будет всюду рассказывать об этом своём каламбуре, удачном по находчивости и смелости, и хотел
сказать ещё что-нибудь такое же удачное, но его сиятельство вновь углубился в газету и кивнул головой. . . .

А Аня всё каталась на тройках, ездила с Артыновым

на охоту, играла в одноактных пьесах, ужинала, и всё реже и реже бывала у своих. Они обедали уже одни. Пётр Леонтьич запивал сильнее прежнего, денег не было и фисгармонию давно уже продали за долг. Мальчики теперь не отпускали его одного на улицу и всё следили за ним, чтобы он не упал; и когда во время катанья на Старо-Киевской им встречалась Аня на паре с пристяжной на отлёте и с Артыновым на козлах вместо кучера, Пётр Леонтьич снимал цилиндр и собирался что-то крикнуть, а Петя и Андрюша брали его под-руки и говорили умоляюще:

— Не надо, папочка. . . . Будет, папочка. . . .

12. ДОМ С МЕЗОНИНОМ

(РАССКАЗ ХУДОЖНИКА)

I

Это было шесть–семь лет тому назад, когда я жил в
одном из уездов Т-ой губернии, в имении помещика
Белокурова, молодого человека, который вставал очень
рано, ходил в поддёвке, по вечерам пил пиво и всё
5 жаловался мне, что он нигде и ни в ком не встречает
сочувствия. Он жил в саду во флигеле, а я в старом
барском доме, в громадной зале с колоннами, где нè было
никакой мебели, кроме широкого дивана, на котором я
спал, да ещё стола, на котором я раскладывал пасьянс.
10 Тут всегда, даже в тихую погоду, что-то гудело в старых
амосовских печах, а во время грозы весь дом дрожал и,
казалось, трескался на части, и было немножко страшно,
особенно ночью, когда все десять больших окон вдруг
освещались молнией.

15 Обречённый судьбой на постоянную праздность, я не
делал решительно ничего. По целым часам я смотрел в
свои окна на небо, на птиц, на аллеи, читал всё, что
привозили мне с почты, спал. Иногда я уходил из дому
и до позднего вечера бродил где-нибудь.

20 Однажды, возвращаясь домой, я нечаянно забрёл в
какую-то незнакомую усадьбу. Солнце уже пряталось,
и на цветущей ржи растянулись вечерние тени. Два ряда
старых, тесно посаженных, очень высоких елей стояли,
как две сплошные стены, образуя мрачную, красивую
25 аллею. Я легко перелез через изгородь и пошёл по этой
аллее, скользя по еловым иглам, которые тут на вершок

покрывали землю. Было тихо, темно, и только высоко
на вершинах кое-где дрожал яркий золотой свет и
переливал радугой в сетях паука. Сильно, до духоты
пахло хвоем. Потом я повернул на длинную липовую
аллею. И тут тоже запустение и старость; прошлогодняя   5
листва печально шелестела под ногами и в сумерках
между деревьями прятались тени. Направо, в старом
фруктовом саду, нехотя, слабым голосом пела иволга,
должно-быть тоже старушка. Но вот и липы кончились;
я прошёл мимо белого дома с террасой и с мезонином, и   10
передо мною неожиданно развернулся вид на барский
двор и на широкий пруд с купальней, с толпой зелёных
ив, с деревней на том берегу, с высокой, узкой колоколь-
ней, на которой горел крест, отражая в себе заходившее
солнце. На миг на · :ня повеяло очарованием чего-то   15
родного, очень знакомого, будто я уже видел эту самую
панораму когда-то в детстве.

А у белых каменных ворот, которые вели со двора в
поле, у старинных крепких ворот со львами, стояли две
девушки. Одна из них, постарше, тонкая, бледная, очень   20
красивая, с целой копной каштановых волос на голове,
с маленьким упрямым ртом, имела строгое выражение и
на меня едва обратила внимание; другая же, совсем ещё
молоденькая — ей было семнадцать–восемнадцать лет,
не больше — тоже тонкая и бледная, с большим ртом и с   25
большими глазами, с удивлением посмотрела на меня,
когда я проходил мимо, сказала что-то по-английски и
сконфузилась, и мне показалось, что и эти два милых
лица мне давно уже знакомы. И я вернулся домой с
таким чувством, как будто видел хороший сон.   30

Вскоре после этого, как-то в полдень, когда я и Бело-

ку́ров гуля́ли о́коло до́ма, неожи́данно, шурша́ по траве́,
въе́хала во двор рессо́рная коля́ска, в кото́рой сиде́ла
одна́ из тех де́вушек. Э́то была́ ста́ршая. Она́ прие́хала
с подписны́м листо́м проси́ть на погоре́льцев. Не гля́дя
5 на нас, она́ о́чень серьёзно и обстоя́тельно рассказа́ла
нам, ско́лько сгоре́ло домо́в в селе́ Сия́нове, ско́лько
мужчи́н, же́нщин и дете́й оста́лось без кро́ва и что́ наме́-
рен предприня́ть на пе́рвых пора́х погоре́льческий коми-
те́т, чле́ном кото́рого она́ тепе́рь была́. Да́вши нам
10 подписа́ться, она́ спря́тала лист и то́тчас же ста́ла
проща́ться.

— Вы совсе́м забы́ли нас, Пётр Петро́вич, — сказа́ла
она́ Белоку́рову, подава́я ему́ ру́ку. — Приезжа́йте, и
е́сли Monsieur N. (она́ назвала́ мою́ фами́лию) захо́чет
15 взгляну́ть, как живу́т почита́тели его́ тала́нта, и пожа́-
лует к нам, то ма́ма и я бу́дем о́чень ра́ды.

Я поклони́лся.

Когда́ она́ уе́хала, Пётр Петро́вич стал расска́зывать.
Э́та де́вушка, по его́ слова́м, была́ из хоро́шей семьи́ и
20 зва́ли её Ли́дией Волчани́новой, а име́ние, в кото́ром она́
жила́ с ма́терью и сестро́й, так же как и село́ на друго́м
берегу́ пруда́, называ́лось Шелко́вкой. Оте́ц её когда́-то
занима́л ви́дное ме́сто в Москве́ и у́мер в чи́не та́йного
сове́тника. Несмотря́ на хоро́шие сре́дства, Волчани́новы
25 жи́ли в дере́вне безвы́ездно, ле́то и зи́му, и Ли́дия была́
учи́тельницей в зе́мской шко́ле у себя́ в Шелко́вке и
получа́ла два́дцать-пять рубле́й в ме́сяц. Она́ тра́тила на
себя́ то́лько э́ти де́ньги и горди́лась, что живёт на
со́бственный счёт.

30 — Интере́сная семья́, — сказа́л Белоку́ров. — Пожа́-
луй, схо́дим к ним ка́к-нибудь. Они́ бу́дут вам о́чень ра́ды.

Как-то после обеда, в один из праздников, мы вспомнили про Волчаниновых и отправились к ним в Шелковку. Они, мать и обе дочери, были дома. Мать, Екатерина Павловна, когда-то, повидимому, красивая, теперь же сыраяне по летам, больная одышкой, грустная, рассеянная, старалась занять меня разговором о живописи. Узнав от дочери, что я, быть-может, приеду в Шелковку, она торопливо припомнила два-три моих пейзажа, какие видела на выставках в Москве, и теперь спрашивала, что я хотел в них выразить. Лидия, или, как её звали дома, Лида говорила больше с Белокуровым, чем со мной. Серьёзная, не улыбаясь, она спрашивала его, почему он не служит в земстве и почему до сих пор нè был ни на одном земском собрании.

— Не хорошо, Пётр Петрович, — говорила она укоризненно. — Не хорошо. Стыдно.

— Правда, Лида, правда, — соглашалась мать. — Не хорошо.

— Весь наш уезд находится в руках Балагина, — продолжала Лида, обращаясь ко мне. — Сам он председатель управы, и все должности в уезде роздал своим племянникам и зятьям и делает что хочет. Надо бороться. Молодёжь должна составить из себя сильную партию, но вы видите, какая у нас молодёжь. Стыдно, Пётр Петрович!

Младшая сестра, Женя, пока говорили о земстве, молчала. Она не принимала участия в серьёзных разговорах, её в семье ещё не считали взрослой и, как маленькую, называли Мисюсь, потому что в детстве она называла так мисс, свою гувернантку. Всё время она смотрела на меня с любопытством и, когда я осматривал

в альбоме фотографии, объясняла мне: «Это дядя.... Это крёстный папа», и водила пальчиком по портретам, и в это время по-детски касалась меня своим плечом, и я близко видел её слабую, неразвитую грудь, тонкие
5 плечи, косу и худенькое тело, туго стянутое поясом.

Мы играли в крокет и лоун-теннис, гуляли по саду, пили чай, потом долго ужинали.   После громадной пустой залы с колоннами мне было как-то по себе в этом небольшом уютном доме, в котором не было на
10 стенах олеографий и прислуге говорили вы, и всё мне казалось молодым и чистым, благодаря присутствию Лиды и Мисюсь, и всё дышало порядочностью.   За ужином Лида опять говорила с Белокуровым о земстве, о Балагине, о школьных библиотеках. Это была живая,
15 искренняя, убеждённая девушка, и слушать её было интересно, хотя говорила она много и громко — быть-может, оттого, что привыкла говорить в школе. Зато мой Пётр Петрович, у которого ещё со студенчества осталась манера всякий разговор сводить на спор, говорил
20 скучно, вяло и длинно, с явным желанием казаться умным и передовым человеком.   Жестикулируя, он опрокинул рукавом соусник, и на скатерти образовалась большая лужа, но кроме меня, казалось, никто не заметил этого.

25 Когда мы возвращались домой, было темно и тихо.

— Хорошее воспитание не в том, что ты не прольёшь соуса на скатерть, а в том, что ты не заметишь, если это сделает кто-нибудь другой, — сказал Белокуров и вздохнул. — Да, прекрасная, интеллигентная семья. Отстал
30 я от хороших людей, ах как отстал! А всё дела, дела! Дела!

Он говорил о том, как много приходится работать, когда хочешь стать образцовым сельским хозяином. А я думал: какой это тяжёлый и ленивый малый! Он, когда говорил о чём-нибудь серьёзно, то с напряжением тянул «э-э-э-э», и работал так же, как говорил, — медленно,   5 всегда опаздывая, пропуская сроки. В его деловитость я плохо верил уже потому, что письма, которые я поручал ему отправлять на почту, он по целым неделям таскал у себя в кармане.

— Тяжелее всего, — бормотал он, идя рядом со мной: 10 — тяжелее всего, что работаешь и ни в ком не встречаешь сочувствия. Никакого сочувствия!

II

Я стал бывать у Волчаниновых. Обыкновенно я сидел на нижней ступени террасы; меня томило недовольство собой, было жаль своей жизни, которая протекала так   15 быстро и неинтересно, и я всё думал о том, как хорошо было бы вырвать из своей груди сердце, которое стало у меня таким тяжёлым. А в это время на террасе говорили, слышался шорох платьев, перелистывали книгу.   Я скоро привык к тому, что днём Лида принимала больных,   20 раздавала книжки и часто уходила в деревню с непокрытой головой, под зонтиком, а вечером громко говорила о земстве, о школах. Эта тонкая, красивая, неизменно строгая девушка, с маленьким, изящно очерченным ртом, всякий раз, когда начинался деловой разговор, говорила   25 мне сухо:

— Это для вас не интересно.

Я был ей не симпатичен. Она не любила меня за то, что я пейзажист и в своих картинах не изображаю

народных нужд и что я, как ей казалось, был равнодушен
к тому, во что она так крепко верила. Помнится, когда
я ехал по берегу Байкала, мне встретилась девушка-
бурятка, в рубахе и в штанах из синей дабы, верхом на
5 лошади; я спросил у неё, не продаст ли она мне свою
трубку, и, пока мы говорили, она с презрением смотрела
на моё европейское лицо и на мою шляпу, и в одну
минуту ей надоело говорить со мной, она гикнула и
поскакала прочь. И Лида точно так же презирала во мне
10 чужого. Внешним образом она никак не выражала своего
нерасположения ко мне, но я чувствовал его и, сидя на
нижней ступени террасы, испытывал раздражение и
говорил, что лечить мужиков, не будучи врачом, значит
обманывать их, и что легко быть благодетелем, когда
15 имеешь две тысячи десятин.

А её сестра, Мисюсь, не имела никаких забот и про-
водила свою жизнь в полной праздности, как я. Вставши
утром, она тотчас же бралась за книгу и читала, сидя на
террасе в глубоком кресле, так что ножки её едва
20 касались земли, или пряталась с книгой в липовой
аллее, или шла за ворота в поле. Она читала целый
день, с жадностью глядя в книгу, и только потому, что
взгляд её иногда становился усталым, ошеломлённым,
и лицо сильно бледнело, можно было догадаться,
25 как это чтение утомляло её мозг. Когда я приходил,
она, увидев меня, слегка краснела, оставляла книгу
и с оживлением, глядя мне в лицо своими большими
глазами, рассказывала о том что случилось, например
о том, что в людской загорелась сажа, или что
30 работник поймал в пруде большую рыбу. В будни
она ходила обыкновенно в светлой рубашечке и в

тёмно-синей юбке. Мы гуляли вместе, рвали вишни для варенья, катались в лодке, и, когда она прыгала, чтобы достать вишню, или работала вёслами, сквозь широкие рукава просвечивали её тонкие, слабые руки. Или я писал этюд, а она стояла возле и смотрела с 5 восхищением.

В одно из воскресений, в конце июля, я пришёл к Волчаниновым утром, часов в девять. Я ходил по парку, держась подальше от дома, и отыскивал белые грибы, которых в то лето было очень много, и ставил около них 10 метки, чтобы потом подобрать их вместе с Женей. Дул тёплый ветер. Я видел, как Женя и её мать, обе в светлых праздничных платьях, прошли из церкви домой, и Женя придерживала от ветра шляпу. Потом я слышал, как на террасе пили чай. 15

Для меня, человека беззаботного, ищущего оправдания для своей постоянной праздности, эти летние праздничные утра в наших усадьбах всегда были необыкновенно привлекательны. Когда зелёный сад, ещё влажный от росы, весь сияет от солнца и кажется счастливым, когда 20 около дома пахнет резедой и олеандром, молодёжь только-что вернулась из церкви и пьёт чай в саду, и когда все так мило одеты и веселы, и когда знаешь, что все эти здоровые, сытые, красивые люди весь длинный день ничего не будут делать, то хочется, чтобы вся 25 жизнь была такою. И теперь я думал то же самое и ходил по саду, готовый ходить так без дела и без цели весь день, всё лето.

Пришла Женя с корзиной; у неё было такое выражение, как будто она знала или предчувствовала, что найдёт 30 меня в саду. Мы подбирали грибы и говорили, и когда она спрашивала о чём-нибудь, то заходила вперёд, чтобы видеть моё лицо.

— Вчера у нас в деревне произошло чудо, — сказала она. — Хромая Пелагея была больна целый год, никакие
5 доктора и лекарства не помогали, а вчера старуха пошептала, и прошло.

— Это не важно, — сказал я. — Не следует искать чудес только около больных и старух. Разве здоровье не чудо? А сама жизнь? Что не понятно, то и есть чудо.
10 — А вам не страшно то, что не понятно?

— Нет. К явлениям, которых я не понимаю, я подхожу бодро и не подчиняюсь им. Я выше их. Человек должен сознавать себя выше львов, тигров, звёзд, выше всего в природе, даже выше того, что непонятно и кажется
15 чудесным, иначе он не человек, а мышь, которая всего боится.

Женя думала, что я, как художник, знаю очень многое и могу верно угадывать то, чего не знаю. Ей хотелось, чтобы я ввёл её в область вечного и прекрасного, в этот
20 высший свет, в котором, по её мнению, я был своим человеком, и она говорила со мной о Боге, о вечной жизни, о чудесном. И я, не допускавший, что я и моё воображение после смерти погибнем навеки, отвечал: «да, люди бессмертны», «да, нас ожидает вечная жизнь».
25 А она слушала, верила и не требовала доказательств.

Когда мы шли к дому, она вдруг остановилась и сказала:

— Наша Лида замечательный человек. Не правда ли? Я её горячо люблю и могла бы каждую минуту пожертвовать для неё жизнью. Но скажите, — Женя дотрону-
30 лась до моего рукава пальцем: — скажите, почему вы с ней всё спорите? Почему вы раздражены?

— Потому́ что она́ неправа́.

Же́ня отрица́тельно покача́ла голово́й, и слёзы показа́лись у неё на глаза́х.

— Как э́то непоня́тно! — проговори́ла она́.

В э́то вре́мя Ли́да то́лько-что верну́лась отку́да-то и, стоя о́коло крыльца́ с хлысто́м в рука́х, стро́йная, краси́вая, освещённая со́лнцем, прика́зывала что́-то рабо́тнику. Торопя́сь и гро́мко разгова́ривая, она́ приняла́ двух-трёх больны́х, пото́м с делову́м, озабо́ченным ви́дом ходи́ла по ко́мнатам, отворя́я то оди́н шкап, то друго́й, уходи́ла в мезони́н; её до́лго иска́ли и зва́ли обе́дать, и пришла́ она́, когда́ мы уже́ съе́ли суп. Все э́ти ме́лкие подро́бности я почему́-то по́мню и люблю́, и весь э́тот день жи́во по́мню, хотя́ не произошло́ ничего́ осо́бенного. По́сле обе́да Же́ня чита́ла, лёжа в глубо́ком кре́сле, а я сиде́л на ни́жней ступе́ни терра́сы. Мы молча́ли. Всё не́бо заволокло́ облака́ми, и стал накра́пывать ре́дкий, ме́лкий дождь. Бы́ло жа́рко, ве́тер давно́ уже́ стих, и каза́лось, что э́тот день никогда́ не ко́нчится. К нам на терра́су вы́шла Екатери́на Па́вловна, за́спанная, с ве́ером.

— О, ма́ма, — сказа́ла Же́ня, целу́я у неё ру́ку: — тебе́ вре́дно спать днём.

Они́ обожа́ли друг дру́га. Когда́ одна́ уходи́ла в сад, то друга́я уже́ стоя́ла на терра́се и, гля́дя на дере́вья, оклика́ла: «а , Же́ня!» и́ли «ма́мочка, где ты?» Они́ всегда́ вме́сте моли́лись, и о́бе одина́ково ве́рили, и хорошо́ понима́ли друг дру́га, да́же когда́ молча́ли. И к лю́дям они́ относи́лись одина́ково. Екатери́на Па́вловна та́кже ско́ро привы́кла и привяза́лась ко мне, и когда́ я не появля́лся два-три дня, присыла́ла узна́ть, здоро́в ли

я. На мои этюды она смотрела тоже с восхищением, и с
такою же болтливостью и так же откровенно, как
Мисюсь, рассказывала мне что случилось, и часто
поверяла мне свои домашние тайны.

5   Она благоговела перед своей старшей дочерью. Лида
никогда не ласкалась, говорила только о серьёзном; она
жила своею особенною жизнью и для матери и для
сестры была т .бою же священной, немного загадочной
особой, как д я матросов адмирал, который всё сидит
10 у себя в каю: .

— Наша Лида замечательный человек, — говорила
часто мать. – Не правда ли?

И теперь, пока накрапывал дождь, мы говорили о
Лиде.

15   — Она замечательный человек, — сказала мать и
прибавила вполголоса тоном заговорщицы, испуганно
оглядываясь: — Таких днём с огнём поискать, хотя,
знаете ли, я начинаю немножко беспокоиться. Школа,
аптечки, книжки — всё это хорошо, но зачем крайности?
20 Ведь, ей уже двадцать четвёртый год, пора о себе
серьёзно подумать. Этак за книжками и за аптечками и
не увидишь, как жизнь пройдёт. . . . Замуж нужно.

Женя, бледная от чтения, с помятою причёской,
приподняла голову и сказала как бы про себя, глядя на
25 мать:

— Мамочка, всё зависит от воли Божией!

И опять погрузилась в чтение.

Пришёл Белокуров в поддёвке и в вышитой сорочке.
Мы играли в крокет и лоун-теннис, потом, когда потем-
30 нело, долго ужинали, и Лида опять говорила о школах и
о Балагине, котор! й забрал в свои руки весь уезд.

Уходя в этот вечер от Волчаниновых, я уносил впечат-
ление длинного-длинного, праздного дня, с грустным
сознанием, что всё кончается на этом свете, как бы ни
было длинно. Нас до ворот провожала Женя, и оттого,
быть-может, что она провела со мной весь день от утра до 5
вечера, я почувствовал, что без неё мне как будто скучно
и что вся эта милая семья близка мне; и в первый раз за
всё лето мне захотелось писать.

— Скажите, отчего вы живёте так скучно, так не
колоритно? — спросил я у Белокурова, идя с ним 10
домой. — Моя жизнь скучна, тяжела, однообразна,
потому что я художник, я странный человек, я издёрган
с юных дней завистью, недовольством собой, неверием в
своё дело, я всегда беден, я бродяга, но вы-то, вы,
здоровый, нормальный человек, помещик, барин, — 15
отчего вы живёте так неинтересно, так мало берёте от
жизни? Отчего, например, вы до сих пор не влюбились
о Лиду или Женю?

— Вы забываете, что я люблю другую женщину, —
ответил Белокуров.   20

Это он говорил про свою подругу, Любовь Ивановну,
жившую с ним вместе во флигеле. Я каждый день видел,
как эта дама, очень полная, пухлая, важная, похожая
на откормленную гусыню, гуляла по саду в русском
костюме с бусами, всегда под зонтиком, и прислуга то и 25
дело звала её то кушать, то чай пить. Года три назад она
наняла один из флигелей под дачу, да так и осталась жить
у Белокурова, повидимому, навсегда. Она была старше
его лет на десять и управляла им строго, так что, отлу-
чаясь из дому, он должен был спрашивать у неё поз- 30
воления. Она часто рыдала мужским голосом, и тогда я

посылал сказать ей, что, если она не перестанет, то я съеду с квартиры; и она переставала.

Когда мы пришли домой, Белокуров сел на диван и нахмурился в раздумьи, а я стал ходить по зале, испыты-
5 вая тихое волнение, точно влюблённый. Мне хотелось говорить про Волчаниновых.

— Лида может полюбить только земца, увлечённого так же, как она, больницами и школами, — сказал я. — О, ради такой девушки можно не только стать земцем,
10 но даже истаскать, как в сказке, железные башмаки. А Мисюсь? Какая прелесть эта Мисюсь!

Белокуров длинно, растягивая «э-э-э-э», заговорил о болезни века — пессимизме. Говорил он уверенно и таким тоном, как будто я спорил с ним. Сотни вёрст
15 пустынной, однообразной, выгоревшей степи не могут нагнать такого уныния, как один человек, когда он сидит, говорит, и неизвестно, когда он уйдёт.

— Дело не в пессимизме и не в оптимизме, — сказал я раздражённо: — а в том, что у девяносто девяти из ста
20 нет ума.

Белокуров принял это на свой счёт, обиделся и ушёл.

III

— В Малозёмове гостит князь, тебе кланяется, — говорила Лида матери, вернувшись откуда-то и снимая перчатки. — Рассказывал много интересного. . . .
25 Обещал опять поднять в губернском собрании вопрос о медицинском пункте в Малозёмове, но говорит: мало надежды. — И обратясь ко мне, она сказала: — Извините, я всё забываю, что для вас это не может быть интересно.

Я почу́вствовал раздраже́ние.

— Почему́ же не интере́сно? — спроси́л я и пожал плеча́ми. — Вам не уго́дно знать моё мне́ние, но уверя́ю вас, э́тот вопро́с меня́ жи́во интересу́ет.

— Да?   5

— Да.   По моему́ мне́нию, медици́нский пункт в Малозёмове во́все не ну́жен.

Моё раздраже́ние передало́сь и ей; она́ посмотре́ла на меня́, прищу́рив глаза́, и спроси́ла:

— Что же ну́жно? Пейза́жи?   10

— И пейза́жи не нужны́. Ничего́ там не ну́жно.

Она́ ко́нчила снима́ть перча́тки и разверну́ла газе́ту, кото́рую то́лько-что привезли́ с по́чты; че́рез мину́ту она́ сказа́ла ти́хо, очеви́дно сде́рживая себя́:

— На про́шлой неде́ле умерла́ от родо́в А́нна, а е́сли 15 бы побли́зости был медици́нский пункт, то она́ оста́лась бы жива́. И господа́ пейзажи́сты, мне ка́жется, должны́ бы име́ть каки́е-нибудь убежде́ния на э́тот счёт.

— Я име́ю на э́тот счёт о́чень определённое убежде́ние, уверя́ю вас, — отве́тил я, а она́ закры́лась от меня́ 20 газе́той, как бы не жела́я слу́шать. — По-мо́ему, медици́нские пу́нкты, шко́лы, библиоте́чки, апте́чки, при существу́ющих усло́виях, слу́жат то́лько порабоще́нию. Наро́д опу́тан це́пью вели́кой, и вы не ру́бите э́той це́пи, а лишь прибавля́ете но́вые зве́нья — вот вам моё убеж- 25 де́ние.

Она́ подняла́ на меня́ глаза́ и насме́шливо улыбну́-лась, а я продолжа́л, стара́ясь улови́ть свою́ гла́вную мысль:

— Не то ва́жно, что А́нна умерла́ от родо́в, а то, что 30 все э́ти А́нны, Ма́вры, Пелаге́и с ра́ннего утра́ до потёмок

гнут спи́ны, боле́ют от непоси́льного труда́, всю жизнь
дрожа́т за голо́дных и больны́х дете́й, всю жизнь боя́тся
сме́рти и боле́зней, всю жизнь ле́чатся, ра́но блёкнут,
ра́но ста́рятся и умира́ют в грязи́ и в во́ни; их де́ти,
5 подроста́я, начина́ют ту же му́зыку, и так прохо́дят
со́тни лет, и миллиа́рды люде́й живу́т ху́же живо́тных —
то́лько ра́ди куска́ хле́ба, испы́тывая постоя́нный страх.
Весь у́жас их положе́ния в том, что им не́когда о душе́
поду́мать, не́когда вспо́мнить о своём о́бразе и подо́бии;
10 го́лод, хо́лод, живо́тный страх, ма́сса труда́, то́чно
снегвы́е обва́лы, загороди́ли им все пути́ к духо́вной
де́ятельности, и́менно к тому́ са́мому, что отлича́ет
челове́ка от живо́тного и составля́ет еди́нственное, ра́ди
чего́ сто́ит жить. Вы прихо́дите к ним на по́мощь с
15 больни́цами и шко́лами, но э́тим не освобожда́ете их от
пут, а, напро́тив, ещё бо́льше порабоща́ете, так как,
внося́ в их жизнь но́вые предрассу́дки, вы увели́чиваете
число́ их потре́бностей, не говоря́ уже́ о том, что за му́шки
и за кни́жки они́ дол́   ы плати́т, зе́мству и, зна́чит,
20 сильне́е гнуть спи́ну.

— Я спо́рить с ва́ми не ста́ну, — сказа́ла Ли́да,
опуска́я газе́ту. — Я уже́ э́то слы́шала. Скажу́ вам
то́лько одно́: нельзя́ сиде́ть сло́жа ру́ки. Пра́вда, мы не
спаса́ем челове́чества и, быть-мо́жет, во мно́гом оши-
25 ба́емся, но мы де́лаем то, что мо́жем, и мы — пра́вы.
Са́мая высо́кая и свята́я зада́ча культу́рного челове́ка —
э́то служи́ть бли́жнему, и мы пыта́емся служи́ть, как
уме́ем. Вам не нра́вится, но, ведь, на всех не угоди́шь.

— Пра́вда, Ли́да, пра́вда, — сказа́ла мать.
30 В прису́тствии Ли́ды она́ всегда́ робе́ла и, разгова́ри-
вая, трево́жно погля́дывала на неё, боя́сь сказа́ть

что-нибудь ли́шнее и́ли неуме́стное; и никогда́ она́ не противоре́чила ей, а всегда́ соглаша́лась: пра́вда, Ли́да, пра́вда.

— Мужи́цкая гра́мотность, кни́жки с жа́лкими наста-влениями и прибау́тками и медици́нские пу́нкты не мо́гут уменьши́ть ни неве́жества, ни сме́ртности, так же как свет из ва́ших о́кон не мо́жет освети́ть э́того грома́дного са́да, — сказа́л я. — Вы не даёте ничего́, вы свои́м вмеша́тельством в жизнь э́тих люде́й создаёте лишь но́вые потре́бности, но́вый по́вод к труду́.

— Ах, Бо́же мой, но ведь ну́жно же де́лать что-нибудь! — сказа́ла Ли́да с доса́дой, и по её то́ну бы́ло заме́тно, что мои́ рассужде́ния она́ счита́ет ничто́жными и прези-ра́ет их.

— Ну́жно освободи́ть люде́й от тя́жкого физи́ческого труда́, — сказа́л я. — Ну́жно облегчи́ть их ярмо́, дать им переды́шку, что́бы они́ не всю свою́ жизнь проводи́ли у пече́й, коры́т и в по́ле, но име́ли бы та́кже вре́мя поду́мать о душе́, о Бо́ге, могли́ бы поши́ре прояви́ть свои́ духо́вные спосо́бности. Призва́ние вся́кого челове́ка в духо́вной де́ятельности — в постоя́нном иска́нии пра́вды и смы́сла жи́зни. Сде́лайте же для них нену́жным гру́бый живо́тный труд, да́йте им почу́вствовать себя́ на свобо́де, и тогда́ уви́дите, кака́я в су́щности насме́шка э́ти кни́жки и апте́чки. Раз челове́к сознаёт своё и́стинное призва́ние, то удовлетворя́ть его́ мо́гут то́лько рели́гия, нау́ки, иску́сства, а не э́ти пустяки́.

— Освободи́ть от труда́! — усмехну́лась Ли́да. — Ра́зве это возмо́жно?

— Да. Возьми́те на себя́ до́лю их труда́. Е́сли бы все мы, городски́е и дереве́нские жи́тели, все без исключе́ния, согласились поделить между собою труд, который затрачивается вообще человечеством на удовлетворение физических потребностей, то на каждого из нас, быть-может, пришлось бы не более двух-трёх часов в день. 5 Представьте, что все мы, богатые и бедные, работаем только три часа в день, а остальное время у нас свободно. Представьте ещё, что мы, чтобы ещё менее зависеть от своего тела и менее трудиться, изобретаем машины, заменяющие труд, мы стараемся сократить число наших 10 потребностей до минимума. Мы закаляем себя, наших детей, чтобы они не боялись голода, холода, и мы не дрожали бы постоянно за их здоровье, как дрожат Анна, Мавра и Пелагея. Представьте, что мы не лечимся, не держим аптек, табачных фабрик, винокуренных заводов, 15 — сколько свободного времени у нас остаётся в конце-концов. Все мы сообща отдаём этот досуг наукам и искусствам. Как иногда мужики миром починяют дорогу, так и все мы сообща, миром, искали бы правды и смысла жизни, и — я уверен в этом — правда была бы 20 открыта очень скоро, человек избавился бы от этого постоянного мучительного, угнетающего страха смерти, и даже от самой смерти.

— Вы, однако, себе противоречите, — сказала Лида.

— Вы говорите — наука, наука, а сами отрицаете 25 грамотность.

— Грамотность, когда человек имеет возможность читать только вывески на кабаках да изредка книжки, которых не понимает, — такая грамотность держится у нас со времён Рюрика; гоголевский Петрушка давно уже 30 читает, между тем деревня, какая была при Рюрике, такая и осталась до сих пор. Не грамотность нужна, а

свобода для широкого проявления духовных спосоо-
ностей. Нужны не школы, а университеты.

— Вы и медицину отрицаете.

— Да. Она была бы нужна только для изучения
болезней, как явлений природы, а не для лечения их. 5
Если уж лечить, то не болезни, а причины их. Устраните
главную причину — физический труд, и тогда не будет
болезней. Не признаю я науки, которая лечит, — про-
должал я возбуждённо. — Науки и искусства, когда они
настоящие, стремятся не к временным, не к частным 10
целям, а к вечному и общему, — они ищут правды и
смысла жизни, ищут Бога, душу, а когда их пристёги-
вают к нуждам и злобам дня, к аптечкам и библиотечкам,
то они только осложняют, загромождают жизнь. У нас
много медиков, фармацев в, юристов, стало много 15
грамотных, но совсем нет биологов, математиков,
философов, поэтов. Весь ум, вся душевная энергия ушли
на удовлетворение временных, преходящих нужд. . . . У
учёных, писателей и художников кипит работа, по их
милости удобства жизни растут с каждым днём, потреб- 20
ности тела множатся, между тем до правды ещё далеко,
и человек попрежнему остаётся самым хищным и самым
нечистоплотным животным, и всё клонится к тому, чтобы
человечество в своём большинстве выродилось и утеряло
навсегда всякую жизнеспособность. При таких условиях 25
жизнь художника не имеет смысла, и чем он талантливее,
тем страннее и непонятнее его роль, так как на поверку
выходит, что работает он для забавы хищного нечисто-
плотного животного, поддерживая существующий поря-
док. И я не хочу работать и не буду. . . . Ничего не нужно, 30
пусть земля провалится в тартарары!

— Мисюська, выйди, — сказала Лида сестре, очевидно находя мои слова вредными для такой молодой девушки.

Женя грустно посмотрела на сестру и на мать и вышла.

5   — Подобные милые вещи говорят обыкновенно, когда хотят оправдать своё равнодушие, — сказала Лида. — Отрицать больницы и школы легче, чем лечить и учить.

— Правда, Лида, правда, — согласилась мать.

— Вы угрожаете, что не станете работать, — продолжала Лида. — Очевидно, вы высоко цените ваши работы. Перестанем же спорить, мы никогда не споёмся, так как самую несовершенную из всех библиотечек и аптечек, о которых вы только-что отзывались так презрительно, я ставлю выше всех пейзажей в свете. — И тотчас же, обратясь к матери, она заговорила совсем другим тоном:

— Князь очень похудел и сильно изменился с тех пор, как был у нас. Его посылают в Виши.

Она рассказывала матери про князя, чтобы не говорить со мной. Лицо у неё горело, и, чтобы скрыть своё волнение, она низко, точно близорукая, нагнулась к столу и делала вид, что читает газету. Моё присутствие было неприятно. Я простился и пошёл домой.

IV

На дворе было тихо; деревня по ту сторону пруда уже спала, не было видно ни одного огонька, и только на пруде едва светились бледные отражения звёзд. У ворот со львами стояла Женя неподвижно, поджидая меня, чтобы проводить.

— В деревне все спят, — сказал я ей, стараясь разглядеть в темноте её лицо, и увидел устремлённые на

меня тёмные, печальные глаза. — И кабатчик, и коно-
крады покойно спят, а мы, порядочные люди, раздражаем
друг друга и спорим.

Была грустная августовская ночь, — грустная, по-
тому что уже пахло осенью; покрытая багровым облаком, 5
восходила луна и еле-еле освещала дорогу и по сторонам
её тёмные озимые поля. Часто падали звёзды. Женя шла
со мной рядом по дороге и старалась не глядеть на небо,
чтобы не видеть падающих звёзд, которые почему-то
пугали её.   10

— Мне кажется, вы правы, — сказала она, дрожа от
ночной сырости. — Если бы люди, все сообща, могли
отдаться духовной деятельности, то они скоро узнали бы
всё.

— Конечно. Мы высшие существа, и если бы в самом 15
деле мы сознали всю силу человеческого гения и жили бы
только для высших целей, то в конце-концов мы стали
бы как боги. Но этого никогда не будет, — человечество
выродится, и от гения не останется и следа.

Когда не стало видно ворот, Женя остановилась и 20
торопливо пожала мне руку.

— Спокойной ночи, — проговорила она, дрожа; плечи
её были покрыты только одною рубашечкой, и она
сжалась от холода. — Приходите завтра.

Мне стало жутко от мысли, что я останусь один, 25
раздражённый, недовольный собой и людьми; и я сам
уже старался не глядеть на падающие звёзды.

— Побудьте со мной ещё минуту, — сказал я. —
Прошу вас.

Я любил Женю. Должно-быть, я любил её за то, что 30
она встречала и провожала меня, за то, что смотрела на

меня нежно и с восхищением. Как трогательно прекрасны были её бледное лицо, тонкая шея, тонкие руки, её слабость, праздность, её книги. А ум? Я подозревал у неё недюжинный ум, меня восхищала широта её воззрений, быть-может потому, что она мыслила иначе, чем строгая, красивая Лида, которая не любила меня. Я нравился Жене, как художник, я победил её сердце своим талантом, и мне страстно хотелось писать только для неё, и я мечтал о ней, как о своей маленькой королеве, которая вместе со мною будет владеть этими деревьями, полями, туманом, зарёю, этою природой, чудесной, очаровательной, но среди которой я, до сих пор, чувствовал себя безнадёжно одиноким и ненужным.

— Останьтесь ещё минуту, — попросил я. — Умоляю вас.

Я снял с себя пальто и прикрыл её озябшие плечи; она, боясь показаться в мужском пальто смешной и некрасивой, засмеялась и сбросила его, и в это время я обнял её и стал осыпать поцелуями её лицо, плечи, руки.

— До завтра! — прошептала она и осторожно, точно боясь нарушить ночную тишину, обняла меня. — Мы не имеем тайн друг от друга, я должна сейчас рассказать всё маме и сестре. . . . Это так страшно. Мама ничего, мама любит вас, но Лида!

Она побежала к воротам.

— Прощайте! — крикнула она.

И потом минуты две я слышал, как она бежала. Мне не хотелось домой, да и незачем было итти туда. Я постоял немного в раздумьи и тихо поплёлся назад, чтобы ещё взглянуть на дом, в котором она жила, милый,

найвный, старый дом, который, казалось, бкнами своего
мезонина глядел на меня, как глазами, и понимал всё.
Я прошёл мимо террасы, сел на скамье около площадки
для лоун-тённиса, в темноте под старым вязом, и отсюда
смотрел на дом. В бкнах мезонина, в котором жила   5
Мисюсь, блеснул яркий свет, потом покойный зелёный —
это лампу накрыли абажуром. Задвигались тёни. . . . Я
был полон нежности, тишины и довольства собою,
довольства, что сумел увлечься и полюбить, и в то же
время я чувствовал неудобство от мысли, что в это же   10
самое время, в нескольких шагах от меня, в одной из
комнат этого дома живёт Лида, которая не любит, быть-
может ненавидит меня. Я сидел и всё ждал, не выйдет
ли Женя, прислушивался, и мне казалось, будто в
мезонине говорят.   15

Прошло около часа. Зелёный огонь погас, и не стало
видно теней.   Луна уже стояла высоко над домом и
освещала спящий сад, дорожки: георгины и розы в
цветнике перед домом были отчётливо видны и казались
все одного цвета. Становилось очень холодно. Я вышел 20
из сада, подобрал на дороге своё пальто и не спеша
побрёл домой.

Когда на другой день, после обеда, я пришёл к
Волчаниновым, стеклянная дверь в сад была открыта
настежь. Я посидел на террасе, поджидая, что вот-вот 25
за цветником на площадке или на одной из аллей пока-
жется Женя, или донесётся её голос из комнат; потом я
прошёл в гостиную, в столовую. Не было ни души. Из
столовой я прошёл длинным коридором в переднюю,
потом назад. Тут в коридоре было несколько дверей, и 30
за одной из них раздавался голос Лиды.

— Вороне где-то ... Бог ... — говорила она громко и протяжно, вероятно, диктуя. — Бог послал кусочек сыру. ... Вороне ... где-то. ... Кто там? — окликнула она вдруг, услышав мои шаги.

5   — Это я.

— А! Простите, я не могу сейчас выйти к вам, я занимаюсь с Дашей.

— Екатерина Павловна в саду?

— Нет, она с сестрой уехала сегодня утром к тёте, в
10 Пензенскую губернию. А зимой, вероятно, они поедут заграницу ... — добавила она, помолчав. — Вороне где-то. ... Бо-ог послал ку-усочек сыру. ... Написала?

Я вышел в переднюю и, ни о чём не думая, стоял и смотрел оттуда на пруд и на деревню, а до меня доноси-
15 лось:

— Кусочек сыру. ... Вороне где-то Бог послал кусочек сыру.

И я ушёл из усадьбы тою же дорогой, какой пришёл сюда в первый раз, только в обратном порядке: сначала
20 со двора в сад, мимо дома, потом по липовой аллее. ...
Тут догнал меня мальчишка и подал записку. «Я рассказала всё сестре, и она требует, чтобы я рассталась с вами, — прочёл я. — Я была не в силах огорчить её своим неповиновением. Бог даст вам счастья, простите
25 меня. Если бы вы знали, как я и мама горько плачем!»

Потом тёмная еловая аллея, обвалившаяся изгородь.
... На том поле, где тогда цвела рожь и кричали перепела, теперь бродили коровы и спутанные лошади. Кое-где на холмах ярко зеленела озимь. Трезвое, будничное
30 настроение овладело мной, и мне стало стыдно всего, что я говорил у Волчаниновых, и попрежнему стало скучно

жить. Придя домой, я уложился и вечером уехал в Петербург.

———————

Больше я уже не видел Волчаниновых. Как-то недавно, едучи в Крым, я встретил в вагоне Белокурова. Он попрежнему был в поддёвке и в вышитой сорочке и, когда я спросил его о здоровьи, ответил: «Вашими молитвами». Мы разговорились. Имение своё он продал и купил другое, поменьше, на имя Любови Ивановны. Про Волчаниновых сообщил он немного. Лида, по его словам, жила попрежнему в Шелковке и учила в школе детей; мало-по-малу ей удалось собрать около себя кружок симпатичных ей людей, которые составили из себя сильную партию и на последних земских выборах «прокатили» Балагина, державшего до того времени в своих руках весь уезд. Про Женю же Белокуров сообщил только, что она не жила дома и была неизвестно где.

Я уже начинаю забывать про дом с мезонином, и лишь изредка, когда пишу или читаю, вдруг ни с того, ни с сего припомнится мне то зелёный огонь в окне, то звук моих шагов, раздававшихся в поле ночью, когда я, влюблённый, возвращался домой и потирал руки от холода. А ещё реже, в минуты, когда меня томит одиночество и мне грустно, я вспоминаю смутно и мало-по-малу мне почему-то начинает казаться, что обо мне тоже вспоминают, меня ждут, и что мы встретимся. . . .

Мисюсь, где ты?

NOTES

References are to page and line.

ТО́ЛСТЫЙ И ТО́НКИЙ

Written in 1883, this is one of Chekhov's best early comic stories. It differs from the majority of his stories of this period by its distinctly satirical note. Bureaucracy in its various aspects was one of the favourite targets for satire in Russian literature; compare the story «Экза́мен на чин» below. But «То́лстый и то́нкий» has also general human significance.

13.1. Никола́евская желе́зная доро́га, 'Nicholas Railway': the railway between St. Petersburg (Leningrad) and Moscow, so called after the Emperor Nicholas I in whose reign it was built; now renamed Октя́брьская after the October Revolution of 1917.

13.5. флёр-д'ора́нж, 'fleurs d'orange': here used as the name of a scent or lotion.

13.9. гимнази́ст, 'schoolboy': derived from гимна́зия (*Gymnasium*), a secondary school of the standard type, where Latin (and, until the end of the nineteenth century, also Greek) formed an important part of the syllabus; hence the expressions класси́ческая гимна́зия and класси́ческое образова́ние. In this respect гимна́зия differed from реа́льное учи́лище (*Realschule*), where classical languages were not taught and stress was laid more on modern subjects. As may be seen, both terms were derived from German, the Russian educational system in the nineteenth century being modelled largely on the German.

13.12. голу́бчик: a diminutive of го́лубь, 'pigeon', commonly used both as a term of endearment ('darling'), and as a somewhat condescending or ironical form of address (something like 'old chap'). Feminine form—голу́бушка.

13.13. Ми́ша: diminutive of Миха́йл, 'Michael'.

13.15. троекра́тно облобыза́лись, 'kissed each other three times': this was not uncommon in Russia, especially before or after long separation. The threefold kiss is more particularly associated with the traditional Easter greeting. Лобыза́ть(-ся) is more or less archaic, and in modern usage can have a facetious flavour; its modern equivalent is целова́ть(-ся).

13.21. Что́ же ты?, 'And how are *you* getting on?'

13.23. лютера́нка, 'a Lutheran'.

13.24. Нафанаи́л, 'Nathaniel'; Нафа́ня, diminutive form.

13.24. учени́к III кла́сса, 'pupil of the third form'. In Russian secondary schools of the standard type there were usually eight forms, numbered from below.

13.25. гимна́зия: see above, note 13.9.

13.28. Геростра́т, 'Herostratus' (or 'Eratostratus'): an Ephesian who burnt down the famous temple of Diana in Ephesus with the sole object of acquiring immortal fame.

13.29. казённая кни́жка, 'a book which was the property of the State'. The word казённый is derived from казна́ ('Treasury') and is used to denote anything pertaining to the State or officialdom; thus, по казённому де́лу, 'on official business'; казённая со́бственность, 'Crown, or State, property'. By analogy, the term was used in other than State institutions to indicate something belonging to the institution.

14.1. Эфиа́льт, 'Ephialtes': he betrayed the Spartans at Thermopylae by showing the Persians a secret path and enabling them to attack Leonidas. His name has become synonymous with 'traitor'. These nicknames illustrate the classical bent which prevailed in Russian secondary schools at the end of the nineteenth century.

14.9. колле́жский ас(с)е́ссор, 'collegiate assessor': the eighth grade of the Civil Service hierarchy set up by Peter the Great, the so-called Та́бель о ра́нгах, which remained in force up to the Revolution. There were fourteen grades, the fourteenth being the lowest. The titles of the grades were borrowed from Sweden. Peter copied also much of the organization of the Civil Service itself from Sweden, including the system of 'Colleges', under which responsibility for a given branch of State business was vested in a 'Collegium' or Commission, not in a single Minister. Ministries of the usual type were introduced into Russia under Alexander I in 1802.

14.10. Станисла́в, 'the Order of St. Stanislas': awarded to civil servants. Originally a Polish Order, it was later incorporated into the Orders of the Russian Empire.

14.16. столонача́льник, 'head of a section': Ministries and other Government departments were divided into sections known as столы́ ('tables' or 'desks').

14.18. ста́тский: abbreviation for ста́тский сове́тник, 'State Councillor', the lowest of the four higher grades in the Civil Service, the next three being действи́тельный ста́тский сове́тник, та́йный сове́тник ('Privy Councillor'), and действи́тельный та́йный сове́тник. See also above, note 14.9.

14.20. тáйного (*sc.* совéтника): see above, note 14.18.

14.21. звездá, 'star': one of the higher decorations.

14.27. вы́тянулся во фрунт: фрунт archaic for фронт.

14.29. вáше превосходи́тельство, 'Your Excellency': the accepted form of address for officials of the second and third rank at the top of the Civil Service ladder, as well as for Major-General and Lieutenant-General in the Army and Rear-Admiral and Vice-Admiral in the Navy; for the highest rank in both civil and military service the proper form of address was вáше высокопревосходи́тельство.

14.29. прия́тно-с: с is an abbreviation of сударь, 'sir', and was often added in the old days by persons of low social standing, especially of the official class, in addressing their superiors; also by servants speaking to their masters. In modern times it fell into disuse and came to be looked upon as a sign of servility. Though often a mere conventional sign of politeness, it could sometimes have a note of exaggerated self-humiliation, of facetiousness, and even of anger and irritation. Note the change in the 'thin man's' tone, his use of the official form of address, and of the polite plural instead of the singular which he had been using till now in speaking to his former schoolfellow: all this because he has just learned to what heights the latter has risen. (Cf. Chekhov's use of -с in «Экзáмен на чин» and «Неудáча», below.)

МÁЛЬЧИКИ

Written in 1887. Chekhov has several stories about children all of which show great insight into child psychology, and sympathy with children. Some of them are known to portray children of his friends.

16.1. Волóдя: diminutive of Влади́мир.

16.2. Волóдичка: affectionate form of Волóдя.

16.2. прие́хали: servants and other persons of low social standing often used the plural when speaking of their masters or superiors.

16.6. рóзвальни: a wide peasant sleigh, with sides higher at the front than at the back, and without seats, used for conveying fuel-logs, sacks of grain, &c.

16.6. трóйка: three horses harnessed abreast to a carriage or sledge.

16.9. башлы́к: a kind of hood often worn by Russians, especially children. It has long ends which either hang loosely or, for greater protection against cold, are crossed under the chin and thrown back over the shoulders.

16.9. гимнази́ческое пальтó, 'school uniform overcoat': see note on гимнáзия («Тóлстый и тóнкий», 13.9).

16.15. ва́ленки, 'felt boots': knee-boots blocked from felt, worn by the majority of peasants and of workers in towns instead of the more expensive leather boots. They were also often worn by children.

16.21. Мило́рд, 'Milord': a dog's name. French and English names were often given to dogs in Russia.

17.4. Чечеви́цын (from чечеви́ца, lentils): Chekhov's use of proper names would deserve a special study. In the earlier stories he showed a predilection for frankly amusing, facetious, often improbable, but never impossible, surnames, whether Russian or foreign, e.g. Трамбля́н (Fr. 'Tremblant') in «О́рден», Шампу́нь ('Shampoo') in «Францу́з», &c. At the same time, many names indicate characteristics or foibles he wishes to imply or stress in his characters, e.g. Змиежа́лов (from 'serpent' and 'sting') and Пивомёдов (from 'beer' and 'mead') in «Экза́мен на чин» below. In later stories and in plays the choice of names becomes more subtle, while remaining equally inventive. The same care was bestowed by Chekhov on the choice of Christian names and patronymics. In «Ма́льчики» the name Чечеви́цын is used as a pun, while in a well-known early comic story («Лошади́ная фами́лия») the whole point of the story is in the name.

17.4. учени́к второ́го кла́сса: see note to «То́лстый и то́нкий», 13.24.

17.15. самова́р, 'samovar': a copper, brass, or plated urn used for boiling water. The name means 'self-boiler' (from сам, 'self', and вари́ть, 'to boil'). The samovar is heated by charcoal placed in a central tube or chimney passing right through it. The water is kept boiling for a long time, and is run off by a tap.

17.21. провожа́ючи: colloquial form of the present indeclinable participle (gerund) of провожа́ть, instead of провожа́я.

18.2. куха́ркин сын, 'cook's son'. The expression came to be widely used to denote children of plebeian stock, when, in 1887, it appeared in an official circular of the reactionary Minister of Education Delyanov instructing school authorities to put a brake on the democratization of secondary schools, a process which was going on rapidly at the time.

18.30. Ива́н Никола́ич (Никола́евич), 'Ivan, Nicholas's son'. The usual form of address in Russian is by name (и́мя) and patronymic (о́тчество), that is, a modified form of the father's name. Among people of certain classes this form of address was used even between husband and wife, as here, although the Christian name alone, or its diminutive form, was more usual in such a relationship. The surname was seldom used in Russia in addressing people, except by schoolmasters addressing children in school, or in military service. Nowadays the use of the surname preceded by това́рищ, 'comrade', has become fairly common; and граждани́н ('citizen') with the surname is also frequently heard. But the name-*cum*-patronymic is still the usual form of address.

19.7. снеговáя горá: artificially built snow hill used for tobogganing, a very popular form of winter sport in Russian towns and villages. Such snow hills are a feature of most public gardens and parks in Russia. Cf. 33.4 below.

19.13. Пермь: a large provincial town in north-eastern Russia, west of the Urals, capital of the Perm Province.

19.14. Тюмéнь, Томск: towns in Siberia.

19.15. Камчáтка: the peninsula at the north-eastern tip of Siberia.

19.16. Бéрингов пролúв: the Bering Straits, which divide Asia from America.

19.27. Майн-Рид: Captain Thomas Mayne Reid (1818–83), Anglo-Irish author of popular adventure stories. His books, especially *The Headless Horseman* and *The Scalp Hunters*, enjoyed great popularity among Russian boys.

20.13. Монтигóмо Ястребúный Кóготь, 'Montigomo Hawk's Claw': Chechevitsyn gives himself a typical Red Indian name.

20.29. четы́ре рубля́: a pre-revolutionary rouble was worth about two shillings.

20.31. верстá, 'verst': a pre-revolutionary measure of distance, equal to two-thirds of the statute mile. Since the Revolution the metric system of measurement has been adopted in the Soviet Union.

21.16. икóна, 'ikon': a holy picture (of Christ, the Virgin Mary, or one of the Saints). They were usually painted on wood, and some were encased in silver or gold and adorned with jewels.

21.25. пост, 'period of fasting'. Apart from the seven weeks of Lent (called Велúкий Пост, 'Great Fast'), there are several other fixed periods, of shorter duration, when the Orthodox Church prescribes fasting.

23.2. людскáя, 'servants' quarters'. The word лю́ди, 'people', was often used in the sense of 'servants', e.g. пойтú в лю́ди, 'to go as a servant'; жить в лю́дях, 'to live as a servant'. On the other hand the expression вы́йти в лю́ди means 'to work up one's way socially', 'to get on in the world'.

23.2. флúгель, German *Flügel*: a wing of a large house, or a separate smaller house. It might be occupied by part of the family, by guests, or by the owner who had let the main part of the house (cf. «Дом с мезонúном» below); or it could be used, as in «Мáльчики», to accommodate employees (прикáзчики).

23.2. прика́зчик: the word indicated in pre-revolutionary Russia various types of employee entrusted with supervisory duties over others, 'steward', 'overseer', 'foreman'; or with responsibility for conducting an employer's affairs, 'agent'; it was also used for 'shop-assistant'.

23.17. Гости́ный Двор: the main shop arcade in a town. The expression is derived from the old meaning of the word гость, 'merchant'.

ЭКЗА́МЕН НА ЧИН

Written in 1884. The title refers to the practice of subjecting to a special examination in the ordinary school curriculum candidates for a grade in the Civil Service, even when these candidates, like the one in this story, were old men with considerable service and practical experience to their credit. Chekhov mildly satirizes this practice in his story, showing us an old postal clerk who, after twenty-one years of service, has to pass an elementary test in arithmetic, geography, geometry, Russian spelling, &c., in order to become entitled to the lowest Civil Service grade.

25.1. Га́лкин: from га́лка, 'jackdaw'; see note to «Ма́льчики», 17.4.

25.2. ве́рьте-с: see note to «То́лстый и то́нкий», 14.29.

25.2. экза́мента: semi-literate usage, instead of экза́мена.

25.4. Ефи́м Заха́рыч (for Заха́рович): see note to «Ма́льчики», 18.30.

25.13. ми́лостивый госуда́рь, 'Dear Sir': the usual polite form of addressing strangers, especially in letters.

25.14. восстаёт на меня́ а́ки Сау́л, 'rails at me like Saul': a biblical reference in appropriate biblical language. а́ки, Slavonic for как.

25.15. Его́рушка: diminutive of Его́р, 'George'.

25.15. едини́цы выво́дит: едини́ца, 'unit', 'one'—the lowest mark in schools under the pre-revolutionary five-mark system, recently restored in the Soviet Union. Translate: 'gives him bad marks'.

25.21. Пивомёдов: see note to «Ма́льчики», 17.4. Note also in «Экза́мен на чин» the names of Аха́хов (from ах-ах, 'ah! ah!'), Ха́мов (from хам, 'cad'), Фе́ндриков (from фе́ндрик, a distortion of German *Fähnrich*, 'ensign'). The name of Змиежа́лов has a distinct ecclesiastical flavour: see note on «Студе́нт» below, 57.9.

25.22. уе́здное учи́лище, 'district school'. Уе́зд, 'district', an old administrative subdivision of губе́рния, 'province'. Now replaced by райо́н, as губе́рния is by о́бласть.

26.1. фрак, 'tail-coat': a blue tail-coat was part of the uniform worn by the personnel of State schools. They were regarded as civil servants.

26.6. штáтный смотрúтель, 'superintendent', 'inspector'. Штáтный (from штат) means 'on the staff'.

26.8. законоучúтель: the master in charge of religious instruction, always a clergyman. Закóн Бóжий (catechism) was an obligatory subject in all Russian schools before the Revolution, non-Orthodox pupils alone being exempt from it.

26.9. камилáвка: from Greek καμηλαύκιον, a violet velvet skull-cap worn by priests.

26.9. напéрсный крест, 'pectoral cross', which priests wear on a chain round their neck; from Slavonic персь=грудь ('breast', 'chest').

26.17. вольноопределяющийся трéтьего разря́да, '3rd class volunteer': вольноопределяющийся was a person who, on the strength of having had a secondary or higher education, could enter military service of his own accord and enjoyed certain privileges, including shorter duration of service. This differed according to the extent of education received, all 'volunteers' being divided into three classes (разря́ды). From 1906 (that is, after this story was written) the number of classes was reduced to two, involving one and two years of service respectively, instead of the three years which ordinary recruits had to serve.

26.21. вáше высокорóдие: something like 'Your Honour', the usual form of addressing civil servants holding the rank of State Councillor (see notes to «Тóлстый и тóнкий», 14.9, 14.18, and 14.29).

26.25. для представлéния меня́ к чúну коллéжского регистрáтора, 'to recommend me for promotion to the rank of collegiate registrar' (the lowest, i.e. the fourteenth, grade in the Civil Service). See note on «Тóлстый и тóнкий», 14.9.

26.27. пéрвый клáссный чин: see above, note 26.25.

27.1. «харашá... пить», i.e. хорошá холóдная водá, когдá хóчется пить, spelt phonetically.

27.15. из кнúги Давы́дова: Davydov's text-book of geometry.

27.16. Варсонóфий: Christian name.

27.17. Трóице-Сéргиевской, Вифáнской тож, семинáрии: 'from the Trinity-Sergius, alias Bethanian, Seminary', a well-known ecclesiastical seminary attached to the Bethanian monastery, which was situated close to the famous Trinity-Sergius monastery, near Moscow, founded by St. Sergius of Radonezh in the fourteenth century. The seminary trained the ordinary clergy; a higher ecclesiastical education was given in the Ecclesiastical Academies (see note on «Студéнт» below, 57.9).

27.18. планиме́трия and стереоме́трия: the two main divisions of geometry as taught in Russian schools.

27.28. прика́зы по о́кругу: orders and regulations issued by the Curator of the Educational District.

27.29. То́чно так: the equivalent of да, 'yes', in military parlance. Its negative counterpart is ника́к нет.

28.5. Ганг: the river Ganges.

28.6. Геогра́фия Смирно́ва: Smirnov's text-book of geography.

28.8. теке́т: ungrammatical for тече́т.

28.10. Ара́кс: the river Aras, which rises in Turkey and for the greater part of its course forms the boundary between Transcaucasia and Persia.

28.11. губе́рния, 'province', see note 25.22 above.

28.11 Жито́мир: principal town in the Volyn province, in south-western Russia.

28.12. тракт 18, ме́сто 121, 'Route No. 18, locality No. 121': Fendrikov refers to Zhitomir by its official postal designation.

28.17 оте́ц протоиере́й, 'the Very Reverend Father'. Протоиере́й, 'archpriest'.

28.17. мо́гут подтверди́ть: for the use of the plural verb see note on «Ма́льчики», 16.2.

28.18. тепе́рь э́то са́мое, кото́рое: from nervousness Fendrikov begins to speak incoherently.

28 24. Покро́в (Пресвято́й Богоро́дицы), 'the Feast of the Intercession of the Holy Virgin', 1 October (Old Style), commemorating an event which occurred in Constantinople in the tenth century, when, during a war between Byzantium and the Saracens, a vision was seen of the Holy Virgin, attended by Saints, spreading a cover over the Byzantine troops to protect them. The word покро́в means 'cover, protection'. The day of Покро́в was regarded in Russia as the beginning of winter, and there are many proverbs and popular sayings indicating this.

28.24. ничего́ то́лку: for никако́го то́лку = 'no use', 'no sense'.

28.28. гове́ю ежего́дно: гове́ть means 'to keep a period of fasting' at the end of which one goes to confession and receives the Holy Communion. This was usually (but not necessarily) done during Lent. Before the Revolution this practice was more or less obligatory for all civil servants (as well as for pupils in State schools), and a certain amount of control was exercised by civil and ecclesiastical authorities to see that it was kept. Failure to observe it was apt to incur displeasure and suspicion of free-thinking, not only in religious, but also in political matters.

29.4. шáпку с кокáрдой: a peaked cap with the official badge of the Department of Posts.

НЕУДÁЧА

Written in 1886. A good example of an early story of Chekhov's which is a sheer unadulterated anecdote.

30.1. Ильá Сергéич (for Сергéевич), Клеопáтра Петрóвна: see note to «Мáльчики», 18.30.

30.4. Натáшенька: affectionate form of Натáша, which is a diminutive of Натáлья, 'Natalie'.

30.5. уéздное учúлище: see note to «Экзáмен на чин», 25.22.

30.7. Петрóвна: see note to «Мáльчики», 18.30. Among a certain class of people, especially in the country, the patronymic was often used alone, that is without the first name, as a form of familiar address.

30.8. óбраз: the same as икóна (see note to «Мáльчики», 21.16). According to Russian custom the newly betrothed couple had to receive a blessing with a holy ikon from the parents, and this gave the betrothal force and validity.

30.18. какúе вы стрáнные: for какóй вы стрáнный. This represents an affectedly polite way of speaking favoured by semi-educated people from the lower and lower-middle classes.

30.21. э́то ничегó не знáчит-с: see note on the use of -с, «Тóлстый и тóнкий», 14.29.

30.24. Некрáсов, 1821–77: a well-known Russian poet.

31.9. яúчное мы́ло: a toilet soap of which egg was an ingredient; regarded as particularly good for the complexion, it was often used by young girls.

32.5. бáтюшки-свéты: intensified form of бáтюшки, 'goodness gracious'.

32.9. Лажéчников, 1792–1869: a Russian historical novelist, one of the followers of Sir Walter Scott.

ШУ́ТОЧКА

Written in 1886. One of the earliest stories in which the characteristic Chekhovian motif of frustration comes to the fore.

33.2. Нáденька: affectionate form of Нáдя, which is a diminutive of Надéжда, 'Hope'.

33.4. гора: see note to «Мальчики», 19.7. Here probably refers to an artificial structure. Such 'ice hills' were often to be found in Russian parks and public gardens.

33.12. калоши, 'overshoes': an indispensable part of a Russian's winter outfit, and worn also through the muddy seasons of spring and autumn.

35.9. башлык: see note to «Мальчики», 16.9.

35.28. каток, 'skating rink'. The word is also used to denote the whole of the winter-sports arrangements in a public park or sports club.

37.5. ледяная гора: see above, 33.4.

38.1. дворянская опека: the Court of Wards of the Gentry. In pre-revolutionary Russia the system of wardship was organized on a class basis.

БЕЛОЛОБЫЙ

Written in 1895. Next to 'Kashtanka', the famous story about a dog, Chekhov's best animal story. A great favourite with Russian children. Title Белолобый, 'Whitebrow'.

39.23. в верстах четырёх, 'about four versts': the usual form would be верстах в четырёх. This is a slight licence on the part of Chekhov. For верста see note on «Мальчики», 20.31.

39.24. зимовье, 'winter station', 'winter quarters': the place where workmen live while engaged on a piece of winter work near by. Here probably the winter lodge of a forest keeper.

39.24. Игнат: popular form of Игнатий, 'Ignatius'.

41.3. пошёл к свистку, 'off at the whistle'.

42.27. мня, мня... нга-нга-нга!: an attempt on the part of Chekhov to render the sounds uttered by the puppy.

43.2. наст: frozen crust of snow.

44.26. фюйть!: a rendering of the sound of whistling.

45.4. странник, 'wanderer', 'pilgrim'. It was customary among Russian people to afford shelter and hospitality to such pilgrims, large numbers of whom were to be met on the roads, most of them going to visit various shrines or monasteries.

45.14. Божий человек, 'man of God': a common designation of pilgrims.

КРАСАВИЦЫ

Written in 1888. One of the comparatively few stories of Chekhov which evoke the country where he spent his childhood, the Don Cossack region around Taganrog and Rostov. Like «Степь», the best and the most famous of these stories, it is clearly based on childhood recollections, and has a peculiarly nostalgic quality. The sense of sadness inspired by things beautiful is characteristic of the mature Chekhov. Note the symmetrical composition of the story as a diptych, to be found now and again in Chekhov's mature stories (cf. «На святках» below). The same compositional device was skilfully exploited by some of Chekhov's successors and followers, e.g. Ivan Bunin (in 'The Village' and some short stories). «Красавицы» is a very good example of a purely static story where nothing really happens and everything is based on the evocation of an 'atmosphere'.

46.1. гимназист: see note to «Толстый и тонкий», 13.9.

46.2. Большая Крепкая: the name of a станица, the term applied to Cossack settlements in the Don region.

46.2. Донская область, 'the Don region': officially known then as Область Войска Донского, the region inhabited by the Don Cossacks.

46.3. Ростов-на-Дону: Rostov-on-Don, the capital of the Don region.

46.7. хохол, 'tuft', 'top-knot': a word used by the Great Russians, often ironically, to denote the Little Russians, or Ukrainians; derived from the long tuft of hair worn, with the rest of the head shaven, by the Cossacks in the seventeenth century.

46.7. Карпо: the Ukrainian form of the name Карп.

46.12. армянское село: a considerable part of the population of the big commercial towns in the Don region, like Rostov, Taganrog, and Nakhichevan', was Armenian. Much of the trade of the region was in the hands of the Armenians, and there were also villages around Rostov inhabited mainly by Armenians.

46.12. Бахчи-Салы, 'Bakhchi-Saly': the name of a village.

46.18. чубук, 'chibouk': the long mouthpiece of a Turkish pipe.

46.21. шаровары: long, loose trousers of the Oriental type, tied over the ankle. Also used of wide breeches, tucked into top-boots and hanging over the top of the boots.

47.7. самовар: see note to «Мальчики», 17.15. Ставить самовар means to fill the samovar with charcoal and water and heat it.

47.17. хохлушка: the feminine of хохол; see above, note 46.7.

47.19. Маша: the Armenian's mispronunciation of Маша, the diminutive of Мария.

47.22. Моя посуду: it was customary to rinse the cups and spoons in hot water from the samovar before pouring out the tea.

47.25. панталóны: being an Armenian, Masha was wearing long, loose trousers, tied at the ankles, as worn by women in many parts of the East (referred to at 46.21 above as шаровáры).

48.11. госпóдский дом, 'master's house', the 'big house'.

48.22. Авéт Назáрыч (for Назáрович): see note to «Мáльчики», 18.30. Авéт is an Armenian name.

51.17. арбá: a high-sided cart used in the Caucasus, the Crimea, and the south of Russia in general, as distinct from the ordinary Russian low-sided cart, телéга. The word is of Turkish origin.

52.16. дрóги: a kind of dray, a vehicle consisting of two pairs of wheels, joined by a plank platform, without seats or cover. The singular дрогá means 'perch', or 'crane', of a cart. The word дрóжки, in form a diminutive of дрóги, is also used to denote an ordinary hackney carriage.

52.19. Нахичевáнь: a trading town close to Rostov-on-Don. The name is Armenian, the town having a considerable Armenian population.

52.21. армя́шка: derogatory form of армяни́н. Here used rather humorously than contemptuously.

52.27. Бéлгород: a town between Kursk and Kharkov.

52.27. Хáрьков: the second largest town in the Ukraine, now the industrial capital of the Ukrainian Soviet Republic.

53.15. рýсский костю́м: this usually consisted of a white puff-sleeved embroidered blouse, worn with a full gathered skirt on a yoke (сарафáн), and a white pinafore. With it went several rows of multicoloured beribboned beads and a red, or other bright-coloured, kerchief.

54.31. тэк-с: a pronunciation of так-с sometimes affected by Russians, with varying significance according to the character of the speaker.

55.1. вторóй звонóк: the departure of trains was announced in Russia by three successive ringings of a bell. See below, 56.4.

56.13. óзими: rye, the grain from which black bread is made, is sown in the autumn. It comes up before the snow and is a vivid green directly the snow melts. These fields of autumn-sown grain are a distinctive feature of the Russian countryside in autumn and spring.

СТУДÉНТ

Published in 1894. One of Chekhov's best stories, showing his mastery in evoking an atmosphere and subtly conveying changes of mood. Though not himself a churchman, Chekhov was capable—as in this story and in another, called «Архиерéй» ('The Bishop')—of showing sympathetically the religious approach to life. This story has sometimes been adduced in refutation of the widespread notion that Chekhov was essentially a pessimist.

57.9. Великопо́льский: a typically clerical name. Candidates for the priesthood often had their surnames changed in ecclesiastical seminaries to better-sounding ones. Hence the frequency of surnames derived from names of religious feasts, such as Благове́щенский, Крестовозд-ви́женский, Покро́вский, Воскресе́нский, Вознесе́нский, such double surnames as Змиежа́лов (see above «Экза́мен на чин»), or surnames of Latin or floral origin (Беневоле́нский, Тубере́зов, Гиаци́нтов, &c.).

57.9. духо́вная акаде́мия: a higher ecclesiastical educational establishment. The ecclesiastical academies had a very high standard of teaching and produced many outstanding Russian lay scholars in various fields, especially history and law.

57.10. дьячёк: a Church servant, not belonging to the clergy, with a variety of duties, including those of clerk and chorister.

57.10. тя́га: the mating season of snipe in spring, beginning soon after their return from migration and lasting till June. Ходи́ть на тя́гу—to go shooting in the evening during this period.

57.11. заливны́м лу́гом, 'through the water-meadow', i.e. meadow subject to flooding in spring, the best for hay and pasture.

57.18. верста́: see note to «Ма́льчики», 20.31.

57.21. самова́р: see note to «Ма́льчики», 17.15.

57.21. лежа́л на печи́: Russian peasants (and the дьячёк, socially speaking, was little more than a simple peasant) often slept on the low flat oven, the warmest spot in the изба́ (peasant's log house).

57.22. страстна́я пя́тница, 'Good Friday'. It was customary in Russia to observe a complete fast on Good Friday.

57.25. Рю́рик: a ninth-century Varangian prince, the supposed founder of the first Russian dynasty.

57.25. Иоа́нн Гро́зный: Ivan the Terrible, Tsar of Muscovy (1533–84).

57.26. Пётр: Peter the Great, the first Russian emperor (1682–1725).

58.6. Васили́са: Christian name.

58.8. Луке́рья: Christian name (derived from Глике́рия).

58.16. бога́тым быть, 'You will grow rich': according to a Russian superstition, if you do not recognize a person, it means that that person is to become rich.

58.28. бáбушка, 'grandmother': popularly used as a familiar form of address in speaking to an old woman.

59.1. двенáдцать евáнгелий, 'the Twelve Gospels': a special service in the Orthodox Church on the evening of Maundy Thursday when twelve passages from the Gospels, telling the whole story of the Passion, are read, sometimes not only in Church Slavonic, but in Greek, Latin, and other languages.

59.4. Иисýс: Jesus.

59.10. Иýда: Judas.

60.6. И исшéд вон, плáкася гóрько, 'And he went out, and wept bitterly' (St. Matthew, xxvi. 75). This is in Church Slavonic, the language of the Russian Bible and Church ritual.

60.7. тихий-тихий, тёмный-тёмный: a repetition of an adjective or adverb in this way has an intensifying force. Cf. скóро-скóро in «Áнна на шéе», 87.1, and длиннного-длинного in «Дом с мезонином», 112.2.

61.11. парóм, 'ferry': probably quite primitive, a floating platform taking two or three carts and pulled across on a rope or cable by the passengers.

НА СВЯТКАХ

Written in 1900, this story is an excellent example of Chekhov's technique of understatement, of his capacity for suggesting dramatic situations and effects by the most economical means, and of his 'inconclusive' endings. Underlying it, one can also note a motif common to much of Russian literature, especially since the emancipation of the peasants in 1861—the motif of opposition between the country and the town, their life, their interests, their attitude to the world. Efimya belongs wholly to the country, is rooted in its life, while her husband has become completely uprooted and urbanized. This is one of Chekhov's last stories.

62.12. со слýжбы, 'from military service'.

62.16. пятиалтынный, '15 copecks'. Алтын, an old three-copeck copper piece. Рубль (see note to «Мáльчики», 20.29) = 100 copecks.

63.3. Любéзному нáшему зятю..., 'To our beloved son-in-law...': the traditional, rather high-sounding, formula with which uneducated people often began their letters.

63.18. сирóты, 'orphans'. The word is often used in Russian in the wider sense of 'bereaved', or, in commiseration, 'poor things'.

63.23. грáдусов 70: the temperature of the air was usually measured in Russia in terms of the Réaumur scale, though sometimes also by the centigrade (Celsius, Цéльсий). For the human body the latter was always used. 70° Réaumur would be equivalent to 190° F.; 70° C. to 158° F.

63.27. он из солда́т, 'he has done his military service', 'he is an ex-soldier'.

63.30. водоцеле́бное заведе́ние: the old man's mistake for водолече́б-ное заведе́ние, 'hydropathic establishment'. Целе́бный, 'curative', 'healing'.

63.31. в швейца́рах, 'as a hall-porter'; cf. note to «Ма́льчики», 23.2 for в лю́дях.

64.5–10, 19–22, 28–30. Egor's letter is full of mistakes of grammar and spelling, and at the same time of grandiloquent expressions which he himself does not understand, like «цывилиза́ция Чино́в Вое́ного Ве́домства». The following spelling mistakes in this letter are to be noted: судба́ for судьба́, себе́ for себя́, Вое́ное for вое́нное, По́прыще for по́прище, Дисцыплина́рных for дисциплина́рных, цывилиза́цию for цивилиза́цию, внема́ние for внима́ние, Вое́ных for вое́нных, о́бшчее for о́бщее, Перьве́йший for перве́йший, поето́му for поэ́тому, Вну́треный for вну́тренний.

64.7. Уста́в дисциплина́рных взыска́ний и уголо́вных зако́нов вое́нного ве́домства, 'Disciplinary and penal regulations of the War Ministry'.

64.30. Ба́хус: Bacchus, god of wine.

65.31. верста́: see note to «Ма́льчики», 20.31.

66.5. с но́вым го́дом, с но́вым сча́стьем: the traditional form of the New Year greeting. Поздравля́ю is understood.

66.10. шине́ль, 'great-coat' of military type; sometimes, in the case of officers, 'cloak' with sleeves.

66.11. ва́ше превосходи́тельство: see note to «То́лстый и то́нкий», 14.29.

67.10. Цари́ца Небе́сная: one of the usual ways of referring to the Virgin Mary.

67.10. святи́тели уго́дники, 'the holy Saints'.

67.12. ребя́тки, ма́хонькие са́ночки, лы́сенький, соба́чка жёлтень-кая: into these diminutives Efimya puts all her pent-up emotion, all her affection for her parents, and her longing for her native village. See also below: за́йчики (67.19), церко́вочка (67.22), мужички́ (67.23).

67.24. Засту́пница: feminine of засту́пник, 'intercessor', here also refers to the Virgin Mary.

68.8. душ Шаркó, 'Charcot shower-bath': so called after Dr. Jean-Martin Charcot (1825–93), the famous French specialist on nervous diseases.

СЛУ́ЧАЙ ИЗ ПРА́КТИКИ

Written in 1898. Although he did not practise much, Chekhov was himself a doctor of medicine, and more than one story of his has a 'medical' background, the most important of these being 'Ward No. 6'. Some of the views put by Chekhov into the mouth of his doctor in «Слу́чай из пра́ктики» are echoed in his letters and are obviously his own. The 'anti-industrial' bias of this story can be connected with the Tolstoyan views which Chekhov held for a short time. This short-lived Tolstoyism of Chekhov is directly reflected in some of his stories. In a more detached and slightly ironical manner it is portrayed in one of his long works, «Моя́ жизнь» ('My Life'). The present story is interesting for its social background. It is also a very good example of a Chekhov story in which nothing happens, and which is held together by subtly created 'atmosphere', настрое́ние.

69.1. фа́брика Ля́ликовых, 'the Lyalikov mill (factory)'. Numerous family factories and textile mills grew up, in rural surroundings, on the country estates of the gentry, largely out of peasant handicraft industries. In the later nineteenth century they passed increasingly from the gentry into the hands of wealthier members of the merchant class (купе́чество, see note 74.23, below), to which, presumably, the Lyalikov family belonged.

69.9. верста́: see note to «Ма́льчики», 20.31.

69.10. тро́йка: see note to «Ма́льчики», 16.6.

69.10. в шля́пе с павли́ньим перо́м: a peacock feather in the cap, as part of the livery of a coachman, was often a sign of ostentation.

69.11. ника́к нет, то́чно так: see note to «Экза́мен на чин», 27.29.

69.15. да́ча, 'summer villa (or bungalow)'. The custom of renting a да́ча for the whole of the summer was quite common among Russians of the upper middle class and the intelligentsia who had no country place of their own. да́чи (usually spacious wooden houses) were often built on private estates and their letting was a source of additional revenue to the impoverished landowner. (Cf. Chekhov's play *The Cherry Orchard.*)

69.17. пра́здник: in addition to Sundays, there were many official holidays in Russia. Most of these were Church feasts, like Ascension Day, Assumption Day, the Elevation of the Cross, &c. Birthdays and name-days of members of the Imperial family were also kept as official holidays.

70.8. бара́ки: workers, even with families, were often housed in barracks provided by the employer, especially in such 'country' factories as the one described in this story.

70.16. господи́н до́ктор: cf. French 'Monsieur le docteur'.

70.24. *pince-nez* (Fr.), 'eye-glasses'.

70.26. Христи́на Дми́триевна: see note to «Ма́льчики», 18.30. The name Христи́на (Christine) suggests non-Russian origin.

71.3. Ли́за: diminutive of Елизаве́та, 'Elizabeth'.

72.26. Ли́занька: affectionate form of Ли́за (from Елизаве́та).

72.27. голу́бушка: see note to «То́лстый и то́нкий», 13.12.

73.6. фабри́чный до́ктор: the law demanded that all factories should have their own medical officer.

73.6. ка́ли-брома́ти, 'potassium bromide', commonly used in medicine as a cardiac and cerebral sedative.

73.9. ла́ндышевые ка́пли, 'lily-of-the-valley drops': *Convallaria majalis*, another remedy for heart trouble. Widely used in most European countries, it is replaced in Great Britain by *digitalis*, prepared from the foxglove.

74.14. Крым: the Crimea.

74.18. мунди́р, 'uniform'. The social significance attached to uniforms titles, or rank, and decorations was so high in Tsarist Russia that the unofficial part of the population tended to imitate the official world, and invented uniforms for themselves in such organizations as they were permitted to set up. The uniform of Lyalikov-*père* was probably that of a member of a 'merchant guild', while the 'Red Cross badge' indicated that he had engaged in charitable activities, for which the 'medal' may have been a reward.

74.23. расска́з про купца́, ходи́вшего в ба́ню с меда́лью: an allusion to a popular story about a merchant who went to the public baths without taking off his medal, in order to show it off (cf. 74.18 above). The word купе́ц has a much wider significance than the English 'merchant'. Russian society, up to the Revolution, was officially divided into groups called сосло́вия, for which the least inadequate rendering is 'estates'. The rights, privileges, and obligations of each сосло́вие were hereditary, though in modern times this feature of the system had weakened considerably. Each had its own organization (cf. the reference, in «А́нна на ше́е» below, to the 'Gentry Assembly Hall', where the corporation of the gentry, дворя́нство, met), and developed its own way of life. The купе́чество included not only traders, but also manufacturers, and was organized in 'guilds', according to the amount of the member's capital. The купцы́ were always noted for their conservatism of outlook, and especially their patriarchal ideas on family life. They had also their own code of etiquette. Some insight into the cultural standards of the wealthier section of the class is given in this story.

75.9. ча́йная, 'tea-room': the modern equivalent would be a canteen.

75.12. моле́бен, '(special) prayers': prayers distinct from those forming part of the regular liturgy, offered for some specific purpose, e.g. thanksgiving (благода́рственный моле́бен), intercession for the sick or those in danger (as in this story), invoking a blessing on some enterprise (e.g. the beginning of a school term or inauguration of a new building, railway, &c.). Заказа́ли моле́бен, 'ordered prayers to be said'.

75.15. Пётр Никано́рыч (for Никано́рович): see note to «Ма́льчики» 18.30. This refers to Lyalikov-*père*.

75.17. Поля́нка: a street in the south of Moscow, a quarter much favoured by the merchant class.

76.4. крича́ли лягу́шки и пел солове́й: see note 69.1 above.

76.25. запи́сывание штра́фов: the practice of fining workers for missing work, turning out defective articles, &c., was very widely developed, and led to many abuses.

77.1. на восто́чных ры́нках: a large proportion of Russian textile goods, especially of the cheaper sort, was sold in Eastern markets (Persia, Central Asia, &c.).

77.13. сторожа́ би́ли 11 часо́в: night watchmen announced the time by striking the hours on a metal plate.

79.14. шлёпанье ... босы́х ног: peasants, and servants in country houses, usually walked barefoot in summer.

80.29. Тама́ра: the heroine of *The Demon*, a poem by Lermontov (1814–41.)

82.10. хоро́шая бу́дет жизнь лет че́рез пятьдеся́т: this faith in the future is one of Chekhov's recurrent motifs. In *Three Sisters* Vershinin speaks of the fine life which awaits mankind in 200 or 300 years. This belief in progress has often been adduced as a proof of Chekhov's fundamental optimism. Dr. Korolev's forecast of future happiness ('in about fifty years' time') is somewhat more optimistic and tangible than Vershinin's.

ÁННА НА ШÉЕ

Written in 1895. D. S. Mirsky says of Chekhov: 'No writer excels him in conveying the mutual unsurpassable isolation of human beings and the impossibility of understanding each other.' 'An Anna round the Neck' is an illustration of this. It is also a study of a character, immature and undeveloped, open to all influences, gradually succumbing to the vulgarity of life around, and becoming one with it. Anna's husband is the type of the pedantic bureaucrat, who meets with poetic justice.

84.1. венчáние, 'the wedding ceremony': from the word венéц, 'crown'. Throughout the greater part of the ceremony crowns are held over the heads of the bride and the groom by their attendants (шаферá), the 'groomsman' and 'bridesman'.

84.4. богомóлье, 'pilgrimage': in this case a visit to a monastery. All Russian monasteries had 'guest-houses' for visitors.

84.4. вёрст: see note to «Мáльчики», 20.31.

84.5. Модéст Алексéич (for Алексéевич): see note to «Мáльчики», 18.30.

84.16. Пётр Леóнтьич (for Леóнтьевич): see note to «Мáльчики», 18.30.

84.17. в учи́тельском фрáке: see note to «Экзáмен на чин», 26.1.

84.19. Анюта, Áня: diminutives of Áнна, 'Anne'.

84.22. крести́л ей лицó, грудь, рýки, 'made the sign of the cross over her face, breast, and hands'. A blessing was often a part of the Russian ritual of parting.

84.24. Пéтя: diminutive of Пётр, 'Peter'.

84.24. Андрюша: diminutive of Андрéй, 'Andrew'.

84.24. гимнази́сты: see note to «Тóлстый и тóнкий», 13.9.

85.17. óрден святы́е Áнны вторóй стéпени, 'the Order of St. Anne, second class'; святы́е is the archaic feminine genitive (instead of святóй).

85.18. егó сия́тельство, 'his Highness': the form of address used to a prince or a count. Here the governor of the province is meant; he must have been a titled person, otherwise he would be referred to as егó превосходи́тельство, 'his Excellency', cf. 14.29.

85.19. однá в петли́це, две на шéе: the Order of St. Anne, third class, was worn in the buttonhole, that of the second class on a ribbon round the neck. The governor's joke is based on the Russian expression быть у когó-нибудь на шéе, 'to be a burden to someone'.

85.31. фрак: it was customary for the bridegroom to wear an evening tail-coat for the wedding.

86.2. венчáние: see note 84.1 above.

86.25. калóш: see note to «Шýточка», 33.12.

87.10. попечи́тель (учéбного óкруга), 'curator': the official of the Ministry of Public Instruction in charge of an educational district.

87.17. дáчи: see note to «Слýчай из прáктики», 69. 15.

87.19. на платфóрме гуля́ли: see note 94.24 below.

87.22. дáчное мéсто, 'summer colony'.

88.2. площáдка, 'platform': the open platform at both ends of a railway carriage, a common feature of Russian rolling-stock.

88.6. разъéзд, 'loop': a station on a single-track railway line, where two trains could pass each other (разъéхаться).

88.9. заговори́ла . . . по-францýзски: Anya was showing off.

88.13. дон-Жуáн, 'Don Juan'.

88.23. на казённой квартúре, 'in official quarters': many official appointments carried with them the use of free apartments. Казённый: see note to «Тóлстый и тóнкий», 13.29.

88.28. о назначéниях, перевóдах и нагрáдах, 'about appointments, transfers and awards'.

88.30. копéйка рубль бережёт: a proverb, the equivalent of 'Take care of the pence, the pounds will take care of themselves'.

89.15. щи, 'cabbage soup', one of the Russian national dishes.

89.15. кáша, 'gruel, porridge'; usually made of buckwheat (грéчневая кáша). One of the commonest Russian dishes, especially among the peasants and in the army; it can be eaten with soup or with meat, or as a course in itself. Cf. the saying щи да кáша — пи́ща нáша.

89.17. наливáл из графи́нчика: refers to vodka, which was usually served at dinner in little decanters.

89.26. мальчи́шки, девчóнка: pejorative diminutives of мáльчики, дéвочка.

90.14. чинóвницы, 'officials' wives'. Women holding certain titles are designated either by the same nouns as men, e.g. дóктор, профéссор, комиссáр, or by feminines derived from them, e.g. учи́тельница (from учи́тель), делегáтка (from делегáт). There are similar feminine nouns which merely indicate the wives of those described by the masculine forms, such as полкóвница 'the colonel's wife' (from полкóвник), дóкторша, 'the doctor's wife' (it can also. however, mean 'a woman doctor'), чино́вница (now obsolete, like чино́вник, which is replaced by слу́жащий and отве́тственный рабо́тник).

90.17. ходи́л . . . по фойе́: the parade in the foyer during the intervals of a play was an important social function; see note on гуля́нье, 94.24 below.

90.18. ста́тский сове́тник: see note to «То́лстый и то́нкий», 14.18.

90.26. 25 копе́ек: 6*d*. in the period to which the story refers (see note to «Ма́льчики», 20.29).

91.12. двугри́венный, 'twenty-copeck (silver) piece': one-fifth of a rouble. From гри́венный, which, with the commoner form гри́венник, is derived from the old гри́вна.

91.13. ни гроша́, 'not a farthing'. Грош, 'half a copeck', the smallest coin.

91.21. его́ сия́тельство: see note 85.18 above.

92.12. по ме́ре того́; исходя́ из того́ положе́ния; в виду́ то́лько что ска́занного, 'inasmuch as', 'on the assumption that', 'in view of what has just been said': Modest Alekseich uses in his conversation the stilted terms of official jargon so familiar to him.

92.27. дворя́нское собра́ние, 'the Gentry Assembly Hall'. It existed in every provincial town for the meetings of the gentry and was also used as their principal club, for balls, charity bazaars, &c.

92.27. «име́ет быть», 'is to take place': the expression has a distinctly official flavour, hence the quotation marks.

93.5. Ма́рья Григо́рьевна: see note to «Ма́льчики», 18.30.

93.6. Ната́лья Кузьми́нишна: see note to «Ма́льчики», 18.30.

93.7. сто рубле́й: about £10.

93.13. мазу́рка: although originally Polish, the mazurka became one of the favourite Russian ballroom dances.

93.14. в гуверна́нтках, 'as a governess': see notes to «Ма́льчики», 23.2, and «На свя́тках», 63.31.

93.16. *bijoux* (Fr.), 'jewels'.

93.27. Аню́та: see note 84.19 above.

93.30. супру́ге: the words супру́г and супру́га have a very formal and over-polite flavour, and have become almost obsolete in present-day Russian.

93.31. получи́ть ста́ршего докла́дчика, 'to obtain (the post of) senior reporting secretary'.

94.19. казённая кварти́ра: see note 88.23 above.

94.24. гуля́нье: a favourite Russian pastime, especially in provincial towns, but also in the capitals. It took various forms, according to the social status and financial circumstances of the people; it could mean driving in state, in one's own carriage, along the main street of the town, or merely walking to and fro with friends. For schoolboys and schoolgirls it often meant an occasion for mild flirtation. In winter it was frequently associated with the popular winter sports, skating and tobogganing. Sometimes it was linked up with special occasions, like fairs, local festivals, &c. In very small places, especially those inhabited by summer residents, гуля́нье usually took the form of for-gathering on the station platform to meet and see off the trains (cf. 87.19 above).

94.28. избу́шки и павильо́ны: bazaar stalls in the shape of Russian peasant houses and pavilions.

94.31. Ста́ро-Ки́евская: name of a street.

95.1. гимнази́стка, 'a schoolgirl': see note to «То́лстый и то́нкий», 13.9.

96.18. посади́ть на гауптва́хту, 'to place under arrest'. Гауптва́хта, a military (or police) guard-room, from the German *Hauptwache*.

97.1. самова́р: see note to «Ма́льчики», 17.15.

97.2. не ме́ньше рубля́: see note to «Ма́льчики», 20.29.

97.27. *grand rond* (Fr.): a figure in the quadrille.

99.26. Влади́мира IV сте́пени, 'Order of St. Vladimir, fourth class'. This Order was one degree higher than that of St. Anne, second class.

99.31. ката́лась на тро́йках: see above, 94.24. For тро́йка see note to «Ма́льчики», 16.6.

100.6. ката́нье, 'pleasure driving': see above, 94.24.

100.7. с пристяжно́й на отлёте: with a side horse loosely harnessed and trained to canter along with its head turned outwards, a pretentious style of driving.

ДОМ С МЕЗОНИ́НОМ

Written in 1896. This is one of Chekhov's longest short stories. It evokes the mellow atmosphere of leisured country life in Russia at the end of the last century, and is full of delicate poetry, but at the same time pervaded with the typically Chekhovian sense of futility and frustration. It is almost plotless and the ending is, as often with Chekhov, inconclusive. In drawing the portrait of the elder sister, practical and unpoetical, who offers such a contrast to Zhenya, Chekhov cannot conceal his instinctive hostility to practical efficiency. The conversation between Lida and the story-teller is typical of conversations among the Russian pre-revolutionary intelligentsia. **At the same** time Chekhov puts into the mouth of his artist many of his own innermost thoughts (see especially 116.30 ff. and 118.4 ff.). The story throws an interesting light on Russian country life at the turn of the century, the role of the zemstvo, &c. It is, among Chekhov's stories, the nearest parallel to his famous play, *The Cherry Orchard*.

Title мезонйн, 'mezzanine': a low story between two higher ones, but here the superstructure over the top floor, an attic. The correct spelling is мезанйн (from Italian *mezzanino* = medium, middle), the other spelling being due to the wrong assumption that the word is derived from the French *maison*.

101.2. уéзд, губéрния: see note to «Экзáмен на чин», 25.22.

101.2. помéщик, 'squire': from помéстье, ˙estate'.

101.4. поддёвка: a sleeveless long-skirted undercoat, worn especially by merchants and peasants, and affected by some squires as a national dress.

101.6. флйгель: see note to «Мáльчики», 23.2. Here a small house standing apart from the manor-house.

101.7. бáрский дом, see note 48.11.

101.11. амóсовские пéчи: pneumatic stoves, invented (*ca.* 1835) by Major-General Nicholas Amosov (1787–1868). For installing his system of pneumatic heating in the Emperor's Winter Palace, Amosov received a grant of some 750 acres of land. He was the author of two pamphlets on pneumatic heating and of a book on lightning conductors.

101.18. всё, что привозйли мне с пóчты: many Russian villages had no post offices, and country visitors had to send for their mail to the nearest post office (often many miles away) or to the railway station.

102.4. хвой, 'needles of coniferous trees': the usual form is feminine, хвóя.

103.2. рессóрная колáска, 'carriage on springs': something of a rarity in the Russian country-side (from French *ressort*).

103.4. погорéльцы, 'victims of a fire': every year many Russian villages, with their log houses, were laid waste by fires. Collections of money were made among local landowners for the relief of the victims.

103.6. Сиáново: name of a village.

103.8. погорéльческий комитéт, 'Fire Relief Committee'.

103.23. тáйного совéтника: see note to «Тóлстый и тóнкий», 14.18.

103.26. зе́мская шко́ла, 'school run by the zemstvo', i.e. the local self-government authority. The zemstvos, or local elected councils, were first introduced in the greater part of European Russia in 1864 as one of Alexander II's reforms. They were in charge of education, medical aid, roads, and public welfare in general. Under them, medical aid in particular attained a high standard of efficiency in Russia. At the end of the last century the zemstvos played a prominent part in the struggle for constitutional reform which culminated in the Constitution of 17 (30) October 1905.

103.27. 25 рубле́й в ме́сяц: i.e. about £2. 10s.

104.1. оди́н из пра́здников: see note to «Слу́чай из пра́ктики», 69.17.

104.3. Екатери́на Па́вловна: see note to «Ма́льчики», 18.30. Екатери́на, 'Catherine'.

104.11. Ли́да: diminutive of Ли́дия, 'Lydia'.

104.13. зе́мство: see note 103.26 above.

104.14. зе́мское собра́ние: the annual session of the district or provincial zemstvo council.

104.21. упра́ва, i.e. зе́мская упра́ва: the executive board of the district or provincial zemstvo.

104.26. Же́ня: diminutive of Евге́ния, 'Eugenie'.

104.30. мисс, 'miss': the word was commonly used to denote English governesses.

105.10. прислу́ге говори́ли вы: It was usual in Russia to address servants as 'thou'. The 'you' in Catherine Pavlovna's household was a sign both of refinement and of respect for democratic equality. Compare what Petya Trofimov says in Chekhov's *The Cherry Orchard* of the intelligentsia: 'They call themselves intellectual, but they "thou" their servants.'

106.20. принима́ла больны́х, раздава́ла кни́жки: Lida, who worked as a school teacher, engaged also in voluntary medical work and acted as a local librarian.

106.21. с непокры́той голово́й, 'bareheaded': rather unusual in those days.

106.28. Она́ не люби́ла меня́ за то, что я пейзажи́ст и в свои́х карти́нах не изобража́ю наро́дных нужд: this remark epitomizes the argument between the champions of 'civic art' and those of 'art for art's sake', which runs through the whole of the second half of the nineteenth century in Russia.

107.3. Байка́л: Lake Baikal, the biggest lake in Siberia.

107.4. бурятка, 'a Buryat girl': Buryats are an aboriginal Siberian tribe of Mongolian race. There is in this reference an autobiographical touch: in 1890 Chekhov visited the convict settlements on the island of Sakhalin, travelling via Siberia.

107.6. свою трубку: Buryat women smoke pipes.

107.15. десятина: a land measure equivalent to 2·7 acres.

107.29. в людской: see note to «Мальчики», 23.2.

108.9. белые грибы: *Boletus edulis*, the best variety of edible fungi, all of which are very popular in Russia as food, while the gathering of them is a favourite pastime in the country.

109.4. Пелагея, 'Pelagia': a Christian name.

109.5. старуха пошептала: 'the old woman whispered' (a charm to drive away the illness).

111.28. в вышитой сорочке, 'wearing an embroidered smock': Belokurov affected national costume.

112.21. Любовь Ивановна: see note to «Мальчики», 18.30. Любовь, 'Amy'.

112.24. в русском костюме: see note to «Красавицы», 53.15.

113.7. земца: земец — member of the zemstvo; see note 103.26 above.

113.10. ради такой девушки можно ... даже истаскать, как в сказке, железные башмаки, 'for such a girl one could even wear out iron shoes, as in the story'. In some Russian folk-tales the arduous nature of the hero's quest for his vanished beloved or for some other purpose is indicated by relating that he wears out three pairs of iron shoes, sometimes also three iron staffs.

113.14. вёрст: see note to «Мальчики», 20.31.

113.22. Малозёмово: name of a village. The name (something like 'Lackland') is indicative of the shortage of land from which the peasants were suffering.

113.25. в губернском собрании: see note 104.14 above.

113.25. вопрос о медицинском пункте в Малозёмове, 'the question of setting up a medical aid post in Malozemovo'.

114.31. Анны, Мавры, Пелагеи: these are typically common peasant women's names.

116.4. грамотность, 'literacy', that is the ability to read and write. The task of getting rid of peasant illiteracy (безграмотность) was one of the acutest problems facing the zemstvos.

117.17. миром: мир — the village community, the village as a whole.

117.29. Рю́рик: see note to «Студе́нт», 57.25.

117.29. го́голевский Петру́шка: a character in Gogol's *Dead Souls*, Chichikov's servant, who read anything that came his way, without understanding much.

118.3. вы и медици́ну отрица́ете: the whole of the following tirade may reflect Tolstoy's ideas on medicine.

119.1. Мисю́ська: affectionate form of Мисю́сь.

119.17. Виши́: Vichy, the French spa, frequented by the well-to-do from all parts of Europe.

120.2. поря́дочные лю́ди, 'people of quality and breeding'. But поря́дочный челове́к also means 'a gentleman' (in the moral sense).

123.1. Воро́не где́-то Бог посла́л кусо́чек сы́ру: the first line of Krylov's famous fable, an adaptation of La Fontaine's *Le Corbeau et le Renard*.

123.7. Да́ша: diminutive of Да́рья.

123.10. Пе́нзенская губе́рния: 'the province of Penza', in south-eastern Russia.

124.6. ва́шими моли́твами, 'thanks to your prayers': an old-fashioned formula of politeness, in answer to 'How do you do?'

124.14. прокати́ли Бала́гина, 'Balagin was blackballed': an expression used in club and electoral slang, its full form being прокати́ть на вороны́х, 'to take for a drive in a carriage drawn by black horses'.

SELECTED IDIOMS AND DIFFICULT CONSTRUCTIONS

13.12.	Ско́лько зим, ско́лько лет! Also: Ско́лько лет, ско́лько зим!	What a time (sc. since we met)!
13.14.	Отку́да ты взя́лся?	Where have you sprung from?
	Отку́да ни возьми́сь.	Out of the blue; goodness knows where from.
13.15.	Устреми́ли глаза́ друг на дру́га.	Stared at each other.
	Они́ говори́ли друг с дру́гом.	They talked to each other.
	Они́ друг дру́гу не доверя́ли.	They did not trust each other.
	Мы ду́мали друг о дру́ге.	We thought about each other.
13.28.	Тебя́ дразни́ли Геростра́том... а меня́ Эфиа́льтом.	They nicknamed you (lit. they teased you by calling you) Herostratus . . . and me, Ephialtes.
14.7.	Дослужи́лся?	Have you got on?
	Cf. Наконе́ц я до вас дозвони́лся.	At last I succeeded in getting through to you (on the telephone).
	Я не мог дожда́ться по́езда.	I couldn't wait for the train to arrive.
14.19.	Поднима́й повы́ше.	Bid higher.
14.30.	Вы́шли в таки́е вельмо́жи.	You've become such a grandee (one of the great).
	Он вы́шел в лю́ди. Cf. 21.2. below.	He has got on.
15.2.	Мы с тобо́й.	You and I.
	Мы с ним бы́ли в теа́тре.	He and I went to the theatre.
	Мы с ним не знако́мы.	We don't know each other.
15.4.	Поми́луйте... Что̀ вы-с...	But surely . . . How can you . . .
	Поми́луйте... Да ведь это же не так!	Good gracious! Why that's all wrong!
15.8.	Не́которым о́бразом.	In a manner of speaking; so to speak.
15.10.	Хоте́л-бы́ло возрази́ть.	Was about to rejoin.
	Он написа́л бы́ло письмо́, но пото́м разорва́л его́.	He wrote a letter, but afterwards tore it up.
	Я бы́ло и не заме́тил э́того.	I almost failed to notice it.

16.16.	В одно́й жиле́тке.	Wearing only a waistcoat (i.e. in shirt-sleeves).
	В одно́м пиджаке́.	Wearing only a coat (i.e. without an overcoat).
17.6.	Ми́лости про́сим!	Welcome! Come in! Come and see us, &c.
17.10.	Это наказа́ние!	It's a regular torment (nuisance)!
	Наказа́ние с тобо́й!	You're a terrible nuisance (pest)!
17.22.	А́хнуть не успе́ешь, как ста́рость придёт.	Before you can say 'Ah!', old age is upon you.
	«Он а́хнуть не успе́л, как на него́ медве́дь насе́л» (Крыло́в).	Before he could say 'Ah!', the bear was upon him.
	Я успе́л всё сде́лать.	I had time (managed) to do everything.
17.24.	У нас по́просту.	We don't stand on ceremony.
	По́просту говоря́.	Speaking plainly.
19.29.	Ката́ться на конька́х.	To skate.
	Ката́ться верхо́м.	To ride (on horseback).
	Ката́ться на са́нках.	To toboggan.
	Ката́ться на ло́дке.	To go for a row (boating).
21.2.	Поступа́ть в морски́е разбо́йники.	To join the pirates.
	Поступи́ть (пойти́) в солда́ты.	To enrol as a soldier.
	Записа́ться в чле́ны.	To join as a member.
21.2.	В конце́ концо́в.	At the end of it all.
21.3.	Жени́ться на краса́вицах.	To marry beauties.
	Он жена́т на ру́сской.	He is married to a Russian lady.
	Он жени́лся на ней в про́шлом году́.	He married her last year.
21.21.	Ка́тя и Со́ня понима́ли, в чём тут де́ло.	K. and S. realized what was the matter.
	В чём де́ло?	What is the matter?
	Де́ло в том, что я за́нят.	The point is that I am busy.
22.4.	А как е́хать, так вот и стру́сил.	And now when it comes to going, you are in a funk.
22.11.	А ещё то́же хоте́л охо́титься на ти́гров.	And what's more, you wanted to hunt tigers.
25.6.	Это как Бог свят.	As true as God is holy.
25.26.	Ваш брат.	Folk like you; people of your kidney; the likes of you.
	Наш брат офице́ры.	We officers.
27.19.	Стереоме́трия по програ́мме не полага́ется.	Solid geometry isn't in the syllabus.

	Ему́ не полага́ется (пить) вина́.	He isn't supposed to drink wine.
	Вам полага́ется ещё фунт.	Another pound is due to you.
	Ему́ не полага́лось об э́том знать.	He was not supposed to know about it.
28.16.	Как пе́ред и́стинным Бо́гом.	As God is my witness (*lit.* As before true God).
28.19.	Век бу́ду Бо́га моли́ть.	I shall pray (for you) all my life.
28.26.	Заста́вьте ве́чно Бо́га моли́ть.	May I pray (for you) for the rest of my life.
29.1.	Ско́ро шестьдеся́т сту́кнет.	I shall soon be sixty.
	Ему́ сту́кнуло се́мьдесят.	He's past seventy.
29.3.	Сде́лайте ми́лость!	Do me the favour! Be so kind!
29.12.	Скажи́ на ми́лость.	Just fancy!
30.6.	Клюёт.	He's biting.
	Сего́дня ры́ба не клюёт.	The fish aren't biting to-day.
	Он клю́нул на моё предложе́ние.	He fell for my offer.
31.7.	Велика́ ва́жность! Невелика́ ва́жность.	That's not much; there's nothing in that.
31.26.	Кры́шка тепе́рь тебе́.	Your end has come; you're done for.
	Ту́т-то ему́ и вы́шла кры́шка.	That was his undoing.
34.13.	И́ли же они́ то́лько послы́шались ей . . . ?	Or had she only imagined them?
	Вам э́то послы́шалось.	You must have imagined you heard it.
35.11.	И́ли мне то́лько послы́шалось.	Or did I only seem to hear it?
	Ей послы́шалось (40.10).	She had thought she heard.
35.16.	Не пойти́ ли нам домо́й?	Hadn't we better go home?
	Не купи́ть ли мне шля́пу?	Should I not buy a hat?
	Не сде́лать ли мне э́то сего́дня?	Hadn't I better do it to-day?
35.18.	Не прое́хаться ли нам ещё раз?	Shall we have another ride?
37.7.	Бе́дной На́деньке бо́льше уже́ не́где слы́шать тех слов, да и не́кому произноси́ть их.	There is nowhere now for poor N. to hear those words, nor is there anyone to utter them.
	Ему́ не́куда пойти́.	He has nowhere to go.
	Ему́ не́чего де́лать.	He has nothing to do.
	Мне́ не с кем бы́ло говори́ть.	I had no one to talk to.

	Нѐ к чему бы́ло де́лать э́то. Не́зачем бы́ло де́лать э́то. }	It was no use doing it.
	Нам нѐ о чем бы́ло го- вори́ть.	We had nothing to talk about.
	Не́кого бы́ло позва́ть.	There was no one to call.
	Мне не́когда.	I have no time.
	Мне нѐ к кому бы́ло пойти́.	I had no one to go to.
	Не́зачем бы́ло итти́ туда́ (121.29).	There was no point in going there.
37.31.	Её вы́дали за́муж, и́ли она́ сама́ вы́шла — э́то всё равно́.	Whether they married her off, or whether she married of her own accord, doesn't matter.
	Заче́м она́ . . . выхо́дит за э́того...господи́на? (86.4).	Why is she . . . marrying . . . this man ?
	Вы́шла за бога́того (86.9).	She married a rich man.
39.2.	Сби́вшись в ку́чу.	Huddled into a heap.
	Сби́ться с пу́ти (с доро́ги).	To go astray; to lose one's way.
	Он ни ра́зу не сби́лся.	He didn't make a single slip.
	Иногда́ . . . сбива́лась с доро́ги (39.15).	Sometimes . . . lost her way.
39.8.	Всё ду́мала о том, как бы до́ма без неё кто не оби́дел волча́т.	Kept thinking that in her absence someone might harm her cubs.
	Я бою́сь, как бы вы не упа́ли.	I am afraid you may fall (lest you fall).
	Боя́лись, как бы не умерла́ (71.7). Cf. 44.11 below.	They were afraid she would die.
39.18.	Далеко́ обходи́ла.	Gave a wide berth to.
39.19.	Све́жее мя́со ей приходи́- лось ку́шать о́чень ре́дко.	She very seldom had a chance to eat fresh flesh.
	Ему́ прихо́дится рабо́тать но́чью.	He has to work at night.
	Ему́ пришло́сь пое́хать по́ездом.	He had to go by train.
	Мне придётся пое́хать в Ло́ндон.	I shall have to go to London.
39.28.	Служи́л в меха́никах.	(See 58.18 below.)
40.10.	Ей послы́шалось.	(See 34.13 above.)
40.22.	Пахну́ло тёплым па́ром.	A whiff of warm steam came up.
	Пахну́в на меня́ ве́тром. (51.6).	Stirring up quite a breeze.
40.29.	Что̀ пе́рвое попа́лось в зу́бы.	The first thing that came to (her) teeth.

	Пе́рвый попа́вшийся челове́к.	The first comer.
	Мы се́ли в пе́рвый попа́вшийся ваго́н.	We got into the first carriage we chanced upon.
41.15.	Во весь лоб.	Right across his forehead.
	Во весь го́лос.	At the top of one's voice.
	Во всю (мочь).	With all one's might.
	Окно́ бы́ло во всю сте́ну.	The window stretched right across the wall.
41.18.	Как ни в чём не быва́ло.	As though nothing were the matter.
41.20.	Он за ней.	He went off after her.
	Мы за ва́ми пришли́.	We have come to fetch you.
	Он пошёл за до́ктором.	He went for the doctor.
	За кем о́чередь ?	Whose turn is it ?
42.2.	Вы́вернуло с ко́рнем высо́кую ста́рую сосну́.	A tall old pine-tree had been uprooted.
43.18.	Как па́хло ове́чьим молоко́м.	What a smell of sheep's milk there was.
43.26.	От щенка́ па́хло пси́ной.	The puppy had a doggy smell.
	От кото́рого па́хло све́чкой (89.16).	Which smelt of candle-grease.
44.11.	Как бы он опя́ть мне не помеша́л.	If only he doesn't hinder me again.
	Cf. 39.8 above.	
44.31.	Ему́ си́льно о́тдало в плечо́.	His shoulder felt a strong rebound.
45.7.	То́лько нет того́ поня́тия, чтобы в дверь, а норови́т всё как бы в кры́шу.	He hasn't the sense to go in by the door, but always tries to get in through the roof.
45.12.	Смерть не люблю́ глу́пых.	I can't stand silly (stupid) people.
	Мне смерть не хо́чется туда́.	I am loath to go there.
46.6.	Со́хло во рту.	One's mouth became parched.
	У меня́ шуми́т в голове́.	I am feeling dizzy.
	У него́ перши́т в го́рле.	He has a sore throat.
47.4.	Куда́ ни взгля́нешь.	Wherever you looked.
49.5.	Бро́ви так же иду́т к не́жному, бе́лому цве́ту лба . . ., как . . .	The eyebrows are as well suited to the tender whiteness of the forehead . . ., as . . .
	Э́та шля́па вам идёт.	This hat suits you.
	Э́то вам не пойдёт.	This will not suit you.
50.17.	Не́ту на вас холе́ры!	A plague on you!
51.6.	Пахну́в на меня́ ве́тром.	(See 40.22 above.)

54.3.	Узки не по летам.	Too narrow for her age.
	Он не по летам серьёзен.	He is too serious for his age.
	Cf. 104.5 below.	
54.25.	Не вяжется с...	Is unsuited to. . .
	Это не вяжется с тем, что вы говорите.	This contradicts what you are saying.
55.19.	Которая на вас ноль внимания...	Who doesn't pay you the slightest attention.
58.18.	Служившая... в мамках, а потом в няньках.	Who used to be employed ... as a wet-nurse and later as a nanny (children's nurse).
	Он служил в солдатах.	He served as a soldier; he was in in the army.
	Служил в механиках (39.28).	Had worked as a mechanic (engine-driver).
62.5.	Ни слуху, ни духу.	Not a sign, not a word of news (*lit.* No rumour, no breath).
62.7.	Как-то там Ефимья?	How was Efimya getting on there?
63.7.	Есть! Стреляй дальше!	Right! Fire away!
64.24.	Внучат поглядеть, оно бы ничего.	It wouldn't be a bad thing (would be nice) to have a peep at the grandchildren.
	Cf. 121.24 below.	
67.23.	Унесла бы нас отсюда Царица Небесная.	If only the Holy Virgin would take us away from here.
	Ты бы пошёл (шёл) домой.	You had better go home.
68.6.	Руки по швам.	Standing at attention (*lit.* hands along the seams [of trousers]).
69.9.	На лошадях.	By road (with horses).
70.18.	Чистое горе.	Sheer misery.
	Чистое безобразие.	A perfect nuisance.
72.4.	Нервы подгуляли.	Your nerves have given way.
74.3.	Опомниться не могу.	I can't get over it.
	Он не мог опомниться от испуга.	He couldn't recover from his fear.
75.10.	Чего уж!	What more could they want?
75.23.	Жить в своё удовольствие.	Live in clover; have a good time; get pleasure out of life.
82.22.	Спите себе во здравие.	Just sleep and get better.
86.4.	Зачем она... выходит за этого... господина?	(See 37.31 above.)
86.9.	Вышла за богатого.	
87.8.	На хорошем счету у его сиятельства.	In his Highness's good books.
89.16.	От которого пахло свечкой.	(See 43.18 above).

91.10.	Как после́днюю ду́рочку.	Like the veriest of fools.
95.17.	Ты поспеши́ла за́муж.	You married in a hurry.
96.4.	Офице́ра прорва́ло.	The officer was carried away.
99.24.	Осме́люсь проси́ть ва́ше сия́тельство в восприе́мники.	May I be so bold as to ask your Highness to be his godfather?
101.16.	По це́лым часа́м.	For hours on end.
	По це́лым неде́лям (106.8).	For weeks on end.
102.3.	До духоты́.	To the point of suffocation.
	Ему́ ста́ло до у́жаса я́сно.	It became terrifyingly clear to him.
	Мне бы́ло до бо́ли жаль её.	I felt painfully sorry for her.
104.5.	Не по лета́м.	(See 54.3 above).
105.8.	Мне бы́ло ка́к-то по себе́.	I felt somehow at home (at ease).
	Ему́ бы́ло у них не по себе́.	He felt uneasy at their house.
105.12.	Всё дыша́ло поря́дочностью.	Everything had an air of respectability.
105.18.	Со студе́нчества.	Since his student days.
	С ма́лых лет.	Since early childhood (one's early years).
	С де́тства.	Since childhood.
	Со шко́льной скамьи́.	Since one's schooldays.
105.29.	Отста́л я от хоро́ших люде́й.	I have lost touch with decent people.
106.8.	По це́лым неде́лям.	(See 101.16 above).
111.17.	Таки́х днём с огнём поиска́ть.	Such people are rarely to be met (*lit.* for such you must look with a light in daylight).
112.8.	Мне захоте́лось писа́ть.	I felt an urge to paint.
	Мне хо́чется в теа́тр.	I feel like going to a theatre.
	Е́сли захо́чется, приходи́те.	Come, if you feel like it.
115.5.	Начина́ют ту же му́зыку.	(They) begin the same story all over again.
	Мне не нра́вится вся э́та му́зыка.	I don't like all this business.
	Ну, э́то друга́я му́зыка.	Well, that's a different story.
115.9.	Не́когда вспо́мнить о своём о́бразе и подо́бии.	No time to think of one's human dignity.
	Cf. Бог со́здал челове́ка по своему́ о́бразу и подо́бию.	God created man in his own image.
115.28.	Ведь, на всех не угоди́шь.	After all, you can't please (suit) everybody.
	Ему́ тру́дно угоди́ть.	He is difficult to please.
	Что вам уго́дно?	What do you want (desire)?

118.31. Пусть земля провалится в тартарары́.

Let the world go to perdition.

119.11. Мы никогда́ не споёмся.

We shall never agree.

121.24. Ма́ма ничего́.

Mummy is all right (i.e. she doesn't mind).

Ничего́.

Never mind, it doesn't matter.

«Как вы пожива́ете?» — «Ничего́.»

'How are you?'—'Not bad.'

121.29. Не́зачем бы́ло итти́ туда́.

(See 37.7 above).

124.18. Ни с того́, ни с сего́.

For no earthly reason.

INTRODUCTION TO THE VOCABULARY

It is the aim of the Vocabularies in this series of Readers to provide not only an appropriate translation of the words in the texts, but also such information as will enable the student to adopt those words into his own vocabulary and use them correctly and idiomatically. All words, even the simplest, occurring in the text are given in the Vocabulary, but the reader is expected to know already such elements of grammar as, for example, the past tense of common verbs like идти, the oblique forms of pronouns, or the rule that н- is prefixed to oblique cases of certain pronouns governed by a preposition. Parts of speech are not indicated unless there is some possibility of confusion.

Nouns

Gender. As the gender of most Russian nouns is obvious from their form, the only genders given are those of masculine nouns ending in -ь, -а, or -я, and of neuters ending in -мя.

Plurals. Irregular plurals are given, and words occurring only or mainly in the plural are marked *pl.* Nouns with plurals in English which are not used in the plural in Russian are marked '*sing.* only'.

Fugitive vowels. The occurrence of fugitive vowels or 'fill-vowels' in the *nom. sing.* of masculine nouns and the *gen. pl.* of feminine and neuter nouns, and the form found in other cases, are indicated thus:

    о/-   (e.g. сон, *gen.* сна)
    е/-   (e.g. день, *gen.* дня)
    е/ь   (e.g. лев, *gen.* льва; соловей, *gen.* соловья)
    е/й   (e.g. боец, *gen.* бойца)
    ё/-   (e.g. пёс, *gen.* пса)
    ё/ь   (e.g. лёд, *gen.* льда)
    ё/й   (e.g. заём, *gen.* займа)
or: *gen. pl.* -/о (e.g. окно, *gen. pl.* окон)
    gen. pl. -/е (e.g. кресло, *gen. pl.* кресел), &c.

For the *Accentuation* of nouns, see below.

Pronouns

Oblique cases of the commoner pronouns, and forms with prefixed н- after a governing preposition, are not usually given unless an idiomatic use occurs in the text.

Adjectives

Adjectives are usually given in the *masc. sing. nom.* of the attributive form.

VERBS

Aspects. In this series the perfective or imperfective form corresponding to each verb used in he texts is indicated. When a perfective form differs from an imperfective only by the addition of a prefix, this is shown by a line separating prefix from verb (thus на/писа́ть *perf.* means that the imperfective aspect of the perfective написа́ть is писа́ть); in all other instances, the corresponding perfective or imperfective will be found at the end of the entry. In making use of the information thus given it should be remembered that a change of aspect often necessarily entails a difference in shade of meaning.

Construction. Many verbs which are transitive in English govern a case other than the accusative in Russian; thus 'to threaten' (somebody) is translated into Russian by грози́ть with the dative case, 'to wave' (a handkerchief) or 'wag' (the tail) by маха́ть with the instrumental. Similarly, Russian idiom frequently demands the use of a different preposition after a verb from that in the comparable English expression; thus English 'to shoot *at*' is Russian стреля́ть в. All such differences of verbal construction are indicated.

ADVERBS

Adverbs obviously and regularly derived from adjectives occurring in the text are not as a rule given separately.

PREPOSITIONS

The case governed by a preposition is shown by the use of the sign + followed by the abbreviated name of the case.

ACCENTUATION OF NOUNS

Russian nouns can almost all be classified into definite groups according to their stress-type in declension. The groups here distinguished and the symbols used for each group are as follows:

Symbol   *Stress-type*

[C]   1. The stress is CONSTANT (i.e. on the same syllable as in the *nom. sing.*)—throughout singular and plural.

	Nom.	Gen.	Dat.	Acc.	Instr.	Loc.
e.g. *sing.*	кни́га	кни́ги	кни́ге	кни́гу	кни́гою	о кни́ге
pl.	кни́ги	кни́г	кни́гам	кни́ги	кни́гами	о кни́гах

[E]   2. The stress is on the ENDING (i.e. on the declensional ending or, when this is absent, on the stem end-syllable)—throughout singular and plural.

e.g. *sing.* стол   стола́   столу́   стол   столо́м   о столе́
     pl.   столы́   столо́в   стола́м   столы́   стола́ми   о стола́х

[C : E]   3. In the singular the stress is CONSTANT; in the plural it falls on the ENDING.

e.g. *sing.* сад   са́да   са́ду   сад   са́дом   о са́де
     pl.   сады́   садо́в   сада́м   сады́   сада́ми   о сада́х

[C : E exc. *nom.*]   4. In the singular the stress is CONSTANT; in the plural it falls on the ENDING, except in *nom. pl.* (and *acc. pl.* when *acc.* = *nom.*) where it is CONSTANT as in singular.

e.g. *sing.* гусь   гу́ся   гу́сю   гу́ся   гу́сем   о гу́се
     pl.   гу́си   гусе́й   гуся́м   гусе́й   гуся́ми   о гуся́х

[E exc. *nom. pl.*]   5. The stress is on the ENDING, except in *nom. pl.* (and *acc. pl.* when *acc.* = *nom.*) where it shifts to the preceding syllable.

e.g. *sing.* гвоздь   гвоздя́   гвоздю́   гвоздь   гвоздём   о гвозде́
     pl.   гво́зди   гвозде́й   гвоздя́м   гво́зди   гвоздя́ми о гвоздя́х

[E: ← (1)]   6. In the singular the stress is on the ENDING; in the plural it shifts to the preceding syllable.

e.g. *sing.* окно́   окна́   окну́   окно́   окно́м   об окне́
     pl.   о́кна   о́кон   о́кнам   о́кна   о́кнами   об о́кнах

The above classification does not include a small group of feminine nouns like рука́, зима́ (which deviate from stress-type 5 by changing the accent in the *acc. sing.*—ру́ку, зи́му) or голова́ (*acc. sing.*—го́лову, and *nom. pl.*—го́ловы), nor a few nouns like сестра́ (stress-type 6, except that the *gen. pl.* is сестёр), or о́зеро (*pl.* озёра, озёр, озёрам, &c.), or граждани́н (*pl.* гра́ждане, гра́ждан, гра́жданам, &c.).

It should be noted that some nouns have a second, end-stressed *loc. sing.* after the prepositions в and на (e.g. в саду́, в пыли́, на берегу́, на краю́, на цепи́ beside о са́де, о пы́ли, о бе́реге, о кра́е, о це́пи).

In some instances alternative accentuations are possible, but in order not to confuse the student these have not been indicated by any symbol.

LIST OF ABBREVIATIONS

acc. accusative
adj. adjective
adv. adverb
arch. archaic or Church Slavonic
aug. augmentative
cf. compare
coll. colloquial or popular
collect. collective
comp. comparative
conj. conjunction
dat. dative
dial. dialectal
dim. diminutive
d. imp. double imperfective
e.g. for example

exc. except
f. feminine
gen. genitive
imp. imperfective
imper. imperative
impers. impersonal
indecl. indeclinable
inf. infinitive
instr. instrumental
intr. intransitive
iter. iterative
l. line
lit. literally
loc. locative
m. masculine
n. neuter
nom. nominative
p. page

part. particle
perf. perfective
pl. plural
poet. poetical
predic. predicative
pref. prefix
prep. preposition
pron. pronoun
refl. reflexive
sb. substantive
sel. id. selected idiom
sing. singular
superl. superlative
trans. transitive
usu. usually
voc. vocative

+ = with, followed by.
~ stands for the complete word appearing at the head of an entry.

VOCABULARY

А

a but, and; while (14.1, &c.); eh?
(14.18); а то or, or else

абажу́р (lamp-)shade [C]

а́вгуст August [C]

а́вгустовский *adj*. August

ад hades, hell [C]

адвока́т advocate, lawyer [C]

администра́ция (administrative)
staff [C]

адмира́л admiral [C]

аза́рт: войти́ в ∼ let oneself go,
get warmed up (96.6) [C]

акаде́мия academy; духо́вная ∼
(see *note* 57.9) [C]

а́ки (*arch*.) = как as, like (see *note*
25.14)

акко́рд accord, agreement, har-
monious whole [C]

алле́я avenue [C]

альбо́м album [C]

америка́нец е/- American [C]

амо́совская печь: see *note* 101.11

ан (*coll*.) and lo! lo and behold!

антра́кт entr'acte, interval [C]

апо́стол apostle [C]

аппара́т apparatus [C]

аппети́т appetite [C]

апте́ка pharmacy, chemist's [C]

апте́чка *gen. pl.* -/е medicine-chest
[C]

арба́ cart (see *note* 51.17) [Е exc.
nom. pl.]

аре́нда lease; отда́ть в аре́нду let
on lease [C]

арифме́тика arithmetic [C]

армяни́н (*pl.* армя́не) Armenian
[C]

армя́нка, *gen. pl.* -/о Armenian
woman [C]

армя́ночка, *gen. pl.* -/е *dim*. of
армя́нка Armenian woman (girl)
[C]

армя́нский *adj*. Armenian

армя́шка *dim*. of армяни́н, Ar-
menian (see *note* 52.21) [C]

артиллери́йский *adj*. artillery

артилле́рия artillery [C]

асе́ссор, ассе́ссор assessor (see
note 14.9) [C]

а́стма asthma [C]

а́тлас atlas [C]

ax! ah!

а́хнуть *perf*. gasp, say 'ah!' (see
sel. id. 17.22); *imp*. а́хать

Б

б: see бы

ба́ба (peasant) woman [C]

ба́бушка, *gen. pl.* -/е grandmother
(see *note* 58.28) [C]

багро́вый blood-red

багря́ный purple

база́р bazaar, arcade, market [C]

ба́кены *pl*. side-whiskers [C]

бал ball, dance [C : Е]

баловни́к scapegrace, scamp, rake
(88.13) [C : Е]

ба́льный *adj*. ball

банк bank [C]

бант bow, knot [C]

ба́ня steam-bath [C]

бара́к barrack, living quarters (see
note 70.8) [C]

бара́н ram [C]

бара́ний *adj*. sheep's, mutton

бара́нина mutton

ба́рин, (*pl.* ба́ре ог господа́) mas-
ter, gentleman [C]

ба́рский master's

барсу́к badger [Е]

ба́рхатный *adj.* velvet, velvety

ба́рышня, *gen. pl.* ба́рышень young lady, miss [C]

бас bass, bass voice [C : E]

ба́совый *adj.* bass

ба́тюшка, *gen. pl.* -/e father, sir, priest [C]

ба́тюшки! heavens! good gracious!

бахрома́ (*sing.* only) fringe, fringed paper [E]

башлы́к hood (see *note* 16.9) [E]

башма́к shoe (see *note* 113.10) [E]

бе́дность poverty [C]

бе́дный poor, unhappy, wretched

бежа́ть, бе́гать *d. imp.* run, run about (away), escape; *perf.* побежа́ть

без + *gen.* without, -less; ~ па́мяти to distraction (59.16)

безвку́сный tasteless, without any taste, insipid

безвы́ездный permanent, never leaving

безда́рный without talent

бе́здна abyss, bottomless pit [C]

беззабо́тный unconcerned, carefree

безнадёжный hopeless

безобра́зный ugly

безотчётный unaccountable, involuntary

белоку́рый fair, light-haired, blond

белоло́бый *adj.* with white forehead (see *note* 39, title)

бе́лый white, white-skinned

бельё linen, laundry, washing [E]

бензи́н benzine, petrol [C]

бе́рег, *pl.* ~а́ bank, shore [C : E]

береги́сь! look out! beware!

берёза birch(-tree) [C]

бере́чь *imp.* look after, cherish; *perf.* по~

бери́те, *imper.* of брать take

бесконе́чный endless, infinite

беспоко́ить *imp.* disturb, trouble; *perf.* по~, о~; ~ся worry, trouble oneself

беспоко́йный restless, uneasy, troublesome

беспоро́чный faultless, pure, immaculate

беспоря́док о/-, disorder [C]

бессме́ртный immortal

бессозна́тельный unconscious, unreasoning

бессо́нница insomnia [C]

бессо́нный sleepless

бесстра́стный impartial, dispassionate

бестолко́вый obscure, disorderly, senseless

библиоте́ка library [C]; *dim.* библиоте́чка, *gen. pl.* -/e

бизо́н bison [C]

билья́рдный *adj.* billiard

био́лог biologist [C]

бить *imp.* beat, strike; *perf.* по~

бич whip, lash, scourge [E]

благогове́ние veneration, awe, respect [C]

благогове́ть *imp.* + перед + *instr.* be devoted to, regard with awe (respect); no *perf.*

благодари́ть *imp.* thank, express thanks; *perf.* по~

благода́рный grateful

благодарю́ thanks! thank you!

благоде́тель *m.* benefactor [C]

благополу́чный well, all right, safe and sound; всё обстои́т благополу́чно, all is well

благослове́ние blessing [C]

благослови́ть *perf.* bless, give a blessing; *imp.* благословля́ть

благотвори́тельница charitable lady, philanthropist [C]

благотвори́тельный *adj.* charity, charitable

бледне́ть *imp.* go pale; *perf.* по~

бледноли́цый *adj.* white-faced; *sb.* pale-face
бле́дный pale
блёкнуть *imp.* fade, wither; *perf.* по∼
блеск brilliance, splendour, sheen [C]
блесну́ть *perf.* flash, gleam, glisten; *imp.* блесте́ть
блестя́щий brilliant
бле́ять *imp.* bleat; *perf.* за∼, по∼
бли́жний *adj.* near, close; *sb.* fellow man
близ+*gen.* near
бли́зкий near, close, intimate
близору́кий near-sighted
близору́кость near-sightedness [C]
бли́зость nearness, proximity [C]
блю́дечко, *gen. pl.* -/e saucer, dish [C]
бог god [C: E exc. *nom.*]
Бог God; не дай Бог God forbid; Бог даст God grant; Бог весть God (only) knows; Бог с ним never mind him; Бог с тобо́й God be with you [C]
бога́тство wealth, riches [C]
бога́тый wealthy, rich; бога́тым быть! see *note* 58.16
бога́ч rich man [E]
богомо́лье pilgrimage (see *note* 84.4) [C]
бо́дрый bold, cheerful, brisk
Бо́же! Бо́же мой! O God! heavens!
Бо́жий *adj.* God's, of God
бо́йкий brisk, smart, lively
бока́л (champagne) glass [C]
бо́ком sideways
болва́н idiot, blockhead [C]
бо́лее more
боле́знь illness, disease [C]
боле́ть *imp.* ache, hurt, be ill (ailing); *perf.* за∼

боло́то marsh, bog [C]
болтли́вость loquacity, freeness of speech [C]
боль pain, ache [C]
больни́ца hospital [C]
бо́льно *adv.* painfully; *impers.* it hurts (aches)
больно́й *adj.* ill, ailing, suffering; *sb.* sick person, patient
бо́льше more, greater
большинство́ majority [E]
большо́й large, great, big
борза́я *sb.* borzoi (dog), wolf-(deer-)hound
бормота́нье muttering, mumbling [C]
бормота́ть *imp.* mutter, mumble; *perf.* по∼, за∼
борода́ beard; *dim.* боро́дка, *gen. pl.* -/o [C]
борода́тый bearded
боро́ться *imp.* struggle, wrestle, fight; *perf.* по∼
борьба́ (*sing.* only) struggle, wrestling [E]
босо́й barefoot (see *note* 79.14)
боти́нок o/- shoe [C]
боя́ться *imp.*+*gen.* fear, be afraid of; *perf.* по∼
бра́во bravo
брак marriage, married state [C]
брани́ть *imp.* abuse, scold; ∼ся rail, upbraid, be abusive; *perf.* по∼
брань abuse [C]
брасле́т bracelet [C]
брат, *pl.* ∼ья brother, friend, my lad; ваш ∼: see *sel. id.* 25.26 [C]
брать *imp.* take; *perf.* взять; ∼ на прока́т (take on) hire; ∼ся +*inf.* undertake to; ∼ся+за +*acc.* start upon, take up
бре́зжить *imp.* dawn, break through; *perf.* за∼

брести́, броди́ть *d. imp.* wander, roam, saunter; *perf.* побрести́ wander off

брига́ди́р brigadier [C]

бри́тый (clean-)shaven

брить *imp.* shave [*trans.*]; *perf.* вы́~, по~

бритьё shaving [E]

бри́чка, *gen. pl.* -/е (light) carriage, chaise [C]

бровь (eye-)brow [C : E exc. *nom.*]

броди́ть: see брести́

бродя́га *m.* tramp [C]

бро́сить *perf.* throw, throw over, abandon, cease; *imp.* броса́ть; ~ся rush, dash

брошь brooch [C]

брыка́ться *imp.* kick, buck; *perf.* брыкну́ть

брю́ки *pl.* trousers [C]

брюне́т dark(-haired) man [C]

буго́р o/- hillock, mound, lump [E]

бу́день *m.* е/- work-day, week-day [C]

бу́дет! stop! that will do! that's enough!

бу́дничный workaday, everyday

бу́дто: как ~ as if, as though

бу́дучи being, while

бу́дущее *sb.* the future [C]

бу́дущий future, coming

бу́дьте *imper.* of быть, be

бу́ква letter, character [C]

бума́га paper, document [C]

бу́рный stormy

бу́ря storm [C]

буря́тка, *gen. pl.* -/о Buryat woman (girl) (see *note* **107.4**) [C]

бу́сы *pl.* beads [C]

буты́лка, *gen. pl.* -/о bottle [C]

буфе́т buffet, restaurant, refreshment-room [C]

бы, б *part. forming conditional and subjunctive*; как ~, as if

быва́ло used to, in the habit of;

как ни в чём не ~ as though nothing were the matter, unconcernedly

быва́лый experienced, worldly-wise

быва́ть *imp.* be (frequently), happen; visit, frequent

бы́вший former, ex-, which (who) has been

бы́ло about to, on the point of (see *sel. id.* **15.10**)

было́й past, bygone, former, of old

бы́стрый quick, swift; не ~ deliberate

быть *imp.* be, exist, happen

быть-мо́жет, мо́жет-бы́ть perhaps, maybe

бы́чий *adj.* ox

В

в, во+*acc.* to, in (**40.12** *etc.*), at (**20.4** *etc.*, **90.9**), per (**103.27** *etc.*), as (**24.5**), during (**43.31** *etc.*), through (**101.16** *etc.*), for (**94.12** *etc.*), with (**112.18**);+*loc.* in, on (**53.10**), at (**66.23** *etc.*), at a distance of (**39.23** *etc.*), as (**39.28** *etc.*), dressed in (**47.17** *etc.*), covered with (**49.18**)

ваго́н (railway-)carriage [C]

ваго́нный *adj.* of (railway-)carriage

ва́жность importance; велика́ ~: see *sel. id.* **31.7** [C]

ва́жный important, serious, grave haughty

ва́ленка, *gen. pl.* -/о felt boot (see *note* **16.15**) [C]

вали́ть *imp.* pour; *perf.* по~

вальдшне́п snipe [C]

вальс waltz [C]

валя́ться *imp.* lie around; *perf.* за~ be left lying around

ва́нна bath [C]

варе́нье preserve [C]

варить *imp.* boil, cook; *perf.* c~, по~

ваш, ва́ше, ва́ша, *pl.* ва́ши your, yours

вбежа́ть *perf.*+в+*acc.* run in; *imp.* вбега́ть

вбить *perf.* drive, knock; *imp.* вбива́ть

вблизи́ near by, at close quarters

вверх (of direction), up, upwards

ввести́ *perf.* lead in, introduce; *imp.* вводи́ть

вдали́ in the distance

вдаль into the distance

вдова́ widow [E:←(1)]

вдо́вий *adj.* widow's

вдого́нку after, following (with the purpose of overtaking)

вдруг suddenly

ве́домство (government) department, ministry [C]

ведь why, after all

ве́ер, *pl.* ~а́ fan [C:E]

век, *pl.* ~а́ century, age, lifetime (see *sel. id.* 28.19) [C:E]

ве́ко, *pl.* ве́ки eyelid [C]

вели́кий great, large; велика́ ва́жность, see *sel. id.* 31.7

великоду́шный magnanimous

великоле́пный splendid, magnificent

вельмо́жа magnate, grandee, person of high rank; вы́йти в вельмо́жи become one of the great [C]

венча́льный *adj.* wedding

венча́ние wedding (ceremony) (see *note* 84.1) [C]

ве́рить *imp.*+*dat.* believe; +в+ *acc.* believe in; ~ся be believed; не ве́рилось one could not believe; *perf.* по~

верну́ться *perf.* return, get back; *imp.* возвраща́ться

ве́рный right, correct, true; trusty, faithful

вероя́тный probable

верста́ (*pl.* вёрсты) verst (⅔ mile; see *note* 20.31) [E:←(1)]

ве́рхний upper, highest, top

верхо́м mounted, riding

верши́на summit, top [C]

вершо́к о/-, vershok (1¾ inches) [E]

весёлый jolly, merry, cheerful

весе́лье jollity, merriment [C]

весе́нний *adj.* spring

весло́, *gen. pl.* -/е oar [E:←(1)]

весна́ spring; весно́й in spring [E:←(1)]

весну́шка, *gen. pl.* -/е freckle [C]

вести́, води́ть *d. imp.* lead, carry on; *perf.* повести́

весть: Бог ~ God (only) knows

весь, всё, вся, *pl.* все all, the whole; весь в пыли́ covered with dust

весьма́ extremely, very much, greatly

ве́тер е/- wind [C]

ветчина́ ham [E]

ве́чер, *pl.* ~а́ evening; ве́чером in the evening [C:E]

вече́рний *adj.* evening

ве́черя (*arch.*) evening meal, supper; та́йная ~ the Last Supper

ве́чный eternal, everlasting (see *sel. id.* 28.26)

ве́шалка, *gen. pl.* -/о coat-hanger [C]

вещь thing; ве́щи luggage [C:E exc. *nom.*]

взаи́мный mutual

взаймы́ on loan, as a loan

взбира́ться *imp.* climb (scramble) up; *perf.* взобра́ться

взви́згивать *imp.* scream, shriek, squeal; *perf.* взви́згнуть взволно́ванный excited, agitated

взгляд look, glance, (*fig.*) eyes; оки́нуть ~ом cast a glance round [C]

взгляну́ть *perf* glance, look; *imp.* взгля́дывать

вздёрнуть *perf.* turn up, tilt; *imp.* вздёргивать

вздох sigh [C]

вздохну́ть *perf.* sigh; *imp.* вздыха́ть

вздро́гнуть *perf.* start, shudder; *imp.* вздра́гивать

вздыха́ть *imp.* sigh; *perf.* вздохну́ть

взмахну́ть *perf.+instr.* flourish, swing, wave; *imp.* взма́хивать

взобра́ться *perf.* climb (scramble) up; *imp.* взбира́ться

взойти́ *perf.* rise (of sun); *imp.* восходи́ть, всходи́ть

взор look, (*fig.*) eyes [C]

взро́слый *adj.* grown-up, adult; *sb.* adult

взыска́ние penalty [C]

взять *perf.* take, get; *imp.* брать; ~ся turn up (see *sel. id.* 13.14); ~ся+*inf.* undertake to; ~ся+ за+*acc.* start upon, take up

вид appearance, look, form, state, view; де́лать ~, что (or бу́дто) pretend to; в ~у́+*gen.* in view of [C:E]

ви́деть, вида́ть *imp.* see; *perf.* у~ catch sight of, notice; ~ся see each other, meet

ви́димый apparent, evident

ви́дный visible, clear; eminent, high

визг squeal, creaking [C]

визгли́вый squeaky, creaky

визи́т visit, formal call; идти́ с ~ом pay a call [C]

ви́нный *adj.* wine, spirit(uous)

вино́ wine, spirits, vodka [E: ← (1)]

винова́тый guilty, culpable, to blame

винокуренный заво́д distillery

висо́к o/- temple [E]

вихрь *m.* whirlwind [C]

ви́шня, *gen. pl.* ви́шен cherry [C]

вкус taste [C]

вку́сный tasty, appetizing

вла́га moisture; живи́тельная ~ elixir [C]

владе́лец *m.* e/ь, владе́лица *f.* owner [C]

владе́ть *imp.+instr.* own, possess, be master of; *perf.* за~ seize, take possession of

вла́жный moist, damp

власть power, authority [C:E exc. *nom.*]

влюби́ться *perf.* fall in love (with = в+*acc.*); *imp.* влюбля́ться

влюблённый in love

вме́сте *adv.* together

вме́сто+*gen.* instead of, in place of

вмеша́тельство interference, intervention

вне+*gen.* outside, apart from

внеза́пный sudden, unexpected

внести́ *perf.* bring (take, carry) in, introduce; *imp.* вноси́ть

вне́шний external

вниз (of direction) down, downstairs

внизу́ (of place) below, downstairs

внима́ние attention; обрати́ть ~ на (+*acc.*) pay (draw) attention to, take note of [C]

внима́тельный attentive

вновь again, freshly

вноси́ть *imp.* bring (take, carry) in, introduce; *perf.* внести́

внук grandson [C]

вну́тренний internal, interior

внутри́ *prep.+gen.* inside, within; *adv.* (of place) inside внутрь (of direction) in, inside, inwards

внучáта *pl.* grandchildren [C]

внушúтельный imposing

вóвсе не not at all

вогнáть *perf.* drive in(wards); *imp.* вгонять

водá water

водúть *see* вестú; ∼ пáльцем point, trace with the finger

вóдка *gen. pl.* -/о vodka [C]

водолечéбница hydropathic establishment [C]

водолечéбный hydropathic

водоцелéбный: see *note* 63.30

воéнный military, of war

вождь *m.* leader [E]

возбуждáть *imp.* stir, excite, animate; ∼ся, be excited; *perf.* возбудúть

возвращáться *imp.* return, come (go, get) back; *perf.* вернýться, возвратúться

воздевáть *imp.* raise, lift up; *perf.* воздéть

воздержáние abstinence, continence [C]

вóздух (*sing.* only) air, atmosphere [C]

воздýшный air, ethereal

воззрéние view, opinion [C]

возúться *imp.* take trouble, make a fuss; *perf.* по∼

вóзле *prep.* +*gen.* beside, by, near; *adv.* alongside, close by

возмóжность possibility, opportunity [C]

возмóжный possible

вознúца *m.* driver [C]

возразúть *perf.*, возражáть *imp.* reply, retort

вóзраст age [C]

возьмúте *imper.* of взять take

вóйско army, troops [C:E]

войтú *perf.* +в+*acc.* go (come) in,

enter; ∼ в азáрт let oneself go, get warmed up (96.6); *imp.* входúть

вокзáл station [C]

вокрýг+*gen.* round, around, about

волк wolf [C:E exc. *nom.*]

волнéние excitement, emotion, agitation [C]

волнúстый wavy, waving

волновáть *imp.* stir, excite, agitate; *perf.* вз∼; ∼ся worry, get excited

вóлос a hair; ∼ы the hair [C:E exc. *nom.*]

волóчь *imp.* (*coll.*) drag; *perf.* по∼

волчёнок о/-, *pl.* волчáта wolf-cub [C]

волчúха, волчúца she-wolf [C]

волшéбный *adj.* magic

волшебствó magic

вольноопределяющийся *sb.* volunteer (see *note* 26.17)

вóля will, liberty [C]

вон! clear off! (get) away! (see *note* 60.6); also (*coll.*) = вот there, over there, yonder

вонь (*sing.* only) smell, stench [C]

воображéние imagination, mind [C]

вообразúть *perf.* imagine; *imp.* воображáть

вообщé in general, generally speaking

вопрóс question [C]

вопросúтельный questioning, inquiring, inquisitive

ворвáться *perf.* burst (break) in, penetrate; *imp.* врывáться

ворóна crow (see *note* 123.1) [C]

ворóта gate(s) [C]

ворчáть *imp.* grumble, growl, mutter; *perf.* по∼

восемнáдцать eighteen

восемь eight
восемьдесят eighty
воскликнуть *perf.* exclaim; *imp.* восклицать
воскресенье Sunday [C]
воскресный *adj.* Sunday
воспитание education, breeding [C]
вос/пользоваться *perf.+instr.* take advantage of, use
воспоминание recollection, a memory [C]
восприемник godfather [C]
восставать *imp.+на+acc.* rebel against, rail at (see *note* 25.14); *perf.* восстать
восток east [C]
восторг rapture, ecstasy; прийти в ~ fly into raptures; с ~ом, в ~е delightedly, ecstatically [C]
восторженный ecstatic, rapturous
восточный eastern
восхитительный delightful
восхищать *imp.* delight; *perf.* восхитить; ~ся be delighted (in raptures), admire
восхищение rapture, delight, admiration [C]
восходить, всходить *imp.* rise (of sun, moon); *perf.* взойти
восьмидесятилетний eighty-year-old
вот here (there) is (are); now, then; ~ так so, like that, that's right; вот-вот at any moment (59.14)
воют *3rd pl. pres.* of выть howl
впадать *imp.+в+acc.* fall into; *perf.* впасть
впервые first, for the first time
вперёд (of direction) forward, ahead
впереди (of place) in front, ahead
впечатление impression [C]
вполголоса in an undertone, in a low voice

впопыхах hurriedly, in haste
впроголодь *adv.* half-starved, on the verge of starvation
враг enemy [E]
врач doctor, physician [E]
вредный harmful, bad
временный temporary
время *n.* (*pl.* времена) time, season; во время+*gen.* during; вовремя in time, betimes; со временем in (course of) time; с того времени, как *conj.* since; тем временем meanwhile [C:E]
вроде, в роде+*gen.* a kind of
всё all, everything; *adv.* all the time, constantly, always; ~ же, still, all the same
всевозможный every (the greatest) possible, all sorts of
всегда always
всего: хуже ~ worst of all, the (very) worst thing
вселять *imp.* implant, inspire; *perf.* вселить
всё-таки still, all the same
вскоре soon, presently
вскормить *perf.* bring up, rear; *imp.* вскармливать
вскочить *perf.* jump up; *imp.* вскакивать
вскрикивать *imp.* cry (shout) out; *perf.* вскрикнуть
вслед *adv.* after, following
вслух *adv.* aloud
вслушиваться *imp.* listen closely (attentively); *perf.* вслушаться
всматриваться *imp.* look closely, peer; *perf.* всмотреться
вспархивать *imp.* fly (flutter) up; *perf.* вспорхнуть
вспахать *perf.* till, plough; *imp.* вспахивать
вспомнить *perf.* recall, remember; ~ся be remembered, come to memory; *imp.* вспоминать

вспы́хнуть *perf.* flare up, fly into a temper; *imp.* вспы́хивать

встать *perf.* rise, get up; *imp.* встава́ть

встре́тить *perf.* meet, welcome; ~ся be met (encountered), meet each other; *imp.* встреча́ть

встре́ча meeting, welcome, reception [C]

встряхну́ть *perf.+instr.* shake, jerk; *imp.* встря́хивать

всхли́пнуть *perf.* sob; *imp.* всхли́пывать

всходи́ть: see восходи́ть

всю́ду everywhere

вся́кий any, all kinds of

второ́й *adj.* second

втроём *adv.* three together

вчера́ yesterday

вчера́шний *adj.* yesterday's, of the day before

въе́хать *perf.+в+acc.* enter, drive in; *imp.* въезжа́ть

вы́бор choice; ~ы elections [C]

вы́ брить *perf.* shave

вы́бросить *perf.* throw out; *imp.* выбра́сывать

вы́вернуть *perf.* turn out (inside out), pull out (see *sel. id.* 42.2); *imp.* вывора́чивать

вы́веска,*gen.pl.*-/o sign(-board) [C]

выводи́ть *imp.* lead out, depict, award (see *note* 25.15); ~ из терпе́ния try one's patience; *perf.* вы́вести

выгля́дывать *imp.* look (peep) out; *perf.* вы́глянуть

вы́гнать *perf.* drive (turn) out; *imp.* выгоня́ть

вы́говорить *perf.* utter, pronounce; ~ся have one's say; *imp.* выгова́ривать

вы́года benefit, advantage [C]

вы́гореть *perf.* burn up (out); *imp* выгора́ть

вы́давить *perf.* squeeze out; *imp.* выда́вливать

вы́дать *perf.* give (hand) out; *imp.* выдава́ть; ~ за́муж marry off, give in marriage

выде́лывать *imp.* make, produce, execute; *perf.* вы́делать

вы́держать *perf.* hold out, pass (examination); *imp.* выде́рживать

вы́ехать *perf.* ride (drive) out, leave; *imp.* выезжа́ть

вы́звать *perf.* call out (forth); *imp.* вызыва́ть

вы́йти *perf.* come (go) out; ~ за́муж marry (of a woman); ~ в вельмо́жи (see *sel. id.* 14.30); *imp.* выходи́ть

вы́кат: глаза́ на ~e protruding (goggling) eyes (87.23)

вы́/красить *perf.* paint, dye

выкри́кивать *imp.* shout out, call; *perf.* вы́крикнуть

вы́/купать *perf.* bath, bathe

вылета́ть *imp.* fly out; *perf.* вы́лететь

вы́мереть *perf.* die out; *imp.* вымира́ть

вы́/молвить *perf.* say, utter

вы́нуть *perf.* take out, remove; *imp.* вынима́ть

вы́пить *perf.* drink (up); *imp.* выпива́ть

выпрямля́ться *imp.* straighten (oneself) up; *perf.* вы́прямитьcя

вы́пуклый prominent, protruding

вы́пучить *perf.* protrude, goggle (of eyes); *imp.* выпу́чивать

выраже́ние expression, look [C]

вы́разить *perf.* express; *imp.* выража́ть; ~ся be expressed, express oneself, speak

вы́рвать *perf.* tear out; *imp.* вырыва́ть

вы́родиться *perf.* degenerate; *imp.* вырожда́ться

вы́расти *perf.* grow up; *imp.* выраста́ть

вы́растить *perf.* bring up, raise, rear; *imp.* выра́щивать

вы́ручка takings [C]

вы́скочить *perf.* jump out; *imp.* выска́кивать

вы́слать *perf.* send out, dispatch; *imp.* высыла́ть

вы́слушать *perf.* listen out, sound; *imp.* выслу́шивать

вы́/сморкаться *perf.* blow one's nose

высо́кий high, tall, lofty

высокопоста́вленный highly-placed, eminent

высокоро́дие: ва́ше ~ your honour (see *note* 26.21)

вы́спаться *perf.* sleep enough; *imp.* высыпа́ться

вы́ставка, *gen. pl.* -/o exhibition [C]

вы́стрел shot [C]

вы́ступить *perf.* come (ooze) out, issue; *imp.* выступа́ть

вы́сунуть *perf.* stick (push) out; *imp.* высо́вывать; ~ся lean out, protrude

вы́сший higher, highest, supreme

вы́тащить *perf.* pull (drag) out; *imp.* выта́скивать

вытека́ть *imp.*+из+*gen.* result (follow) from; *perf.* вы́течь

вы́тереть *perf.* wipe; *imp.* вытира́ть

вы́/терпеть *perf.* endure, hold out

выть *imp.* howl; *perf.* за~, по~

вы́тянуть *perf.* stretch out, crane; *imp.* вытя́гивать; ~ся stretch (oneself) out, draw (oneself) up

вы́учить *perf.* learn off; *imp.* выу́чивать

выходи́ть *imp.* come (go) out, turn out, leave; ~ за́муж, marry (of a woman); *perf.* вы́йти

вы́ше *comp. predic. adj.* and *adv.* higher

вы́шить *perf.* embroider; *imp.* вышива́ть

вяз elm(-tree) [C]

вяза́ться *imp.*+c+*instr.* go (be compatible) with (see *sel. id.* 54.25); no *perf.* in this sense

вя́лый slow, languid, listless

Г

га́дкий nasty, odious, disgusting

газ gas [C]

газе́та newspaper [C]

газе́тный *adj.* newspaper

га́лстух neck-tie [C]

галу́н braid [C]

гармо́ника accordion [C]

гармони́чный, гармони́ческий harmonious

гауптва́хта guard-room, (military) lock-up (see *note* 96.18) [C]

гвоздь *m.* nail [E exc. *nom. pl.*]

где where; ~ уж? how? (29.2)

где́-нибудь anywhere, somewhere

где́-то somewhere

генера́л general [C]

ге́ний genius [C]

географи́ческий geographical

геогра́фия geography [C]

геоме́трия geometry [C]

георги́на dahlia [C]

геро́й hero [C]

ги́кнуть *perf.* whoop; *imp.* ги́кать

гимнази́ст schoolboy (see *note* 13.9) [C]

гимнази́стка, *gen. pl.* -/o school-girl [C]

гимнази́ческий *adj.* high (second-ary) school

гимна́зия high (secondary) school [C]

гла́вный chief, principal, main; гла́вное *sb.* the main thing

гла́дкий smooth; гла́дко it sounds all right (65.20)

глаз, *nom. pl.* глаза́, *gen. pl.* глаз eye [C:E]; *dim.* глазо́к o/- [E]

глота́тельный *adj.* (of) swallowing

глубо́кий deep, profound

глубоча́йший deepest, most profound

глупова́тый rather stupid

глу́пость stupidity, stupid thing [C]

глу́пый stupid, silly, foolish; *dim.* глу́пенький

глухо́й deaf; dull, muffled; remote, isolated

глухонемо́й *sb.* deaf-mute

гляде́ть *imp.* look, gaze, watch, see; *perf.* по~; ~ся look at oneself

гнать, гоня́ть *d. imp.* chase, drive; *perf.* погна́ть; ~ся+за+*instr.* chase after

гнев wrath [C]

гнедо́й bay, sorrel

гнёт (*sing.* only) pressure, worry, oppression [C]

гнило́й rotten

гну́ть *imp.* bend; *perf.* со~

гове́ть *imp.* fast, keep a fast (see *note* 28.28); *perf.* по~

го́вор talk, talking; dialect [C]

говори́ть talk, speak, say, tell; *perf.* по~ talk a little; *perf.* сказа́ть say, tell

го́голевский *adj.* Gogol's (see *note* 117.29)

год (*pl.* ~а́), year [C:E]

годи́ться *imp.* do, suit, be suitable (good); *perf.* при~

голова́ head [see p. 161]; *dim.* голо́вка, *gen. pl.* -/o [C]

го́лод hunger, famine [C]

голо́дный hungry

го́лос o/- voice [C:E]; *dim.* голосо́к o/- [E]

голубо́й light blue

голу́бушка, *gen. pl.* -/e (my) dear (see *note* 13.12) [C]

голу́бчик my dear fellow, my friend (see *note* 13.12) [C]

го́лый bare, naked

гони́ *imper.* of гнать chase, drive, urge

гоня́ться, *see* гна́ться

гора́ hill, mountain; снегова́я ~, see *note* 19.7; не за ~ми not far away, near at hand [E:←(1)]

горба́тый hump-backed, bent, stooping

горби́нка, *gen. pl.* -/o hump, convex curve; нос с горби́нкой, aquiline nose (49.3) [C]

горди́ться *imp.* be proud; +*instr.* be proud of, take pride in; *perf.* воз~

го́рдый proud, haughty

го́ре grief, sorrow, woe, misfortune; чи́стое ~ see *sel. id.* 70.18 [C:E]

горе́ть *imp.* burn, be burning, glow; *perf.* с~

горизо́нт horizon [C]

го́рничная *sb.* maid, servant

го́род, *pl.* ~а́ town, city [C:E]

городско́й *adj.* urban, town

горожа́нин townsman; *pl.* горожа́не townsfolk [C]

горо́х peas [C]

го́рький bitter (see *note* 60.6)

горя́чий hot, fervent

Го́споди *voc.* Lord! Good Lord!

господи́н Mr., sir, gentleman, man (see *note* 70.16); *pl.* господа́ gentry, masters, gentlemen [C:E]

госпо́дский *adj.* master's

Госпо́дь the Lord; ~ вас благослови́т may the Lord bless you

госпожа́ Mrs., mistress, lady, madam [E]

гости́ная *sb.* drawing-room

гости́ный двор bazaar, arcade (see *note 23.17*)

гости́ть *imp.* stay, be on a visit; *perf.* по~

гость *m.* guest, visitor; прийти́ в го́сти come on a visit; быва́ть в гостя́х be in the habit of visiting [C:E exc. *nom.*]

госуда́рственный *adj.* state, national, government

госуда́рь *m.* ruler, tsar; sir, sire [C]

гото́вить *imp.* prepare, cook; *perf.* при~

гото́вый ready, prepared, on the point of

грабёж robbery [E]

гра́бли *pl.* (garden-)rake [C]

гра́дус degree (of temperature) (see *note 63.23*) [C]

граждани́н (*pl.* гра́ждане) citizen

грамма́тика grammar [C]

гра́мотность literacy (see *note 116.4*) [C]

гра́мотный literate

графи́нчик, *dim.* of графи́н decanter [C]

гра́ция grace, gracefulness [C]

грач rook [E]

греме́ть *imp.* thunder, roar, play loudly; *perf.* за~

греть *imp.* warm; *perf.* со~; ~ся warm oneself, bask

гре́шный *adj.* sinful; *sb.* sinner

гриб mushroom, fungus (see *note 108.9*) [E]

гроза́ thunderstorm, threat [E:←(1)]

гроздь cluster [C:E exc. *nom.*]

грози́ть *imp.* threaten; *perf.* по~

гро́зный threatening, menacing

грома́дный huge, immense

гро́мкий loud

гро́мче *comp. predic. adj.* and *adv.* louder

грош farthing (see *note 91.13*) [E]

гру́бый coarse, harsh, rough, crude; гру́бая оши́бка bad mistake

грудь breast, chest [C:E exc. *nom.*]

гру́стный sad, sorrowful, melancholy

грусть melancholy, feeling of sadness [C]

гру́ша pear [C]

грызть gnaw; *perf.* за~, с~

гря́зный dirty, muddy

грязь dirt, mud [C]

губа́ lip [E exc. *nom. pl.*]

губе́рния province (see *note 25.22*) [C]

губе́рнский provincial

гуверна́нтка, *gen. pl.* -/o governess [C]

гуде́ть *imp.* hum, drone; *perf.* за~

гуля́нье parade, promenade, pleasure walk (see *note 94.24*) [C]

гуля́ть *imp.* walk, promenade, parade; stay away from work, take a day off, be idle; *perf.* по~

гумно́ threshing-floor, rick-yard, stack-yard [E:←(1)]

густо́й thick, dense, deep

гусы́ня *f.* goose [C]

гусь *m.* goose [C:E exc. *nom. pl.*]

гу́ща dregs, (coffee) grounds; thicket [C]

Д

да yes; and, and even (*17.9*); but (*13.19, 16.19 etc.*); why! (*31.7, 32.4*); besides, moreover (*37.7 etc.*); ну, да! really! indeed! (*30.16*)

даба́ (coarse Chinese) cotton cloth

давай, давайте+*inf.* or *1st pl.*
future perf. let us, let's
давать *imp.* give, let; *perf.* дать
давеча *coll.* just now, lately
давнишний old, long-standing, of
long ago
давно long ago, a long time past
даже even
далёкий distant, far-off
дальше *comp. predic. adj.* and *adv.*
further
дама lady [C]
дамский *adj.* lady's
дарить *imp.* present; *perf.* по~
дать *perf.* give, let; ~ понять
make understand; ~ себе отчёт
grasp, realize; Бог даст God
grant; не дай Бог God forbid;
imp. давать
дача summer villa, bungalow,
country house (see *note* 69.15) [C]
дачник summer resident (visitor)
[C]
дачное место summer colony (see
note 87.22)
два, *fem.* две two
двадцать twenty
две, *fem.* of два two
двенадцать twelve
дверь door [C:E exc. *nom.*]
двигатель *m.* motor, engine [C]
двигаться *imp.* move; *perf.* дви-
нуться
движение movement, motion [C]
двое two, pair, couple
двор yard, courtyard; на ~é out
of doors, in the open; гостиный
~ bazaar, arcade (see *note* 23.17)
[E]
дворняжка, *gen. pl.* -/е mongrel,
yard-dog [C]
дворянский *adj.* gentry; дворян-
ская опека, see *note* 38.1;
дворянское собрание, see *note*
92.27

двугривенный *sb.* twenty-copeck
piece (see *note* 91.12)
девица girl, maiden, spinster [C]
девка, *gen. pl.* -/о wench, lass [C];
dim. девчонка, *gen. pl.* -/о (see
note 89.26) [C]
девочка, *gen. pl.* -/е (little) girl [C]
девушка, *gen. pl.* -/е girl, maid [C]
девяносто ninety
девятнадцать nineteen
девять nine
дедушка, *gen. pl.* -/е grandfather
[C]
действительный actual, real, effec-
tive
декабрь *m.* December [C]
декольтированный décolleté, with
low neck
делать *imp.* do, make; ~ся be
done, made, take place, happen;
perf. с~
деликатный refined, polite, deli-
cate
дело affair, matter, occupation,
business; то и ~ every now and
then; в самом деле really, in-
deed; see also *sel. id.* 21.21 [C:E]
деловитость practical capacity,
business-like manner [C]
деловитый practical, business-like
деловой *adj.* practical, business
день *m.* е/- day [E]
деньги *pl., gen.* ь/е money
департамент government depart-
ment (office) [C]
дёргать *imp.* tug, pull; *perf.* с~,
дёрнуть
деревенский country, rural
деревня, *gen. pl.* деревень village,
countryside
дерево, *pl.* деревья wood, tree [C]
деревянный wooden, of wood
держать *imp.* hold, keep; ~ себя
behave; ~ пари lay a bet; ~ся
last, continue, hold oneself

десятина desyatina (2·7 acres) [C]
десятичасово́й *adj.* ten-o'clock
деся́ток ten, half a score [C]
де́сять ten
де́ти *pl.* children
це́точка, *gen. pl.* -/e (little) child [C]
де́тская *sb.* nursery
де́тский *adj.* child's, children's
де́тство childhood
дешёвый cheap
де́ятельность activity [C]
джин gin [C]
дива́н divan, ottoman, sofa [C]
дика́рь *m.* savage [E]
ди́кий wild, savage
дикта́нт dictation [C]
диктова́ть *imp.* dictate; *perf.* про~
дире́ктор, *pl.* ~а́ director [C:E]
дисциплина́рный disciplinary
дли́нно at length, protractedly, tediously
дли́нный long
для+*gen.* for, to (33.21); ~ чего́ why? for what (which purpose)? (26.26); ~ того́, что́бы *conj.* in order to
дневно́й *adj.* day
днём by day, in the daytime
дно bottom, *pl.* до́нья [C]
до+*gen.* to, up to, as far as, to the point of (see *sel. id.* 102.3); before, until
доба́вить *perf.* add; *imp.* добавля́ть
доброта́ kindness, goodness [E]
до́брый kind(-hearted), good-natured
добыва́ние getting, making [C]
добыва́ть *imp.* seek, get, obtain; *perf.* добы́ть
добы́ча booty, loot [C]
дове́рие trust, confidence [C]
дове́рчивый trusting, confiding
довести́ *perf.* lead, bring; *imp.*

доводи́ть; ~ до све́дения notify, inform
дово́льно fairly, enough
дово́льный pleased, content
дово́льство sufficiency, satisfaction [C]
догада́ться *perf.* guess, judge, conclude; *imp.* дога́дываться
догна́ть *perf.* overtake; *imp.* догоня́ть
дое́хать *perf.* arrive, reach; хорошо́ дое́хал? have you had a good journey? (16.18); *imp.* доезжа́ть
дожда́ться *perf.* wait for; *imp.* дожида́ться
дождь *m.* rain [E]
дои́ть *imp.* milk (a cow, *etc.*); *perf.* по~
доказа́тельство proof [C]
доказа́ть *perf.* prove; *imp.* дока́зывать
докла́д report, lecture [C]
докла́дчик reporting secretary, 'rapporteur' (see *note* 93.31) [C]
до́ктор, *pl.* ~а́ doctor [C:E]
долг debt, duty; в ~ on credit [C:E]
до́лго (for) a long time
долгове́чный lasting, long-lived
должно́ быть, *coll.* до́лжно probably, evidently, must be
до́лжность office, post, job [C]
до́лжный due, proper, fitting; я до́лжен I ought to (should)
доложи́ть *perf.* report, announce; *imp.* докла́дывать
до́ля share, part [C]
дом, *pl.* ~а́ house, building [C:E]; *dim.* до́мик [C]
до́ма (of place) at home
дома́шние *sb. pl.* household, family
дома́шний *adj.* domestic
домо́й (of direction) home(wards)

понести *perf.* carry up to, reach, deliver, report; *imp.* доносить; ~ся be borne, carry

допрашивать *imp.* interrogate, examine; *perf.* допросить

допрос interrogation [C]

допускать *imp.* admit, accept, tolerate; *perf.* допустить

дорога road, journey, way, (railway) line; железная ~ railway; в дороге on a journey, when travelling [C]

дорогой dear, expensive

дорожка, *gen. pl.* -/е path [C]

досада vexation, annoyance [C]

доска, *gen. pl.* -/о board, plank, sheet [E exc. *acc.*: ←(1)]

послужиться *perf.*+до+*gen.* reach the position of; послужился? have you got on? (see *sel. id.* 14.7); *imp.* послуживаться

доставлять *imp.* deliver, supply, afford; *perf.* доставить

достаточно sufficiently, enough, fairly

достать *perf.* reach, obtain; *imp.* доставать

достигать *imp.* reach, achieve, attain; *perf.* достичь and достигнуть

достоинство dignity, quality [C]

досуг leisure [C]

дотронуться *perf.*+до+*gen.* touch; *imp.* дотрогиваться

дотянуть *perf.* stretch (last) out; *imp.* дотягивать

дочь (*gen.* дочери, *pl.* дочери) daughter [C:E exc. *nom.*]; *dim.* дочка, *gen. pl.* -/е [C]

дощатый made of boards (planks)

дразнить *imp.* tease, provoke, call teasingly (see *sel. id.* 13.28); *perf.* по~

древесный *adj.* wood; ~ клей resin

дремать *imp.* doze, be half asleep; *perf.* вздремнуть

дрова *pl.* (fuel) logs [E]

дроги *pl.* cart (see *note* 52.16) [C]

дрогнуть *perf.*, дрожать *imp.* tremble, shake, shiver, shudder, flicker

дрожание trembling, shaking, quivering [C]

дрозд thrush [E]

друг (*pl.* друзья) friend; ~ друга, *etc.* each other (see *sel. id.* 13.15) [C:E]

другой other; на другой день next day

прязги *pl.* squabbling

думать *imp.* think; мне думается, I have an idea; *perf.* по~

дура fool, idiot [C]; *dim.* дурочка, *gen. pl.* -/е [C]

дурной bad, vicious

дуть *imp.* blow; *perf.* по~

дух spirit, breath; перевести ~ get one's breath; ни слуху, ни ~у see *sel. id.* 62.5 [C]

духи *pl.* scent, perfume [E]

духовный spiritual, of the spirit; ecclesiastical (see *note* 57.9)

духота closeness, suffocation; stiffness [E]

душ douche, shower-bath (see *note* 68.8) [C]

душа soul, spirit [E:←(1)]

душевный sincere, heart-to-heart

душный close, stuffy

душонок о/- swell, toff [C]

дым smoke [C]

дыра hole [E:←(1)]; *dim.* дырочка, *gen. pl.* -/е [C]

дырявый in holes

дыхание breath, breathing [C]

дышать *imp.* breathe (see *sel. id.* 105.12); *perf.* по~

дьявол the devil [C]

дьячёк (church) clerk, chanter (see *note* 57.10) [E]

дюжина dozen [C]

дядя uncle [C]

Е

евангелие gospel (see *note* 59.1) [C]

европейский *adj.* European

едать see есть

едва hardly, scarcely, just, no sooner; ∼ не all but, very nearly

единица unit, one (see *note* 25.15) [C]

единственное *sb.* the only thing

единственный *adj.* only, single, sole

едучи *pres. indecl. part.* while travelling

ежегодный annual

ежели *arch.* and *coll.* if

ежеминутный *adj.* every minute, constant

ездить, see ехать

еле scarcely, hardly; еле-еле only just, barely

ёлка, *gen. pl.* -/о Christmas tree [C]

еловый *adj.* fir

ель fir(-tree) [C]

если if

есть there is (are); right, ready (63.7); всё как ∼ all complete

есть, едать *d. imp.* eat; *perf.* поесть

ехать, ездить *d. imp.* go, come, ride, drive, travel; *perf.* поехать

ещё yet, still, again, more, another, further

Ж

жаворонок о/- lark [C]

жадность eagerness, greed; с ∼ю greedily [C]

жадный eager, keen, greedy

жалеть *imp.* spare, grudge; regret, pity, care for; *perf.* по∼

жалкий pitiful, pathetic, poor, wretched; мне жалко+*acc.* I'm sorry for

жалоба complaint [C]

жалобный complaining, plaintive

жалованье salary, pay, wages [C]

жаловаться *imp.* complain; *perf.* по∼

жалосливый *coll.* = жалостливый kind, kind-hearted

жалость pity [C]

жаль *impers.* it's a pity; мне ∼ I regret, I'm sorry

жар heat, fever [C]

жара hot weather [E]

жарить *imp.* roast, fry; ∼ся be roasting (frying); *perf.* по∼, из∼

жаркий hot

жаться *imp.* press (huddle) together; *perf.* по∼

ждать *imp.* wait, await, expect; *perf.* подо∼

же, ж but, while, on the other hand (13.5, 16.19 *etc.*); indeed (53.30); then (13.21 *etc.*); just (13.20, 21.8 *etc.*); same, similar (as in так же, тот же, такой же, *etc.*)

жевать *imp.* chew; *perf.* по∼

желание wish, desire [C]

желать *imp.* wish, want, desire; *perf.* по∼

желе *indecl.* jelly

железная дорога railway

железнодорожный *adj.* railway

железный *adj.* iron

железо iron [C]

жёлтый yellow; *dim.* жёлтенький

жена (*pl.* жёны) wife [E:←(1)]

женатый married (of a man)

жениться *imp.*+на+*loc.* marry (of a man) (see *sel. id.* 21.3); *perf.* по∼

же́нский woman's, female, feminine

же́нственный womanly, feminine

же́нщина woman [C]

жеребёнок o/- (*pl.* жеребя́та) foal [C]

же́ртва sacrifice, victim [C]

жестикули́ровать *imp.* gesticulate; *perf.* за~

жесто́кий cruel

живи́тельная вода́ elixir

живо́й alive, living; keen, alert, vivid

жи́вопись (the art of) painting [C]

живо́т stomach, belly, 'corporation' [E]

живо́тное *sb.* animal

живо́тный *adj.* animal, brute

жи́дкий thin, slim, sparse

жизнеспосо́бность vitality, capacity for living [C]

жизнь life [C]

жиле́т waistcoat [C]; *dim.* жиле́тка *gen. pl.* -/o [C]

жи́рный rich, fat, greasy

жи́тель *m.* inhabitant [C]

жить *imp.* live; *perf.* по~

жужжа́ние hum, whirring [C]

жужжа́ть *imp.* hum, whir, buzz; *perf.* за~

журна́л journal, magazine [C]

жу́ткий eery, weird, uncanny, dread, uneasy, disturbing

жуя́ *participle* of жева́ть chewing

З

за + *acc.* for (18.2), at (47.26), by (45.17 *etc.*), outside (51.28), at a distance of (57.18 *etc.*), during (63.19); + *instr.* behind, beyond, after, at (17.13 *etc.*), outside, for (69.9), owing to (111.21); ~ то, on the other hand; ~ то, что because; ни ~ что not for anything; ~ шту́ку each, apiece

заба́ва amusement [C]

забега́ть *imp.* run on ahead; *perf.* забежа́ть

забира́ть *imp.* take; ~ в сто́рону keep to one side; ~ся climb, get into (on to); *perf.* забра́ть

заби́тый oppressed, downtrodden, beaten

забле́ять *perf.* start bleating; *imp.* бле́ять bleat

забо́р fence [C]

за/бормота́ть *perf.* mutter, mumble

забо́та care, worry, anxiety [C]

забра́ть *perf.* take, gather, rake in; *imp.* забира́ть

забрести́ *perf.* stray; *imp.* заброди́ть

забы́ть *perf.* forget; ~ся forget oneself; *imp.* забыва́ть

завали́ться *perf.* be left around; *imp.* валя́ться, be lying around

заведе́ние establishment [C]

зави́довать *imp.* + *dat.* envy; *perf.* по~

завизжа́ть *perf.* start squealing (shrieking); *imp.* визжа́ть squeal, shriek

зави́сеть *imp.* + от + *gen.* depend on; no *perf.*

за́висть envy (of = к + *dat.*) [C]

завиту́шка, *gen. pl.* -/e curl, flourish, scroll [C]

заво́д works; винокуре́нный ~ distillery [C]

заволнова́ться *perf.* stir, get excited; *imp.* волнова́ться

заволо́чь *perf.* cover, veil; *imp.* завола́кивать

за/вопи́ть cry out

за́втра to-morrow

за/вы́ть howl

завя́зывать *imp.* tie, fasten; *perf.* завяза́ть

зага́дка, *gen. pl.* -/о riddle, puzzle [C]

зага́дочный puzzling, enigmatic, mysterious

загляну́ть *perf.* look, peep; *imp.* загля́дывать

заговори́ть *perf.* start talking; *imp.* загова́ривать

загово́рщица *f.* conspirator [C]

загора́живать *imp.* cut off, shut off; *perf.* загороди́ть

загоре́ть *perf.* get sunburned; *imp.* загора́ть; ~ся catch fire

загороди́ть *perf.* close, cut (shut) off; *imp.* загора́живать

загоро́дка, *gen. pl.* -/о fence, rail, partition [C]

грани́цу (of direction) abroad

загроможда́ть *imp.* encumber, clutter up; *perf.* загромозди́ть

за/дави́ть *perf.* crush

зада́ром *coll.* for да́ром gratis, for nothing; in vain

зада́ча task, duty, problem [C]

задви́гаться *perf.* start moving; *imp.* дви́гаться

заде́лать *perf.* stop up, block; *imp.* заде́лывать

задержа́ть *perf.* stop, check, arrest, damp down; *imp.* заде́рживать

за́дний back, rear; ~ ход! reverse!

задо́лго+до+*gen.* long before

задо́р eagerness, enthusiasm [C]

задра́ть *perf.* tear (scratch) up; ~ вверх но́ги, kick up the feet; *imp.* задира́ть

заду́маться *perf.* begin to muse (ponder); заду́мываться *imp.* muse, ponder

заду́мчивый thoughtful, pensive, pondering

задыха́ться *imp.* get out of breath; *perf.* задохну́ться

заём ё/й loan

зажда́ться *perf.* wait (over long); по *imp.*

зажéчь *perf.* light, set fire to; *imp.* зажига́ть

зазыва́ть *imp.* invite, press; *perf.* зазва́ть

заинтересова́ть *perf.* interest

заи́скивающий ingratiating

за́йчик *dim.* of за́яц hare [C]

зайчи́ха *f.* of за́яц hare [C]

заказа́ть *perf.* order, book; *imp.* зака́зывать

заказно́й registered (letter *etc.*)

закали́ть *perf.* temper, harden; *imp.* закаля́ть, зака́ливать

зака́т sunset [C]

за/кива́ть+*instr.* nod

заключа́ться *imp.* be contained, consist of, lie; *perf.* заключи́ться

зако́н law [C]

законоучи́тель *m.* scripture teacher (see *note* 26.8) [C]

за/коптéть *perf.* smoke, cover with smoke

за/коченéть *perf.* grow numb

закрича́ть *perf.* shout out; *imp.* крича́ть

закру́чивать *imp.* twist; *perf.* закрути́ть

закры́ть *perf.* close; *imp.* закрыва́ть; ~ся close (*intrans.*), hide (protect) oneself

закуда́хтать *perf.* begin clucking (cackling); *imp.* куда́хтать

закури́ть *perf.* start smoking, light up; *imp.* кури́ть smoke

закуси́ть *perf.* have a snack (bite, something to eat); *imp.* заку́сывать

заку́ска, *gen. pl.* -/о snack, bite, hors d'œuvre [C]

вáла hall, large room, drawing-room [C]

залáять *perf.* begin barking; *imp.* лáять

залéчь *perf.* lie down out of sight; ~ спать retire for a sleep (47.8); *imp.* залегáть

заливнóй flooded, subject to flooding (see *note* 57.11)

залúвчатый sustained, loud

залúзанный smooth, flat, licked down

валúть *perf.* flood, pour over; *imp.* заливáть; ~ся лáем start barking furiously; ~ся тóнким гóлосом set up a shrill howl; ~ся слезáми burst into tears

замáзать *perf.* smear; *imp.* замáзывать

замахáть, замахнýть *perf.*+*instr.* wag, wave, make a gesture (with hand, stick, whip); *imp.* замáхивать; ~ся make a threatening gesture, threaten

замедлять *imp.* delay, slow down; *perf.* замéдлить

за/мелькáть *perf.* appear (briefly), flash

заменять *imp.* replace, substitute; *perf.* заменúть

замéтить *perf.* notice, remark; *imp.* замечáть

замéтный evident, clear, noticeable

замечáние remark, reprimand, observation [C]

замечáтельный remarkable

замигáть *perf.* begin twinkling (blinking); *imp.* мигáть

замирáть *imp.* die down; замирáет дух one's heart stands still (breathing stops); *perf.* замерéть

замолчáть *perf.* stop talking, fall silent; *imp.* молчáть

зáмуж: вы́йти ~ *perf.*, выходúть

~ *imp.* marry (of a woman); ~ бы ей порá time she was married; быть ~ем be married

замýжество marriage, married state [C]

за/мýчить *perf.* weary, wear out, torment

зáново freshly, afresh

занять *perf.* occupy; *imp.* занимáть; ~ся+*instr.* take up, begin, tackle; занимáться work, be employed, study

зáпад west [C]

зáпах smell [C]

запáхнуть *perf.*+*instr.* begin to smell of; *imp.* пáхнуть

запéть *perf.* begin singing; *imp.* запевáть

запивáть *imp.* take to drink(ing); *perf.* запúть

запúска, *gen. pl.* -/о note, memo [C]; *dim.* запúсочка, *gen. pl.* -/e [C]

запúсывание noting down, entering, registering [C]

запúсывать *imp.* note down; *perf.* записáть

запúть *perf.* take to drinking; *imp.* запивáть

заплáканный tear-stained

заплáкать *perf.* burst into tears; *imp.* плáкать *cry*, weep

за/платúть *perf.* pay

запрячь *perf.* harness; *imp.* запрягáть

запустéние neglected state [C]

запýтаться *perf.* get confused, entangled; *imp.* запýтываться

за/пылúть *perf.* cover with dust

зáрево glow, redness (of sunrise or sunset) [C]

зарыдáть *perf.* burst out sobbing; *imp.* рыдáть sob

зарычáть *perf.* start growling; *imp.* рычáть growl

заря́ (*pl.* зо́ри, зорь, *etc.*) sunrise, dawn; sunset, afterglow [E:←(1)]

засверка́ть *perf.* begin to glitter, flash out; *imp.* сверка́ть glitter, flash

за/свисте́ть *perf.* whistle

за/скули́ть *perf.* bare (the teeth), start whining

заслони́ть *perf.* shield, screen, hide, shelter; *imp.* заслоня́ть

заслу́живать *imp.* earn, deserve; *perf.* заслужи́ть

засмея́ться *perf.* laugh (out); *imp.* смея́ться laugh

за́спанный sleepy, sleep-flushed

заста́вить *perf.* make, compel; *imp.* заставля́ть

застегну́ть *perf.* button, fasten; *imp.* застёгивать; ∼ся button oneself up

засте́нчив shy, modest

засту́пник, засту́пница interceder, intercessor (see *note* 67.24)

засуети́ться *perf.* bestir oneself, get busy; *imp.* суети́ться fuss, bustle

зате́м then, later, after that

затея́ть *perf.* plan, plot, contrive; *imp.* затева́ть

зати́хнуть *perf.* grow quiet, die down; *imp.* затиха́ть

зато́ but, on the other hand

за то, что because, for having

затороп́иться *perf.* begin to hurry; *imp.* торопи́ться hurry

затра́чиваться *imp.* be spent (expended); *perf.* затра́титься

заты́лок о/- nape of neck, back of head [C]

захихи́кать *perf.* begin tittering; *imp.* хихи́кать titter

заходи́ть *imp.* call in, set (of the sun); ∼ вперёд step in front; *perf.* зайти́

захоте́ть *perf.* fancy, care, wish; мне захоте́лось I wanted (felt like, took a fancy); *imp.* хоте́ть wish

зачём why, with what object

зачи́нщик ringleader

за щёлкать *perf.* crack, click

за́яц я/й hare [C]

звать *imp.* call, hail; *perf.* по∼

звезда́ (*pl.* звёзды) star [E:←(1)]

звено́, *pl.* зве́нья link [E:←(1)]

зверь *m.* wild animal [C]

звони́ть *imp.* ring; *perf.* по∼

зво́нкий ringing, loud

звоно́к о/- bell (see *note* 55.1) [E]

звук sound, noise; ∼и strains [C]

звуча́ть *imp.* sound, resound; *perf.* про∼

здесь here

зде́шний local, of this place

здоро́вый well, healthy

здоро́вье health [C]

здра́вствуйте good day, how do you do?

здра́вье *arch.* health; во ∼ to your (good) health; see also *sel. id.* 82.22 [C]

зелене́ть *imp.* show (grow) green; *perf.* по∼

зелёный green

зе́мец е/- zemstvo deputy (see *note* 113.7) [C]

землеме́р (land-)surveyor [C]

земля́, *gen. pl.* земе́ль ground, land, earth [E exc. *nom. pl.*]

зе́мский *adj.* zemstvo, of the zemstvo (see *note* 103.26)

зе́мство zemstvo, local council (see *note* 103.26) [C]

зе́ркало mirror [C:E]

зима́ winter; зимо́й in winter [see p. 161]

зи́мний *adj.* winter, wintry

зимо́вье winter-lodge (-cabin) (see *note* 39.24) [C]

злиться *imp.* rage; +на+*acc.* fume at, bear ill will against; *perf.* разо~

злоба spite, malice; иметь злобу + на+*acc.* have a spite (grudge) against; ~ дня crying evil, contemporary problem [C]

злость anger, ill will, spite [C]

знак sign, token, badge [C]

знакомиться *imp.* get to know, get acquainted (with = с+ *instr.*); *perf.* по~

знакомый *adj.* familiar, known; *sb.* acquaintance

знаменитый famous, celebrated

знатный distinguished, eminent

знать *imp.* know; *perf.* у~ get to know, learn

значить *imp.* mean, signify; значит so, consequently; no *perf.*

зной (sultry) heat [C]

знойный sultry, oppressive

золотистый golden, tinged with gold

золото gold [C]

золотой gold, golden

золотуха scrofula [C]

зонтик umbrella, sunshade [C]

зоркий vigilant, close

зрение (eye-)sight [C]

зуб tooth [C:E exc. *nom.*]

зябнуть *imp.* feel cold (chilled); *perf.* из~

зять (*pl.* зятья) son-in-law, brother-in-law [C:E]

И

и and; also, too (31.1 *etc.*); even (63.16 *etc.*); и..., и... both . . . and . . . (27.17); да и what's more, besides

ива willow [C]

иволга oriole (bird) [C]

игла needle [E:←(1)]

игра game, play [E:←(1)]

играть *imp.* play; *perf.* по~

идеальный *adj.* ideal

идти, ходить *d. imp.* go, come, walk; rise (16.6); идти+к+*dat.* suit, match, be in keeping with; *perf.* пойти

из+*gen.* from, out of, made of (107.4); ~ солдат an ex-soldier

изба (peasant) hut, cabin, house [E:←(1)]; *dim.* избушка, *gen. pl.* -/e (see *note* 94.28) [C]

избавить *perf.*+от+*gen.* rid of, free from; *imp.* избавлять; ~ся get rid of (free from)

из/ваять *perf.* carve (in stone)

известный (well-)known

извинить *perf.* excuse; *imp.* извинять; ~ся apologize

изгибаться *imp.* bend; *perf.* изогнуться

изгородь hedge [C]

издавать *imp.* give off, exhale, emit; utter, produce, publish; *perf.* издать

издали *adv.* from a distance

издёргать *perf.* wear out, worry to death; *imp.* издёргивать

из-за+*gen.* from behind, from, owing to, on account of

излагать *imp.* state, set out; *perf.* изложить

измениться *perf.* change; *imp.* изменяться

из/морить *perf.* weary, starve

изнеможённый exhausted

изобильный abundant

изображать *imp.* portray, depict, imitate; *perf.* изобразить

изобретать *imp.* invent, devise; *perf.* изобрести

изощряться *imp.* be sharp (inventive), exercise inventiveness; *perf.* изощриться из-под+*gen.* from under

изредка occasionally

изуми́тельный amazing, astonishing

изуми́ть *perf.* amaze, astonish; *imp.* изумля́ть; ∼ся be amazed

изумле́ние amazement, astonishment [C]

изумру́дный *adj.* emerald

изуче́ние study, studying [C]

изя́щный elegant, exquisite, dainty

ико́на ikon, sacred picture (see *note* 21.16) [C]

и́ли or; и́ли... и́ли either . . . or

име́ние estate, (landed) property [C]

и́менно precisely, just

име́ть *imp.* have, possess, own; ∼ быть see *note* 92.27

и́мя *n.*, *nom. pl.* имена́, *gen. pl.* имён name, noun; ∼ о́бщее common noun [C:E]

ина́че, и́наче differently, otherwise

инде́ец е/й Red Indian [C]

и́ней (*sing.* only) (hoar-)frost [C]

иногда́ sometimes

иноземный foreign

инспе́ктор, *pl.* ∼а́ inspector [C:E]

инсти́нкт instinct [C]

инструме́нт instrument, tool [C]

интеллиге́нтный cultured

интере́сный interesting

интересова́ть *imp.* interest; ∼ся +*instr.* take an interest in

иска́ние seeking, search [C]

иска́ть *imp.* seek, search for; *perf.* по∼

исключе́ние exception, exclusion [C]

исключи́тельный exceptional, exclusive

исключи́ть *perf.* exclude, expel; *imp.* исключа́ть

и́скоса *adv.* askance, out of the corner of one's eye

и́скра spark [C]

и́скренний sincere, frank

искриви́ться *perf.* become twisted (distorted); *imp.* искривля́ться

иску́сство art [C]

испито́й lean, hollow-cheeked

исподло́бья *adv.* askance, frowningly

ис/по́ртить *perf.* spoil

испра́вить *perf.* put right, correct; *imp.* исправля́ть

испу́г fright, alarm [C]

ис/пуга́ть *perf.* frighten, alarm; ∼ся be frightened, take fright

испыта́ние test, examination [C]

испыта́ть *perf.* test, undergo, experience, feel; *imp.* испы́тывать

истаска́ть *perf.* wear out; *imp.* иста́скивать

и́стинный true, real, genuine

истоми́ться *perf.* get wearied; *imp.* томи́ться be wearied (depressed)

исходи́ть *imp.*+из+*gen.* arise from, follow upon; *perf.* изойти́

исче́знуть *perf.* disappear; *imp.* исчеза́ть

исше́д *arch.* having gone out (see *note* 60.6)

итти́ see идти́

и́щущий *participle* of иска́ть seeking

ию́ль *m.* July [C]

К

к, ко+*dat.* to, towards, by, for

-ка just, well; скажи́те-ка well, now, just tell me

каба́к inn, tavern, pub [E]

каба́тчик innkeeper [C]

кабине́т private room, study [C]

кавале́р gentleman, partner [C]

кадри́ль quadrille [C]

ка́ждый each, every, any

ка́жется it seems, apparently, I think

каза́ться *imp.* seem, appear; +*instr.* seem to be; *perf.* по~

казённый *adj.* official, belonging to an institution (see *note* 13.29); казённая пала́та treasury office

казнь execution [C]

как how, as, like, when, since (62.12), before (17.23)

как бу́дто as though

как бы as if, if only; как бы не+ *past* lest (see *sel. id.* 39.8, 44.11)

как ни how(so)ever

как-нибу́дь somehow, anyhow, some time

как-ра́з exactly, just then, just right

ка́к-то how, somehow; once

как то́лько as soon as, no sooner

како́й what (kind of), which, such (as)

како́й ни whichever, whatever kind of

како́й-нибудь some, any

како́й-то some, some kind of, a certain

каламбу́р pun, play on words, joke [C]

кала́чик (dwarf) mallow [C]

ка́ли-брома́ти *indecl.* potassium bromide

кало́ша galosh, overshoe (see *note* 33.12) [C]

ка́менный *adj.* stone

ка́мень *m.* e/- stone [C:E exc. *nom.*]

камила́вка, *gen. pl.* -/o priest's cap (see *note* 26.9) [C]

камы́ш reed(s) [C]

кани́кулы *pl.* holidays, vacation [C]

ка́нуть *perf.* drop, sink, disappear;

~ в во́ду vanish (into thin air) ; no *imp.*

ка́пля, *gen. pl.* ка́пель drop; ла́ндышевые ка́пли see *note* 73.9 [C]

капо́т (woman's) dressing-gown, house-gown [C]

капри́зный capricious, wanton, fickle, fleeting (54.29)

карикату́рный *adj.* caricature, grotesque

карма́н pocket [C]

ка́рта map, card [C]

карта́вить *imp.* lisp, pronounce 'r' as 'l'; no *perf.*

карти́на picture [C]

карто́нка, *gen. pl.* -/o hat-box, band-box [C]

карто́шка, *gen. pl.* -/e *coll.* potato, potatoes [C]

карту́з (peaked) cap [E]

каса́ться *imp.* touch, concern; *perf.* косну́ться

кастрю́ля pan [C]

ката́ние driving, riding, tobogganing [C] (see *note* 100.6)

ката́ться *imp.* drive (ride) about (see *sel. id.* 19.29); *perf.* по~

кати́ть *imp.* roll, go, run, speed: *perf.* по~

като́к o/- (skating-)rink (see *note* 35.28) [E]

католи́ческий *adj.* Catholic

ка́чка, *gen. pl.* -/e swaying, rocking [C]

ка́ша porridge, gruel (see *note* 89.15); mess, muddle, welter [C]

ка́шлянуть give a cough; *imp.* ка́шлять cough, have a cough

кашта́новый *adj.* chestnut

каю́та cabin (on ship) [C]

ка́яться *imp.* repent, regret; *perf* по~

кварти́ра flat, quarters (see *note* 88.23) [C]

кивну́ть *perf.+instr.* nod; *imp.* кива́ть

кий (billiard-)cue [E]

кипе́ть *imp.* boil, seethe; у него́ кипи́т рабо́та he is a quick (hard) worker; *perf.* вс~, за~

кислота́ acid [E: ←(1)]

кита́ец е/й Chinaman [C]

кла́няться *imp.* bow, greet, send greetings; *perf.* поклони́ться

класс class (see *note* 26.27) [C]

класси́ческий classic(al)

кла́ссный *adj.* class

класть *imp.* lay, put, set; ~ печа́ть stamp (invest) with; *perf.* положи́ть

клева́ть *imp.* bite, nibble, peck (see *sel. id.* 30.6); *perf.* клю́нуть

клей glue, gum; древе́сный ~ resin [C]

кле́тчатый checked

кли́рос choir (part of church) [C]

клони́ться *imp.* incline, slope, tend; *perf.* на~, с~

клуб puff (of smoke); club [C]

кля́сться *imp.* swear, vow; *perf.* по~

кни́га book [C]; *dim.* кни́жка, *gen. pl.* -/е [C]

кнут whip [E]

князь *m.*, *pl.* князья́ prince [C:E]

когда́ when, if (22.12)

когда́-либо ever, at any time

когда́-нибудь sometime, ever

когда́-то once, at one (some) time

ко́готь *m.* o/- claw [C:E exc. *nom.*]

кое-где́ here and there, somewhere

кое-ка́к somehow, anyhow

ко́злы *pl.*, *gen.* -/е (coachman's) box [C]

козыре́к ё/ь peak; сде́лать под ~ salute [E]

козя́вка, *gen. pl.* -/с (small) beetle [C]

кока́рда cockade, badge [C]

коке́тливый coquettish, coy

коке́тничать *imp.* flirt, be coy, play off one's charms; *perf.* по~

коле́но, *pl.* коле́ни knee; поста́вить на коле́ни make kneel down [C]

колле́жский collegiate (see *notes* 14.9, 26.25)

коло́дец well е/- [C]

колоко́льня, *gen. pl.* колоко́лен bell-tower [C]

коло́нна column, pillar [C]

колори́тный bright, vivid; не ~ dull, dreary, uninspiring

кольцо́, *gen. pl.* ь/е ring [E: ←(1)]

коля́ска, *gen. pl.* -/о carriage; рессо́рная ~, see *note* 103.2 [C]

комите́т committee [C]

ко́мната room [C]; *dim.* ко́мнатка, *gen. pl.* -/о [C]

комо́д chest of drawers [C]

ко́мпас compass [C]

компо́т compote, stewed fruit [C]

конду́ктор, *pl.* ~а́ guard, (train-) conductor [C:E]

коне́ц е/- end; в конце́+*gen.* towards the end of; в конце́ концо́в finally, at last, in the long run [E]

коне́чно certainly, of course

конокра́д horse-thief [C]

конституцио́нный constitutional

конфу́з confusion, embarrassment [C]

конфу́зиться *imp.* be embarrassed; *perf.* с~

ко́нчить *perf.* end, finish; ~ся come (to an) end, finish; *imp.* конча́ть

коньки́ *pl.* skates; ката́ться на конька́х skate [E]

конья́к cognac, brandy [E]

коню́шня, *gen. pl.* коню́шен stable [C]

копе́йка, *gen. pl.* й/е copeck (see *notes* 20.29, 90.26) [C]

копна́, *gen. pl.* -/е stook, shock [E *exc. nom. pl.*]

копоши́ться *imp.* stir, bustle, swarm; *perf.* за~

копы́то hoof [C]

кора́бль *m.* ship [E]; *dim.* кора́б-лик [C]

коренно́й root, radical, fundamental

ко́рень *m.* е/- root [C]

корзи́на basket [C]

коридо́р corridor [C]

кори́чневый brown

корми́ть *imp.* feed, suckle; *perf.* по~

коро́ва cow [C]

короле́ва queen [C]

коро́ль *m.* king [E]

коро́ткий short

ко́рпус, *pl.* ~а́ block (of buildings) [C:E]

коры́то trough, (wash-)tub [C]

коса́ plait (of hair); scythe [E:←(1)]

костёр ё/- (bon)fire [E]

кость bone; слоно́вая ~ ivory [C:E *exc. nom.*]

костю́м costume, dress, suit, garb; ру́сский ~, see *note* 53.15 [C]

котёл е/- pot, boiler, kettle [E]

котле́та cutlet, rissole [C]

кото́рый which, who

ко́фе *m. indecl.* coffee

кофе́йный *adj.* coffee

ко́фточка, *gen. pl.* -/е blouse, jacket [C]

кошма́р nightmare [C]

край, *pl.* края́ edge [C:E]

кра́йний extreme, last

кра́йность extreme [C]

краса́вец е/- handsome man [C]

краса́вица beautiful woman (girl), a beauty [C]

краси́вый beautiful, handsome, graceful, good-looking

кра́сить *imp.* paint, tint; *perf.* по~, вы~

кра́ска, *gen. pl.* -/о colour, paint [C]

красне́ть *imp.* redden, blush; *perf.* по~

кра́сный red

красота́ beauty [E:←(1)]

кре́пкий firm, strong, stout, sound

кре́сло, *gen. pl.* -/е arm-chair [C]

крест cross; напе́рсный ~, see *note* 26.9 [E]

крести́ть *imp.* cross; ~ся cross oneself

крёстный оте́ц, па́па godfather

крик shout, cry, call [C]

кри́кнуть *perf.* shout, call out, crow, croak; *imp.* крича́ть

кров roof, shelter [C]

крова́ть bed, bedstead [C]

кроке́т croquet [C]

кро́ме+*gen.* besides, except

кро́ткий mild, meek

круг circle [C:E]

кру́глый round, circular

круго́м *adv.* around, about

кружи́ть *imp.* circle; *perf.* по~

кружо́к о/- circle, group [E]

кру́пный large, coarse(-grained)

крути́ть *imp.* twist, roll; *perf.* по~

круто́й gruff, stern, abrupt, steep

крыло́, *pl.* кры́лья wing [E:←(1)]

крыльцо́, *gen. pl.* ь/е porch, entrance-steps; *dim.* крыле́чко, *gen. pl.* -/е [C]

кры́ша roof [C]

кры́шка, *gen. pl.* -/е lid (see *sel. id.* 31.26) [C]

крючо́к о/- hook [E]

кста́ти *adv.* to the point, appropriate(ly); by the way

кто who, anyone

кто..., кто... one (some) . . .,
another (others) . . .
кто́-нибудь anyone
кто́-то someone
куда́ where, whither
куда́ ни wherever, wheresoever
куда́-нибудь anywhere
куда́-то somewhere
куда́хтать *imp.* cluck, cackle;
perf. за~
ку́дри *pl.* curls
кудря́вый curly(-headed)
ку́кла, *gen.* *pl.* -/o dc11 [C]
кула́к fist [E]; *dim.* кулачёк ё/-
[E]
культу́ра culture, civilization [C]
культу́рный civilized
купа́льня, *gen.* *pl.* купа́лен bath-
ing-hut [C]
купа́ть *imp.* bath; *perf.* вы́~;
~ся bathe
купе́ц е/- merchant, tradesman
[E]
купи́ть *perf.* buy; *imp.* покупа́ть
купэ́ *indecl.* compartment
кури́ный *adj.* hen's, chicken
кури́ть *imp.* smoke; *perf.* по~,
вы́~, за~
ку́рица (usual *pl.* ку́ры) hen [C]
куро́к о/- cock (of gun), trigger
[E]
ку́ртка, *gen.* *pl.* -/o jacket [C]
куса́ть *imp.* bite; ~ся bite, be a
biter; *perf.* укуси́ть
кусо́к о/- piece [E]; *dim.* кусо́чек
е/- [C]
куст bush, shrub [E]
куха́рка, *gen.* *pl.* -/o cook [C]
куха́ркин *adj.* cook's (see *note*
18.2)
ку́хня, *gen.* *pl.* ку́хонь kitchen
[C]
кухо́нный *adj.* kitchen
ку́цый short, docked
ку́ча pile, heap [C]

ку́чер, *pl.* ~а́ coachman [C:E]
ку́шать *imp.* eat, drink; *perf.*
по~, с~
кушётка, *gen.* *pl.* -/o couch [C]

Л

ладо́нь palm (of hand) [C]
лай (*sing.* only) bark(ing) [C]
лаке́й lackey, footman [C|
ла́мпа lamp [C]
ла́ндыш lily-of-the-valley; ла́н-
дышевые ка́пли, see *note* 73.9
[C]
ла́па paw [C]
ласка́ть *imp.* caress, fondle; ~ся
fawn, show affection; *perf.* по~
ла́сковый tender, affectionate,
kind
ла́ять *imp.* bark; *perf.* за~
лбу *loc.* of лоб forehead
лебеда́ (*sing.* only) pigweed [E]
лев е/ь lion [E]
ле́вый *adj.* left
лёгкий light, easy
легкомы́сленный frivolous, giddy,
flighty
ле́гче easier
лёд ё/ь ice
ледяно́й ice, of ice; ледяна́я гора́,
see *note* 33.4
лежа́ть *imp.* lie; *perf.* по~
лезть *imp.* push, thrust, intrude,
climb; *perf.* по~
лека́рство medicine, drug [C]
лени́вый lazy, idle, indolent
ле́нточка, *gen.* *pl.* -/e ribbon [C]
лес, *pl.* ~а́ forest [C:E]
лесно́й *adj.* forest, of the woods
ле́стница steps, staircase [C]; *dim.*
ле́сенка [C]
лете́ть *imp.* fly; *perf.* по~ fly off
ле́тний *adj.* summer
ле́то summer, year; не по лета́м
prematurely for one's age (see
sel. id. 54.3) [C:E]

ле́том in summer
лече́ние treatment [C]
лечи́ть *imp.* treat; *perf.* вы́~ cure
лечи́ться *imp.* undergo treatment, have medical attention; *perf.* вы́~ be cured
лечь *perf.* lie down, settle; ~ спать go to bed; *imp.* ложи́ться
ли whether, if (34.13 *etc.*); *interrogative part.* (17.21, 25.9 *etc.*)
лизну́ть *perf.* lick; *imp.* лиза́ть
лило́вый *adj.* lilac
лине́йка, *gen. pl.* й/е ruler [C]
ли́па lime(-tree) [C]
ли́повый *adj.* lime
лиса́ fox [E: ←(1)]
ли́сий *adj.* fox, fox's
лист, *pl.* ~ья leaf [E: ←(1)]
лист, *pl.* ~ы́ sheet (of paper) [E]
листва́ (*sing.* only) foliage, leaves [C]
лицо́ face, person [E: ←(1)]
лицо́м in appearance
ли́шний superfluous, unnecessary
лишь only
лишь бы if only, so long as
лоб о/- forehead [E]
лобыза́ние kissing, embracing (see *note* 13.15) [C]
логи́ческий logical
ло́говище den, lair [C]
ло́дка, *gen. pl.* -/о boat [C]
ложи́ться *imp.* lie down, settle; ~ спать go to bed; *perf.* лечь
ло́жка, *gen. pl.* -/е spoon [C]
локомоти́в engine, locomotive [C]
ло́коть, *m.* о/· elbow [C:E exc. *nom.*]
ло́пнуть *perf.* burst, split, break; *imp.* ло́паться
лосни́ться *imp.* shine, be shiny (glossy); *perf.* за~
лоун-те́ннис tennis [C]
лохма́тый ragged, in rags; shaggy, rough

лошади́ный *adj.* horse, horse's
ло́шадь horse; е́хать на лошадя́х travel by carriage [C:E exc. *nom.*]
луг, *pl.* ~а́ meadow; заливно́й ~, see *note* 57.11 [C:E]
лу́жа pool, puddle [C]
лука́вый sly, artful, arch
луна́ moon [E: ←(1)]
лу́нный *adj.* moon
луч ray [E]
лу́чший better, best
лы́сина bald patch [C]
лы́сый bald; *dim.* лы́сенький
льви́ный lion's
любе́зный dear, kind, amiable; (мой) ~ (my) good fellow
люби́мый favourite, loved, dear
люби́ть *imp.* love, like; *perf.* по~
любо́вь love
любопы́тный curious, inquisitive
любопы́тство curiosity, interest [C]
лю́ди (*pl.* of челове́к) people, men; servants (see *note* 23.2)
людска́я *sb.* servants' quarters (see *note* 23.2)
лю́стра lustre, chandelier [C]
лютера́нин *m.* (*pl.* лютера́не), лютера́нка *f.*, *gen. pl.* -/о Lutheran (see *note* 13.23) [C]
лю́тый fierce, severe
лягу́шка, *gen. pl.* -/е frog [C]

M

маде́ра Madeira (wine) [C]
мазу́рка, *gen. pl.* -/о mazurka (see *note* 93.13)
май May [C]
ма́йский May *adj.*
мале́йший least, smallest
ма́ленький small, little
ма́ло little, few, not enough; ~ того́ besides, what's more, moreover

малогра́мотный of little education
малоду́шие faint-heartedness, timidity [C]
малоле́тство childhood, early years [C]
ма́ло-по-ма́лу adv. gradually
ма́лый adj. small; sb. fellow, lad
ма́льчик boy [C]; dim. мальчи́ш-ка, gen. pl. -/e nipper, urchin (see note 89.26) [C]
ма́ма mama [C]; dim. мама́ша, ма́мочка
ма́мка, gen. pl. -/o (wet-)nurse [C]
мане́ра manner, habit, way [C]
мане́рный affected
манти́лька, gen. pl. ь/e small cape [C]
ма́рка, gen. pl. -/o (postage-) stamp; ～ бы́вшая в употреб-ле́нии used postage-stamp (25.19) [C]
март March [C]
ма́сло butter [C]
ма́сляный adj. oil; buttery, oily, greasy
ма́сса mass, pile [C]
масса́ж massage [C]
матема́тик mathematician [C]
материа́л material [C]
матро́с sailor [C]
мать (gen. ма́тери, pl. ма́тери) mother [C:E exc. nom.]; dim. ма́тушка, gen. pl. -/e [C]
маха́ть imp.+instr. wave; perf. махну́ть
ма́хонький coll. small, tiny
маши́на machine, engine [C]
мгла mist, haze, gloom [C]
мгнове́ние instant, twinkling [C]
м-да! er, yes!
ме́бель furniture [C]
меда́ль medal [C]
медве́дь m. bear [C:E exc. nom.]
ме́дик doctor, medico [C]
медици́на medical science [C]

медици́нский medical
ме́дленный slow
ме́длить imp. delay, linger; perf. за～
ме́жду+instr. between; ～про́чим by the way
ме́жду тем adv. meanwhile, in the meantime, yet
ме́жду тем, как conj. while
мезони́н, мезани́н mezzanine, attic (see note 101, title) [C]
ме́лкий small, fine, minute, trivial
ме́лочь trifle, detail [C]
мелькну́ть perf. flit, dart, pass quickly, flash; imp. мелька́ть
ме́льком in passing; ви́деть ～ catch a (passing) glimpse of
ме́нее adv. less; тем не ～ none the less
ме́ньше lesser, smaller; как мо́жно ～ as little as possible
меня́ть imp. change; perf. по～
ме́ра measure; по ме́ре того́, как in so far as [C]
мерза́вец е/- rascal, knave, scoun-drel [C]
ме́рный regular, measured
мёртвый dead
ме́стный local
ме́сто place, spot, post [C:E]
ме́сяц month, moon [C]
металли́ческий metal, metallic
ме́тка, gen. pl. -/o mark, sign [C]
меха́ник mechanic, engine-driver [C]
меч sword [E]
мечта́ть imp. dream; perf. по～
меша́ть imp. mix, mingle; hinder, interfere, get in the way; perf. по～
мешо́к о/- sack, bag [E]
миг instant, moment [C]
мига́ть imp. blink, twinkle; perf. мигну́ть
миллиа́рд milliard [C]

миллио́н million [C]

ми́лостивый gracious, kind, condescending; ~ госуда́рь dear sir

ми́лость kindness, favour; по его́ ми́лости thanks to him; скажи́ на ~ see *sel. id.* **29.12**; ми́лости про́сим see *sel. id.* **17**.6 [C]

ми́лый dear, nice, charming

ми́мо *prep.+gen.* past, by; *adv.* past, by

ми́нимум minimum; *coll.* at least [C]

мину́та minute [C]

ми́нуть *perf.* pass (by), elapse; *imp.* минова́ть

мир (village) community, world (see *note* **117.17**) [C:E]

мирово́й *adj.* peace; ~ судья́ justice of the peace

мисс *indecl.* miss (see *note* **104.30**)

ми́стик mystic [C]

мла́дший younger, youngest

млеть *imp.* be moved (touched), grow faint, be spell-bound; *perf.* обо~

мне́ние opinion [C]

мни́тельный mistrustful, suspicious, over-anxious

мно́гие many (people)

мно́го much, many, a lot, a great deal

мно́жество large number, multitude [C]

мно́житься *imp.* multiply, increase; *perf.* у~

мо́да fashion [C]

мо́дный *adj.* fashion, fashionable

мо́жет быть, *coll.* мо́жет perhaps

можжеве́льник juniper [C]

мо́жно *impers.* it is permissible, one may; как ~ ме́ньше as little as possible

мозг brain [C:E]

мой, моё, моя́, *pl.* мои́ my, mine

мо́крый wet, moist

мол *coll.* says he (*particle indicating reported speech*)

моле́бен е/- prayers; заказа́ть ~ have prayers said (see *note* **75**.12) [C]

моли́тва a prayer; ва́шими ~ми thanks to your prayers (see *note* **124**.6) [C]

моли́ть *imp.* pray, implore; ~ся pray, say one's prayers

мо́лния lightning [C]

молодёжь young people, younger generation [C]

молодо́й young, youthful; *dim.* моло́денький

мо́лодость youth [C]

молоды́е *sb. pl.* newly married couple, newly weds

молоко́ milk [E]

молотьба́ threshing [E]

мо́лча silently, not saying a word

молча́ть *imp.* be silent, say nothing; *perf.* по~

монасты́рь *m.* monastery, convent [E]

мона́х monk [C]

мо́рда muzzle, *coll.* face, 'mug' [C]

морда́стый, морда́тый ugly(-featured)

мо́ре sea [C:E]

моро́женое *sb.* ice(-cream)

моро́з frost [C]

моро́зный frosty

морско́й sea, marine, naval

мо́рфий morphia [C]

моски́т mosquito [C]

мотылёк е/ь butterfly, moth [E]

мотылько́вый *adj.* butterfly, moth(-like)

мочь *imp.* be able; я не могу́ не + *inf.* I can't help . . .; *perf.* с~

мрак darkness, gloom, obscurity [C]

мра́чный dark, gloomy

муж, *pl.* ～ья́ husband [C:E]

мужи́к peasant [E]; *dim.* мужичёк ё/- [E]

мужи́цкий *adj.* peasant

мужско́й man's, masculine

мужчи́на man [C]

му́зыка music (see *sel. id.* 115.5) [C]

му́ка torture, torment [C]

мунди́р uniform (see *note* 74.18) [C]

мура́вчик *dim.* of мураве́й ant [C]

муста́нг mustang [C]

му́фта muff [C]

му́ха fly [C]

мучи́тель *m.* tormentor [C]

мучи́тельный tormenting, painful, agonizing

му́чить *imp.* torment; *perf.* из～, за～

му́шка, *gen. pl.* -/e (blister-)plaster [C]

мы́ло soap; яи́чное ～ (see *note* 31.9) [C:E]

мы́слимый *participle* of мы́слить conceivable, thinkable

мы́слить *imp.* think, cogitate; *perf.* по～

мысль thought, idea [C]

мыть *imp.* wash; *perf.* вы́～

мышь mouse [C]

мя́гкий soft, gentle; sleek, suave

мя́со meat [C:E]

мять *imp.* rumple, press, squeeze, crush; *perf.* по～

Н

на+*acc.* on to, on (of direction), to, into (**19.6** *etc.*), with (**18.27** *etc.*, **25.7** *etc.*), at (**13.19** *etc.*), for (**19.24** *etc.*), in (**15.13**, **48.31** *etc.*, **99.23**), against (**25.1** *etc.*), over (**25.14**); +*loc.* on, in (**16.1** *etc.*, **34.10** *etc.*), at (**13.3** *etc.*, **62.6**), by (**69.9** *etc.*); ста́рше лет на де́сять about ten years older; на друго́й день next day; на про́шлой неде́ле last week; на да́чах in the summer colony; игра́ть на роя́ле play the piano

набрести́ *perf.* come across, hit upon; *imp.* наброди́ть

набро́сить *perf.* throw, cast, outline, sketch down; *imp.* набра́сывать

навали́ть *perf.* heap, pile up; снёгу навали́ло *impers.* the snow has drifted up; *imp.* нава́ливать

наве́ки for ever, eternally

наверху́ (of place) upstairs, up above

наве́с shed, awning [C]

нави́снуть *perf.* hang, overhang; *imp.* нависа́ть

наводи́ть *imp.* induce, excite; *perf.* навести́

наво́з dung, manure [C]

навсегда́ *adv.* for ever (good)

навстре́чу+*dat.*, or+к+*dat.* towards, to meet

навью́чить *perf.* load, burden; *imp.* навью́чивать

нагляде́ться *perf.* see enough, look one's fill; *imp.* нагля́дываться

нагна́ть *perf.* cause, induce; *imp.* нагоня́ть

нагну́ться *perf.* bend down; *imp.* нагиба́ться

награ́да award, reward, bonus [C]

над+*instr.* over, above, at (50.28)

надвига́ться *imp.* approach, advance, loom, swoop; *perf.* надви́нуться

наде́жда hope [C]

наде́ть *perf.*, надева́ть *imp.* put on (garment)

наде́яться *imp.* hope; *perf.* по～

надзира́ть *imp.*+за+*instr.* supervise, control; no *perf.*

надме́нный arrogant, haughty

на́до *impers.* it is necessary, one must; не ~+*inf.* don't; ~ бы one ought to

на́добность necessity, need [C]

надое́сть *perf.* bore, bother; (мне) надое́ло (I) grew tired of, became sick of; *imp.* надоеда́ть

надо́лго for a long time

наду́ть *perf.* puff out, blow up; *imp.* надува́ть

наза́д (of direction) back, backwards, ago; тому́ ~ ago

назва́ние name, designation, title [C]

назва́ть *perf.* name, call, mention

назначе́ние appointment, purpose [C]

назна́чить *perf.* appoint, assign; *imp.* назнача́ть

назо́йливый tiresome, importunate

называ́ть *imp.* call, name; ~ся be called; *perf.* назва́ть

наи́вный *perf.* naïve

наигра́ться *perf.* play to one's heart's content, have enough of playing; *imp.* наи́грываться

найти́ *perf.* find; найти́сь be found, turn up (out); *imp.* находи́ть

наказа́ние punishment, torment (see *sel. id.* 17.10) [C]

наказа́ть *perf.* punish; *imp.* нака́зывать

накану́не *prep.*+*gen.* on the eve of; *adv.* the day (evening) before

наклони́ться *perf.* bend down, stoop; *imp.* наклоня́ться

наконе́ц finally, at last

накра́пывать *imp.* spot, fall in spots, sprinkle; *perf.* накра́пать

накры́ть *perf.* cover; surprise, catch in the act; *imp.* накрыва́ть

налёт bloom, coating [C]

налива́ть *imp.* pour out; *perf.* нали́ть

наме́дни *coll.* lately, the other day; ~ но́чью the other (last) night

намека́ть *imp.*+на+*acc.* hint at, allude to; *perf.* намекну́ть

наме́ренный intending

наня́ть *perf.* hire, take (on hire), lease; *imp.* нанима́ть

наоборо́т *adv.* on (to) the contrary

на/о́хрить *perf.* stain with ochre

напа́сть *perf.*+на+*acc.* attack, fall upon; *imp.* напада́ть

напева́ть *imp.* sing, hum; *perf.* напе́ть

напе́рсный pectoral, worn on the breast

напира́ть *imp.* +на+*acc.* press, stress, pay attention to; *perf.* напере́ть

на/писа́ть *perf.* write; ~кра́сками paint

напо́мнить *perf.* remind, recall; *imp.* напомина́ть

напо́р pressure, stress [C]

напра́вить *perf.* direct, send, guide; *imp.* направля́ть; ~ся go (set) off

направле́ние direction [C]

напра́во *adv.* to (on) the right

наприме́р for example

напро́тив *adv.* on the contrary

напряже́ние strain, effort [C]

напря́чь *perf.* strain, stretch; *imp.* напряга́ть; ~ все си́лы strain every nerve, make an intense effort

на/пуга́ть *perf.* frighten, scare, startle

нараспе́в in a sing-song (drawling) voice, monotonously

наро́д people, nation [C]

наро́дный people's, of the people, national

нару́жность exterior (external) appearance [C]

нару́жу (of direction) out, outwards

нару́шить *perf.* break, violate, infringe; *imp.* наруша́ть

наря́д dress, attire, finery [C]

наряди́ть *perf.* dress (up), array; *imp.* наряжа́ть; ∼ся dress up, get oneself up

насеко́мое *sb.* insect

наслажде́ние delight, enjoyment [C]

насле́дница heiress [C]

насмеха́ться *imp.*+над+*instr.* mock at, ridicule; *perf.* насмея́ться

насме́шка, *gen. pl.* -/e mockery, sneer, derision [C]

насме́шливый mocking, derisive, sarcastic

наст (frozen) snow crust [C]

наставле́ние precept, sermon, sermonizing [C]

на́стежь *adv.* (wide) open

насто́йчивый insistent, persistent

настоя́щее *sb.* the present (time)

настоя́щий real, genuine, present

настрое́ние mood, feeling [C]

наступи́ть *perf.* follow, come on, set in; *imp.* наступа́ть

натя́нутый, *participle* of натяну́ть forced, strained

нау́ка science, subject, branch of knowledge; нау́ки learning [C]

на учи́ть *perf.* teach

на хму́риться *perf.* frown, knit one's brows; become overcast

находи́ть *imp.* find, think; ∼ся find oneself, stand, be situated; *perf.* найти́

нахо́дчивость readiness, resourcefulness [C]

нача́ло beginning; в нача́ле at first, early [C]

нача́льник head, chief; ∼ста́нции station-master [C]

нача́ть *perf.* begin, start (trans.); *imp.* начина́ть; ∼ся begin, commence (intr.)

наш, на́ше, на́ша, *pl.* на́ши our, ours

наяву́ in reality (real life), not in a dream

не not, un-

небе́сный heavenly, of heaven (the sky); цари́ца небе́сная, see *note* 67.10

не́бо (*pl.* небеса́) heaven, sky [C:E]

небольшо́й small, slight, of no great size

небо́сь surely, for sure, I suppose

небре́жный careless, negligent

неве́домый unknown

неве́жа *m.* ignoramus, boorish fellow [C]

неве́жество ignorance, rudeness [C]

неве́рие unbelief [C]

нево́льный involuntary, unconscious

невпопа́д at random

невреди́мый unharmed

невырази́мый inexpressible

невысо́кий low, not (by no means) high

не́где (there is) nowhere (see *sel. id.* 37.7)

неглубо́кий shallow

неглу́пый by no means stupid (foolish)

негодова́ние indignation [C]

негодя́й scamp, scoundrel, good-for-nothing [C]

неда́вно recently, not long ago

недалеко́, недалёко not far (away)

неде́ля week [C]

недово́льный dissatisfied, displeased

недово́льство dissatisfaction, displeasure [C]

недоразумение misunderstanding, something baffling [C]

недоумение perplexity, doubt, quandary [C]

недюжинный out-of-the-ordinary

нежность tenderness, fondness (of behaviour) [C]

нежный tender, delicate; soft, low

незаметный unnoticed

незачем there is no reason (point) (see *sel. id* 37.7)

нездоровый unwell, unhealthy

незнакомый unacquainted, strange

неизвестность (*sing.* only) uncertainty, obscurity [C]

неизвестный unknown

неизлечимый incurable

неизменный unfailing, constant

неизмеримый *adj.* immeasurable

неинтересный uninteresting

неистовый furious, violent

некогда there is no time

некого, некому, *etc.* there is no one

некоторый some, certain; в некотором роде, некоторым образом see *sel. id.* 15.8

некрасивый plain, unattractive, ugly

некрашенный unpainted

некстати inopportunely, irrelevantly, out of season

некто some one, a certain person (unknown); некому, there is no one

неловкий awkward, clumsy

неловкость awkwardness, clumsiness [C]

нельзя *impers.* it is impossible, one must not

нелюбимый unloved

нелюдимый unsociable, lonely

немедленный immediate

немного, немножко a little, not much

ненавидеть *imp.* hate; *perf.* воз~

ненависть hate, hatred [C]

ненадолго for a short time, not for long

ненарушимый binding, abiding, inviolable, for ever

ненужный unwanted, unnecessary

необразованный uneducated, ignorant

необходимость need, necessity [C]

необыкновенный extraordinary, unusual

неожиданный unexpected

неопределённый indefinite, vague

неосторожный careless

неотвязчивый haunting

неохотный unwilling, reluctant

непобедимый invincible, insuperable

неповиновение disobedience, insubordination [C]

непогрешимый irreproachable, impeccable

неподвижный still, fixed, motionless

непокрытый uncovered, exposed

непонятный unintelligible, incomprehensible

непосильный too heavy, beyond one's strength

неправильный irregular, incorrect

неправый wrong, not right

непременно surely, certainly, of course, without fail

непрерывный unbroken, continuous

непривыкший unused, unaccustomed

непричёсанный unkempt, uncombed

неприятный unpleasant

непроходи́мый dense, impenetrable

непро́шенный unasked

неразвито́й undeveloped, immature

нерасположе́ние dislike, ill disposition [C]

нерв nerve [C]

не́рвность nervousness, nervous manner, highly strung nerves, irritability [C]

не́рвный nervous, irritable

нереши́тельный hesitating, uncertain, undecided

неруши́мый unchanging, abiding

не́сколько+*gen.* several, a few

несме́лый hesitating, timid, timorous

несмотря́+на+*acc.* notwithstanding, in spite of

несоверше́нный incomplete, imperfect

несообра́зность absurdity [C]

несоразме́рный disproportionate

несправедли́вость injustice [C]

нести́, носи́ть *d. imp.* bear, carry; нести́сь, носи́ться rush, flit

несча́стный unhappy, unfortunate

несча́стье unhappiness, misfortune, calamity [C]

нет no; нет (*coll.* не́ту)+*gen.* there is (are) not

нетерпели́вый impatient

нетерпе́ние impatience [C]

неуда́ча failure, fiasco, plot that failed [C]

неудо́бство discomfort, embarrassment [C]

неудово́льствие dissatisfaction, displeasure [C]

неуклю́жесть clumsiness, uncouthness [C]

неуме́лый clumsy, awkward, unskilful

неуме́ренный excessive, disproportionate

неуме́стный misplaced, out of season

неумоли́мый inexorable, implacable

неустрани́мый irremovable, incurable

неустраши́мый dauntless

неую́тный uncomfortable, cheerless

не́хотя unwillingly, reluctantly

неча́янный chance, unexpected

нечистопло́тный dirty, slovenly, of uncleanly habits

нечистота́ uncleanness, dirtiness, impurity [C]

нечи́стый unclean, blurred; нечи́стая си́ла the evil one, the devil

не́што *coll.* do you mean to say ...? do you call that ...?

нея́сный vague, obscure

ни..., ни... neither ... nor; ни+*gen.* not a single ...; ни с того́, ни с сего́ for no reason what(so)ever; ни за что not for anything; как ни how(so)ever, кто ни who(so)ever, *etc.*

нигде́ nowhere

ни́же *comp. adv.* and *predic. adj.* lower

ни́жний *comp. adj.* lower

низверга́ться *imp.* plunge, be plunged; *perf.* низве́ргнуться

ни́зкий low, profound, deep

ника́к in no way, nohow; ~ нет, see *note* 27.29

никако́й none at all (whatever)

никогда́ never

никто́ no one, nobody

ниско́лько not at all, not the least

ничего́ nothing; never mind, it doesn't matter; not bad

ничто́ nothing

ничтóжный worthless, insignificant

но but

нóвый new, fresh

ногá foot, leg; *dim.* нóжка, *gen. pl.* -/e [C]

нóготь *m.* o/- (finger-, toe-)nail [C:E exc. *nom.*]

нож knife [E]

нóжницы *pl.* scissors [C]

ноль nought, cipher; ~ внимáния no attention whatever [E]

нормáльный normal

норовúть *imp.* try, strive, aim; *perf.* по~

нос nose [C:E]

носúть, нестú *d. imp.* bear, carry; носúться, нестúсь rush, flit

нóты *f. pl.* (printed) music [C]

ночевáть *imp.* spend the night; *perf.* пере~

ночлéг night's lodging (place) [C]

ночнóй *adj.* night

ночь night; нóчью in the night [C:E exc. *nom.*]

нóша burden [C]

нрáвиться *imp.* please; *perf.* по~

нрáвственность morality, morals, ethics [C]

ну! well (13.21 *etc.*), and (75.8), then (31.12); ну да! really! indeed! (30.16)

нýдный tedious

нуждá need, want, shortage, poverty [E:←(1)]

нýжный necessary, essential

ны́не now, nowadays, at present

ня́ня nurse [C]; *dim.* ня́нька, *gen. pl.* ь/e [C]

O

o, об, óбо+*acc.* against, on; +*loc.* about, of, concerning

оáзис oasis [C]

óба, óбе both

обвáл landslide; снеговóй ~ avalanche [C]

обвалúться *perf.* fall in, tumble down; *imp.* обвáливаться

обворожúтельный bewitching, enchanting

обдавáть *imp.* envelop, wrap, flood; *perf.* обдáть

обéд dinner [C]

обéдать *imp.* dine, have dinner; *perf.* по~, от~

о/беспокóить *perf.* disturb, trouble

обещáть *imp.* promise; *perf.* по~

обúдеть *perf.* offend, affront, aggrieve, hurt, harm; *imp.* обижáть; ~ся take offence, feel affronted

обúдный offensive, insulting; мне обúдно I am hurt

обúть *perf.* cover, upholster; *imp.* обивáть

обладáть+*instr.* possess, command; no *perf.*

óблако, *gen. pl.* облакóв cloud [C:E]; *dim.* óблачко, *gen. pl.* облачкóв [C:E]

óбласть region, sphere [C:E exc. *nom.*]

облегчúть *perf.* relieve, lighten; *imp.* облегчáть

обливáться *imp.* be flooded; ~ слезáми shed a torrent of tears; *perf.* облúться

облизáть *perf.* lick round (all over); *imp.* облúзывать

об/лобызáться *perf.* kiss, exchange kisses (see *note* 13.18)

облокотúться *perf.* lean (one's elbows); *imp.* облокáчиваться

обманýть *perf.* cheat, deceive; *imp.* обмáнывать

обмéниваться *imp.*+*instr.* exchange; ~ взгля́дами exchange glances; *perf.* обменя́ться, обменúться

обню́хивать *imp.* smell (all over); *perf.* обню́хать

обня́ть *perf.* embrace, hug; *imp.* обнима́ть

обогна́ть *perf.* overtake; *imp.* обгоня́ть

обожа́ть adore; no *perf.*

обозначáться *imp.* be outlined; *perf.* обознáчиться

обойти́ *perf.* go (pass) round; ~сь manage, get along; *imp.* обходи́ть

оборва́ть *perf.* tear off, pluck, interrupt; *imp.* обрыва́ть

обраба́тывать *imp.* cultivate; *perf.* обрабо́тать

о́браз manner, fashion, form, kind [C]; *pl.* ~á ikon, image (see *note* 30.8) [C:E]

образова́ть *perf.* form, educate; ~ся be formed; *imp.* образо́вывать

образцо́вый *adj.* model

обрати́ть *perf.* turn; ~ внима́ние на+*acc.* pay (draw) attention to; *imp.* обраща́ть; ~ся+к+ *dat.* turn to, address; ~ся+с+ *instr.* deal (have dealings) with

обра́тный *adj.* return, reverse

обре́чь *perf.* doom, condemn; *imp.* обрека́ть

обрю́зглый flabby, wrinkled

обстано́вка, *gen. pl.* -/о setting, surroundings, background [C]

обстоя́тельный detailed, circumstantial

обстоя́тельство circumstance, case, affair [C]

обстоя́ть be; всё обстои́т благополу́чно all is well; no *perf.*

обучи́ть teach, instruct; *imp.* обуча́ть; ~ся learn, study

обхвати́ть embrace, seize, include; *imp.* обхва́тывать

обходи́ть *imp.* go (pass) round

(see *sel. id.* 39.18); ~ся manage, get along; *perf.* обойти́

общеизве́стный well-known, widely known

о́бщество society, company [C]

о́бщий common, general, universal

объяви́ть *perf.* declare, announce; *imp.* объявля́ть

объясне́ние explanation, declaration [C]

объясни́ть *perf.* explain; *imp.* объясня́ть; объясни́ться come to an understanding, clear matters up

объя́тие embrace [C]

обыдённый everyday, common, prosaic

обыкнове́нный usual, ordinary, general

обы́чный usual, habitual

обя́занность obligation, duty [C]

обяза́ть *perf.* oblige, bind; *imp.* обя́зывать

ове́чий *adj.* sheep, sheep's

овладе́ть *perf.*+*instr.* seize, master, overcome, take possession of; *imp.* овладева́ть

овца́, *gen. pl.* -/е sheep [E exc. *nom. pl.*]

оглобля (cart-)shaft [C]

оглуши́тельный deafening

огля́дка, *gen. pl.* -/о looking round, a backward glance [C]

огляну́ться *perf.* look round (back); *imp.* огля́дываться

о́гненный fiery, of fire (flame)

ого́нь *m.* о/- fire, flame, light [E]; *dim.* огонёк ё/ь light [E]

огоро́д kitchen-(market-)garden [C]

огорчи́ть *perf.* grieve, disappoint, distress; *imp.* огорча́ть

огро́мный enormous, huge

оде́ть *perf.* dress; *imp.* одева́ть; ~ся dress (oneself), get dressed

одея́ло blanket, counterpane [C]
оди́н one, only one, single, alone (see *sel. id.* 16.16); одно́ one thing; одни́ some (people)
одина́ковый alike, same, identical
оди́ннадцать eleven
одино́кий lonely, solitary
одино́чество loneliness, solitude[C]
одна́жды once, on one occasion
одна́ко however, though; oh, indeed? (90.27)
одноа́ктный one-act
однообра́зный monotonous
одностволка, *gen. pl.* -/о single-barrelled gun [C]
одобря́ть *imp.* approve, commend; *perf.* одо́брить
оды́шка, *gen. pl.* -/е shortness of breath, wheeziness, asthma [C]
оживи́ться *perf.* liven up, become animated; *imp.* оживля́ться
оживле́ние animation, liveliness [C]
оживлённый animated, lively
ожида́ние expectation, anticipation, waiting [C]
ожида́ть expect, await; no *perf.*
озабо́ченный worried, preoccupied, anxious
о́зеро, *pl.* озёра lake [see p. 161]
ози́мый *adj.* winter (autumn-sown)
о́зимь winter (autumn-sown) grain [C]
о/зя́бнуть *perf.* get chilled (frozen)
оказа́ться *perf.* turn out, prove; +*instr.* turn out (prove) to be; *imp.* ока́зываться
о/камене́ть *perf.* become petrified, turn to stone
окая́нный (ac)cursed
океа́н ocean [C]
оки́нуть *perf.* cast round; ~ взгля́дом cast a glance around; *imp.* оки́дывать

окли́кнуть *perf.* call, hail; *imp.* оклика́ть
окно́, *gen. pl.* -/о window [E: ←(1)]
о́коло *prep.*+*gen.* near, about, by; *adv.* near, about, round, alongside
около́точный *sb.* police-officer
око́льный *adj.* roundabout
око́нный *adj.* window
окра́сить *perf.* paint, tint, tinge; *imp.* окра́шивать
о́круг region, district [C:E]
окружа́ть *imp.* surround, encircle; *perf.* окружи́ть
окрути́ть *perf.* enmesh, tie up, catch in the toils; *imp.* окру́чивать
окуну́ть *perf.* dip, plunge; *imp.* окуна́ть; ~ся be plunged (enveloped)
оку́тать *perf.* wrap; *imp.* оку́тывать
олеа́ндр oleander [C]
оле́нь *m.* deer, stag [C]
олеогра́фия oleograph, oil-print [C]
о́ный *arch.* that (one)
опа́здывать *imp.* be late; +на+ *acc.* miss (train, *etc.*); *perf.* опозда́ть
опа́сность danger, risk, fear [C]
опе́ка guardianship, board of trustees (see *note* 38.1) [C]
опи́сывать *imp.* describe, make an inventory; *perf.* описа́ть
опозда́ть *perf.* be late; +на+*acc.* miss (train, *etc.*); *imp.* опа́здывать
о/по́мниться *perf.* come round; +от+*gen.* get over, forget
оправда́ние excuse, justification [C]
оправда́ть *perf.*, опра́вдывать *imp.* justify, excuse, acquit
определённый definite, specific

определи́ть *perf.* define, appoint, allot, specify; *imp.* определя́ть
опроки́нуть *perf.* knock over; *imp.* опроки́дывать
оптими́зм optimism [C]
опусти́ть *perf.* drop, let down, lower; *imp.* опуска́ть
опу́тать *perf.* fetter, shackle; *imp.* опу́тывать
опу́щенный *participle* of опусти́ть hanging loosely
опя́ть again
ора́нжевый orange(-coloured)
о́рден, *pl.* ~а́ order, decoration [C:E]
ордина́тор assistant, house-physician(-surgeon) [C]
орке́стр orchestra, band [C]
осади́ть *perf.* check, pull up; *imp.* оса́живать
освети́ть *perf.* light up, illumine; *imp.* освеща́ть; ~ся be lighted (illuminated)
освеще́ние lighting, illumination [C]
освободи́ть *perf.* free, liberate; *imp.* освобожда́ть
о́сень autumn; о́сенью in autumn [C]
осе́чка, *gen. pl.* -/e misfire; дать осе́чку miss fire [C]
оси́на aspen(-tree) [C]; *dim.* оси́нка, *gen. pl.* -/о [C]
оси́нник aspen-grove [C]
оскверня́ть *imp.* defile, desecrate, pollute; *perf.* оскверни́ть
оскорби́ть *perf.* insult, offend; *imp.* оскорбля́ть
осла́бѣть *perf.* weaken, relax; *imp.* ослабева́ть
осложня́ть *imp.* complicate; *perf.* осложни́ть
осма́тривать *imp.* examine, scrutinize, survey; *perf.* о-смотре́ть

осме́литься *perf.* dare, make bold, presume; *imp.* осме́ливаться
осмотре́ть *perf.* examine, scrutinize, survey; *imp.* осма́тривать; ~ся look round, take one's bearings
осмы́сленный intelligent, with sense
осо́ба person, personality, individual [C]
осо́бенный special, peculiar, apart
осо́бый particular, specific
остава́ться *imp.* stop, remain, be left; *perf.* оста́ться
оста́вить *perf.* leave, let alone, put aside, drop (a subject); *imp.* оставля́ть
остально́й remaining
останови́ться *perf.* stop, check oneself; *imp.* остана́вливаться
оста́ться *perf.* stop, remain, be left; *imp.* остава́ться
осторо́жность care, precaution; из осторо́жности as a precaution [C]
осторо́жный careful, cautious
остро́г prison, jail [C]
о́стрый sharp, pointed, witty
осужда́ть *imp.* condemn, blame, censure; *perf.* осуди́ть
осчастли́вить *perf.* make happy
осы́пать *perf.* shower, strew, bestrew; *imp.* осыпа́ть; ~ся scatter, be dispersed
от+*gen.* from, owing to, of
отвали́ться *perf.* fall off; *imp.* отва́ливаться
отверну́ться *perf.* turn away; *imp.* отвора́чиваться
отверте́ться *perf.* get away, wriggle out; *imp.* отвёртываться
отвести́ *perf.* lead off; *imp.* отводи́ть
отве́тить *perf.* answer, reply; *imp.* отвеча́ть

отворить *perf.* open, unlock; *imp.* отворять

отвращение disgust, aversion [C]

отдать *perf.* give (up, back), repay, rebound, kick; *imp.* отдавать; ～ в аренду let on lease; ～ся give oneself up, surrender

отделение branch, office [C]

отделить *perf.* divide, separate, partition off; *imp.* отделять

отдохнуть *perf.* rest; *imp.* отдыхать

отдых rest [C]

отец е/- father [E]

отзываться *imp.* express oneself, speak; *perf.* отозваться

отказать *perf.* refuse; +*dat.* someone, +в+*loc.* something; *imp.* отказывать

откинуться *perf.* lean (throw oneself) back; *imp.* откидываться

откормить *perf.* feed up, fatten; *imp.* откармливать

откровенный open, frank

открыть *perf.* open, discover, reveal, bare; *imp.* открывать

откуда whence, from where

откуда-то from somewhere

отлёт: на отлёте (see *note* 100.8) [C]

отлетать *imp.* fly away; *perf.* отлететь

отличать *imp.* pick out, distinguish; ～ся be different; *perf.* отличить

отличный excellent

отложить *perf.* put aside, postpone; *imp.* откладывать

отлучаться *imp.* absent oneself; *perf.* отлучиться

отнимать *imp.* take away, deprive; *perf.* отнять

относиться *imp.*+к+*dat.* regard, treat, behave towards; *perf.* отнестись

отношение relation(ship), attitude [C]

отнять *perf.* take away, deprive; *imp.* отнимать

отозваться *perf.* express oneself, speak; echo, react; *imp.* отзываться

отойти *perf.* go (move) away; *imp.* отходить

отпирать *imp.* open, unlock; *perf.* отпереть

отправить *perf.* send off, dispatch; *imp.* отправлять; ～ся set out, go off

отпускать *imp.* let off (away); *perf.* отпустить

отражать *imp.* reflect; ～ся be reflected; *perf.* отразить

отражение reflection [C]

отрезвляться *imp.* get sober, come to one's senses; *perf.* отрезвиться

отречься *perf.* disavow, deny; *imp.* отрекаться

отрицательный negative

отрицать deny, denounce; no *perf.*

отрывать *imp.* tear off, remove; *perf.* оторвать

отрывистый abrupt, jerky

отсвечивать be reflected; no *perf.*

отскочить *perf.* jump back; *imp.* отскакивать

отстать *perf.* lag behind, lose contact (see *sel. id.* 105.29); *imp.* отставать

отсутствие absence, lack [C]

отсюда hence, from here, further

оттого and so, for that reason; ～ что because

оттрепать *perf.* pull, tug; *imp.* оттрёпывать

оттуда thence, from there

от/ужинать *perf.* have supper

отход departure [C]

отчасти partly

отча́яние despair [C]
отча́янный desperate
отчего́ why, from which
отчёт report, account; дать себе́
~ realize, clearly grasp [C]
отчётливый clear, distinct, exact
отъе́зд departure [C]
оты́скивать *imp.* seek, search for;
perf. отыска́ть
о/тяжеле́ть *perf.* become heavy
офице́р officer [C]
охвати́ть *perf.* grasp, embrace,
envelop; *imp.* охва́тывать
охо́та hunt, hunting [C]
охо́титься *imp.*+на+*acc.* hunt;
perf. по~
о/хри́пнуть *perf.* grow hoarse
очарова́ние charm, enchantment
[C]
очарова́тельный charming
очарова́ть *perf.* charm, enchant;
imp. очаро́вывать
очеви́дный evident, obvious
о́чень very, very much
о́чередь turn, line, queue [C:E
exc. *nom. pl.*]
очерти́ть *perf.* define, outline;
imp. оче́рчивать
очну́ться recover, rouse oneself;
no *imp.*
очуме́ть go off one's head; no *imp.*
ошеломи́ть *perf.* amaze, stun,
daze, stupefy; *imp.* ошеломля́ть
ошиби́ться *perf.* make a mistake;
imp. ошиба́ться be mistaken
оши́бка, *gen. pl.* -/o mistake, error
[C]
ощуща́ть *imp.* feel, sense; *perf.*
ощути́ть
ощуще́ние feeling, sensation, con-
sciousness [C]

П

павильо́н pavilion, (bazaar) stall
(see *note* 94.28) [C]

павли́ний *adj.* peacock
па́даль carrion [C]
па́дать *imp.* fall, drop, tumble;
perf. упа́сть
пала́та chamber, (hospital) ward;
казённая ~ treasury office [C]
па́лец е/ь finger [C]; *dim.* па́льчик
[C]
палиса́дник small (front) garden
[C]
пальто́ *indecl.* overcoat
пампа́с pampas [C]
па́мять memory, remembrance;
на ~ as a souvenir (keepsake);
без па́мяти to distraction
(59.16) [C]
панора́ма panorama [C]
пантало́ны *pl.* trousers [C]
па́па papa [C]; *dim.* па́почка, *gen.*
pl. -/е [C], папа́ша [C]
папиро́са cigarette [C]; *dim.*
папиро́ска, *gen. pl.* -/o [C]
пар steam; на всех пара́х full
steam ahead [C:E]
па́ра pair, couple; в па́ре with a
partner; на па́ре riding behind
a pair of horses [C]
пара́дный parade, formal; пара́д-
ная дверь front (main) entrance
пари́ *indecl.* bet; держа́ть ~ lay
a bet, wager
парк park [C]
парке́т parquet (floor) [C]
парово́з (steam-)engine, locomo-
tive [C]
парово́й *adj.* steam
паро́м ferry [C]
парохо́д steamer [C]
па́ртия party [C]
па́рус, *pl.* ~а́ sail [C:E]
паруси́нковый *adj.* canvas
па́русный *adj.* sail, sailing
пассажи́р, ~ка, *gen. pl.* /o
passenger [C]
пассажи́рский *adj.* passenger

пассовáть *imp.* call 'pass', confess oneself beaten; *perf.* с~

пастúсь *imp.* graze (*intr.*); *perf.* по~

пастýх shepherd, herdsman [E]

пáсха Easter [C]

пасья́нс patience (game) [C]

паýк spider [E]

пáхнуть *imp.*+*instr.* smell of (see *sel. id.* 43.18); *perf.* по~, за~

пахнýть *perf.*+*instr.* blow, waft, whiff, puff (see *sel. id.* 40.22); *imp.* пахáть

пáчечка, *gen. pl.* -/е, *dim.* of пáчка packet, wad [C]

певýчий singing, sing-song

пéгий piebald

пейзáж landscape (painting) [C]

пейзажúст landscape painter [C]

пень, *m.* е/- (tree-)stump [E]

первéйший first, most outstanding (prominent)

первосвящéнник high priest [C]

пéрвый first

перебивáть *imp.* interrupt; *perf.* перебúть

перевезтú *perf.* take across, remove; *imp.* перевозúть

перевестú *perf.* transfer, remove; ~ дух get one's breath; *imp.* переводúть

перевóд transfer, translation [C]

перевязáть *perf.* tie up, bind; *imp.* перевя́зывать

перегáр stale smell (fumes) [C]

переглянýться *perf.* exchange looks (glances); *imp.* перегля́дываться

пéред, пéредо+*instr.* before, in front of

передáться *perf.* pass over, be handed on; *imp.* передавáться

передний *adj.* fore, front

пéредняя *sb.* anteroom, hall

передовóй leading, progressive

передышка, *gen. pl.* -/е breathing-space [C]

перейтú *perf.* cross, pass; *imp.* переходúть

перекосúть *perf.* twist, distort; *imp.* перекáшивать

пере/крестúться *perf.* cross oneself

перелéзть *perf.* climb over; *imp.* перелезáть

перелетéть *perf.* fly over; *imp.* перелетáть

переливáть *imp.* be reflected, transfused; *perf.* перелúть

перелúстывать (кнúгу) turn over pages (of a book)

перемéна change [C]

перенестú *perf.* bear, endure, suffer; *imp.* переносúть

пере/ночевáть *perf.* spend the night

переодéться *perf.* change (clothing); *imp.* переодевáться

пéрепел, *pl.* ~á quail (bird) [C:E]

переправля́ться *imp.*+через+ *acc.* cross; *perf.* перепрáвиться

перепугáть *perf.* frighten, alarm, scare; *imp.* перепýгивать

пересекáть *imp.* cut across, intersect; *perf.* пересéчь

перескочúть *perf.*+через+*acc.* jump over; *imp.* перескáкивать

перестáть *perf.* cease, stop; *imp.* переставáть

переходúть *imp.* cross, pass; *perf.* перейтú

перúла *pl.* (hand-)rail [C]; *dim.* перúльца, *gen.* ь/е [C]

перúод period [C]

перó, *pl.* пéрья, *gen.* -ьев feather, pen [E: ←(1)]

перчáтка, *gen. pl.* -/о glove [C]

пёс ё/- dog [E]

пессимúзм pessimism [C]

пестротá variety of colours, diversity [E: ←(1)]

пёстрый variegated, of various colours

пéтел *arch.* [C] = петýх cock

петли́ца button-hole [C]

петýх cock [E]

петь *imp.* sing; *perf.* c∼, по∼

печáль sadness, melancholy [C]

печáльный sad, melancholy, mournful

печáть seal, impression; класть ∼ stamp, invest with [C]

печь stove, furnace, oven [C:E exc. *nom.*]; *dim.* пéчка, *gen. pl.* -/е [C]

печь *imp.* bake; *perf.* ис∼

пешкóм on foot

пи́во beer [C]

пикáнтный piquant, spicy

пикни́к picnic [C]

пирóжное *sb.* cake, tart, pastry

писáтель *m.* writer [C]

писáть *imp.* write; ∼ся be written; ∼ крáсками paint; *perf.* на∼

пистолéт pistol [C]

пистóн cap (for toy gun) [C]

письмó, *gen. pl.* ь/е letter [E: ←(1)]

питáться *imp.* feed, be fed, live; no *perf.*

пить *imp.* drink; *perf.* вы́∼

пихáть *imp.* push, poke; *perf.* пихнýть

плáкать *imp.* cry, weep (see *note* 60.6); *perf.* за∼, по∼

планимéтрия planimetry, plane geometry [C]

плантáция plantation [C]

пласти́чески *adv.* in (regard to) form

плати́ть *imp.* pay; *perf.* за∼

платóк о/- (hand)kerchief [E]; *dim.* платóчек е/- [C]

платфóрма platform [C]

плáтье frock, dress [C]

плáчущий *participle* of плáкать tearful, lamenting

плащ cloak, cape [E]

племя́нник nephew [C]

пленя́ть *imp.* charm, captivate; *perf.* плени́ть

плетéнь *m.* е/- (wattle-)fence [E]

плечó, *pl.* плéчи shoulder [E exc. *nom. pl.*]

плитá stove-plate [E: ←(1)]

плоди́ться *imp.* be fruitful, multiply; *perf.* рас∼

плóскость (flat) surface, flatness [C]

плоти́на dam [C]

плохóй bad, poor (quality); плóхо вéрить have little faith in

площáдка, *gen. pl.* -/о platform (see *note* 88.2); ∼ для тéнниса tennis-court [C]

плóщадь place, square [C:E exc. *nom.*]

плыть *imp.* sail, float; *perf.* по∼

пни *pl.* of пень *m.* (tree-)stump ·

по+*dat.* by, according to, owing to (40.18), each, at the rate of, at (14.12 *etc.*), in (14.16), against, on (20.31 *etc.*), through (47.28), up, down, along, about, over (56.9 *etc.*); ∼ цéлым часáм for hours together; +*acc.* up to, till, on (70.3); +*loc.* after, at (57.4)

по-англи́йски *adv.* (in) English (speak, *etc.*)

победи́ть *perf.* conquer, vanquish; *imp.* побеждáть

побежáть *perf.* run off, set off running; *d. imp.* бежáть, бéгать run

по/благодари́ть *perf.* thank

по/бледнéть *perf.* go pale

по/блёкнуть *perf.* fade, wither

побли́же *adv.* closer

поблизости *adv.* close by, at hand

поборо́ть *perf.* overcome; no *imp.*

побрести́ *perf.* wander off; *d. imp.* брести́, броди́ть

по/броса́ть *perf.* give up, abandon

побы́ть *perf.* be (for a time), visit; *imp.* побыва́ть

пова́диться *perf.* get into the habit; *imp.* пова́живаться

по/вали́ть *perf.* fell; ~ся throw oneself

пове́рка verification, proof; на пове́рку выхо́дит it turns out (proves) [C]

поверну́ть *perf.* turn; *imp.* повора́чивать

поверя́ть entrust; *perf.* пове́рить

по-весе́ннему *adv.* spring-like, in spring fashion

по/вести́ *perf.* lead (take) off; *d. imp.* вести́, води́ть

по/ве́ять *perf.* blow, waft

пови́димому evidently

пови́снуть *perf.* hang, appear; *imp.* повиса́ть

по́вод occasion, ground, reason [C]

поводи́ть *imp.*: ~ плеча́ми wriggle the shoulders; *perf.* повести́

повора́чивать *imp.* turn; *perf.* поверну́ть

повтори́ть *perf.* repeat; *imp.* повторя́ть

по/вы́ть *perf.* howl

повы́ше *adv.* (rather) higher

по/га́снуть *perf.* die out, be extinguished

по/ги́бнуть *perf.* perish

поглу́бже (rather) deeper, as deep as possible

погляде́ть *perf.* look, glance; *imp.* погля́дывать keep looking (glancing)

погна́ться *perf.*+за+*instr.* set off after; *d. imp.* гна́ться, гоня́ться chase

поговори́ть have a talk (chat), talk for a time; *imp.* говори́ть talk

пого́да weather [C]

погоди́ть wait a little; no *imp.*

погодя́ later

погоре́лец е/ь victim of fire (see *note* 103.4) [C]

погоре́льческий комите́т fire relief committee

погости́ть *perf.* pay a visit, stay for a time; *imp.* гости́ть visit, stay

погрузи́ть *perf.* immerse; ~ся become immersed (absorbed); *imp.* погружа́ть

по/губи́ть *perf.* ruin, destroy

под+*acc.* under (direction), by (33.2), up to (67.11), into (88.2), near (99.8), as (112.27) +*instr.* under (of place), near (40.18), covered with (37.13); сде́лать под козырёк salute; ходи́ть под-руку walk arm-in-arm; вести́ под-руку lead by the arm

пода́льше at some distance, farther away

пода́тель *m.* bearer, presenter [C]

пода́ть *perf.* offer, hold out, hand, serve, bring round (carriage); ~ в суд bring an action; *imp.* подава́ть

подбира́ть *imp.* pick (gather) up; *perf.* подобра́ть

под/бодри́ть encourage, hearten

подборо́док о/- chin [C]

подбоче́ниваться *imp.* stand with arms akimbo (hands on hips); *perf.* подбоче́ниться

подве́ргнуться *perf.* submit oneself, be exposed; *perf.* подверга́ться

подвыва́ть *imp.* whine, howl; *perf.* подвы́ть

подгоня́ть *imp.* drive (urge) on; *perf.* подогна́ть

подгуля́ть *perf.* go wrong (see *sel. id.* 72.4); *imp.* подгу́ливать

поддава́ться *imp.* succumb, submit; *perf.* подда́ться

поддёвка, *gen. pl.* -/о (short sleeveless) coat (see *note* 101.4) [C]

подде́рживать *imp.* support, maintain; *perf.* поддержа́ть

по/дели́ть *perf.* share

подёрнуть *perf.* cover; *imp.* подёргивать

по-де́тски *adv.* childishly, in childish fashion

поджида́ть *imp.* expect, await; *perf.* подожда́ть

поди́те *imper.* of пойти́ go

подкра́сться *perf.* steal up; *imp.* подкра́дываться

подле́ц rascal [E]

по́длый base, vile, wretched

поднима́ть *imp.* raise (see *sel. id.* 14.19); ~ся rise, get up; ~ся+на+*acc.* climb, ascend; *perf.* подня́ть

подно́с tray [C]

подня́ть *perf.* raise, start (noise); *imp.* поднима́ть; ~ся rise, get up

подоба́ющий suitable, fitting, appropriate, seemly

подо́бие likeness (see *sel. id.* 115.9) [C]

подо́бный similar, like, such

подобра́ть *perf.* pick (gather) up; *imp.* подбира́ть

подозва́ть *perf.* call (up); *imp.* подзыва́ть

подозрева́ть *imp.* suspect; ~ся be suspected; *perf.* заподо́зрить

подозри́тельный suspicious

подойти́ *perf.*+к+*dat.* go (come) up to, approach; *imp.* подходи́ть

по-дома́шнему *adv.* simply, in homely fashion

подпа́сок о/-(assistant)shepherd[C]

подпева́ть *imp.* hum (sing) an accompaniment; *perf.* подпе́ть

подписа́ться *perf.* subscribe, sign; *imp.* подпи́сываться

подписно́й лист subscription-sheet (-list)

подража́ть *imp.*+*dat.* imitate; no *perf.*

по/дразни́ть *perf.* tease, taunt

подраста́ть *imp.* grow up; *perf.* подрасти́

подро́бность detail [C]

подру́га (girl, woman) friend [C]

по́д-руки by the arms; по́д-руку arm-in-arm

подска́кивать *imp.* jump up; *perf.* подскочи́ть

подслу́шать *perf.* overhear, eavesdrop; *imp.* подслу́шивать

подсмотре́ть *perf.* watch, spy; *imp.* подсма́тривать

подста́вить *perf.* submit, substitute; *imp.* подставля́ть

подставно́й false; подставно́е лицо́ figurehead, dummy

подсуди́мый accused, person on trial

подтверди́ть *perf.* confirm; *imp.* подтвержда́ть

поду́мать *perf.* think (reflect) a little; *imp.* ду́мать think

поду́ть *perf.* begin to blow; *imp.* дуть blow

подхвати́ть *perf.* snatch up, pounce upon; *imp.* подхва́тывать

подходи́ть *imp.*+к+*dat.* go (come) up to, approach; *perf.* подойти́

подчиня́ться *imp.* submit, give way, knuckle under; *perf.* подчини́ться

подъѣзд entrance, porch-steps [C]

по/дышáть *perf.* breathe

пóезд, *pl.* ~á train [C:E]

поéздка, *gen. pl.* -/о journey [C]

поéхать go, set out, drive off; *d. imp.* éхать, éздить, ride, drive

по/жалéть *perf.* pity, have pity on, feel sorry for

по/жáловать *perf.* confer, bestow, do the honour of coming; пожáлуйте be so good as to come in

пожáлуй perhaps, I dare say, may be

пожáлуйста please

пожáть *perf.* press, shake (hand); ~ плечáми shrug the shoulders; *imp.* пожимáть

пожёвывать *imp.* chew; *perf.* пожевáть

по/желáть *perf.* wish, desire

по/жéртвовать *perf.* + *instr.* sacrifice

поживáть *imp.:* как вы поживáете? how are you?; *perf.* пожúть live for a time.

пожилóй elderly

пожимáть *imp.* press, shake (hand); ~ плечáми shrug the shoulders; ~ся shudder; *perf.* пожáть

пожúть *perf.* live for a time; *imp.* поживáть

пóза pose, attitude [C]

по/звáть *perf.* call, hail

позволéние permission [C]

позвóлить *perf.* permit; *imp.* позволя́ть

по/звонúть *perf.* ring

пóздний late

по/здорóваться perf. + c + *instr.* greet, say 'good-day' to

поздрáвить *perf.* congratulate (on = c + *instr.*); *imp.* поздравля́ть

позúция position, attitude [C]

по/знакóмиться *perf.* + c + *instr.* meet, get to know

по/игрáть *perf.* play, have a game

по/искáть *perf.* seek, search for

поúть *imp.* water (horse, *etc.*); *perf.* на~

поймáть *perf.* catch, understand; *imp.* ловúть

пойтú *perf.* go (off), start, set out; ~ зáмуж marry; *d. imp.* ходúть, идтú go, come

покá *conj.* while; *adv.* for the present; ~ не until

показáть *perf.* show; ~ся seem, appear, show oneself; *imp.* покáзывать

покáтый sloping, inclined

по/качáть *perf.* + *instr.* shake, nod

поклóн bow, greeting [C]

поклонúться *perf.* bow, greet; *imp.* клáняться

поклóнник admirer [C]

покóй peace, rest, repose [C]

покóйный peaceful, restful, still; late, deceased

поколéние generation [C]

покóрный meek, humble, submissive

покоря́ться *imp.* yield, submit; *perf.* покорúться

по/краснéть *perf.* go red, blush, become flushed

покрóв Feast of the Intercession (see *note* 28.24) [E]

покры́ть *perf.* cover; *imp.* покрывáть; ~ся get covered

покупáтель *m.* purchaser [C]

покупáть *imp.* buy, purchase; *perf.* купúть

покурúть *perf.* have a smoke; *imp.* курúть smoke

пол floor [C:E]

полага́ть *imp.* think, suppose; ⌒ся rely, count; полага́ется see *sel. id.* **27.19**; no *perf.*

по́лдень e/- midday [C]

по́ле field, (open) country [C:E]

полеза́ть *imp.* climb; *perf.* полезть

по/лете́ть *perf.* fly, fly off

ползти́ *imp.* crawl, roll; *perf.* по⌒

полиня́лый faded

поли́тика policy, politics [C]

по́лка, *gen. pl.* -/o shelf, rack [C]

полмину́ты half a minute

по́лно, ⌒те enough, that will do, stop

по́лный full, complete, stout, thick; ⌒ ход full speed (ahead)!

поло́ва *dial.* chaff [C]

положе́ние position, situation; assumption [C]

положи́ть *perf.* put, place, lay; *imp.* класть

по́лоз, *pl.* поло́зья (sledge-)runner

полоса́ strip, stripe, streak; *dim.* поло́ска, *gen. pl.* -/o [C]

полоска́тельный *adj.* rinsing

полоте́нце, *gen. pl.* -/e towel [C]

полтора́ one and a half

полусо́н o/- half-sleep [C]

полуста́нок o/- halt, small station [C]

получи́ть *perf.* get, receive; *imp.* получа́ть; ⌒ся be received, ensue, result

полушу́бок o/- (short) sheepskin coat [C]

полчаса́ half an hour

по́льза (*sing.* only) benefit, use [C]

по́льзовать *imp.* attend, treat; ⌒ся+*instr.* enjoy, use

по́лька, *gen. pl.* ь/-e polka [C]

полюби́ть *perf.*+*acc.* grow fond of, fall in love with; *imp.* люби́ть love, like

пома́хивать *imp.*+*instr.* wave, wag, flick; *perf.* помаха́ть

поме́льче smaller, lesser, finer

поме́ньше (rather) smaller, less

помере́ть *perf. coll.* die; *imp.* помира́ть

помести́ть *perf.* accommodate, get in; *imp.* помеща́ть

по/меша́ть *perf.*+*dat.* hinder

поме́щик landowner (see *note* **101.2**) [C]

поми́луй, ⌒те why! allow (excuse) me (see *sel. id.* **15.4**)

по́мнить *imp.* remember, recall; мне по́мнится I recollect; *perf.* вс⌒

помога́ть *imp.*+*dat.* help; *perf.* помо́чь

по-мо́ему in my opinion

по/моли́ться *perf.* pray

по/молча́ть *perf.* be silent

по/мо́рщиться *perf.* frown, become wrinkled

помо́чь *perf.*+*dat.* help; *imp.* помога́ть

по́мощь help, aid [C]

по/мя́ть *perf.* crumple, ruffle

пона́добиться *perf.* be needed

по/нести́ *perf.* carry away; ⌒сь hurry off, dash away; *d. imp.* нести́, носи́ть сarry

поно́шенный worn, the worse for wear, shabby

поня́тие idea, conception; э́то ⌒ растяжи́мое that might mean anything [C]

поня́тный intelligible, clear

поня́ть *perf.* understand, make out; дать ⌒ convey; *imp.* понима́ть

по/обе́дать *perf.* dine, have dinner

поо́даль *adv.* at some distance

попа́с grazing [C]

попа́сть *perf.* hit upon, get to; ~ся get caught (see *sel. id.* **40.28**); *imp.* попада́ть

попечи́тель *m.* guardian, curator (of educational district) (see *note* **87.10**) [C]

по/плести́сь *perf.* stroll off, go on one's way

попо́вич priest's son [C]

попра́вить *perf.* put right (in order), straighten; *imp.* поправля́ть

по-пра́здничному *adv.* in holiday fashion (spirit)

попре́жнему *adv.* as formerly, in the old way

по́прище sphere, career, walk of life [C]

по/про́бовать *perf.* try, test

по/проси́ть *perf.* ask

по́просту *adv.* simply, without ceremony (see *sel. id.* **17.24**)

пора́ time, season; it is time; до сих пор up to the present, hitherto; с тех пор since; на пе́рвых пора́х at first, as a beginning

порабоща́ть *imp.* enslave; *perf.* поработи́ть

порабоще́ние enslavement

по/ра́доваться *perf.* rejoice

по/ре́зать *perf.* cut

поро́г threshold [C]

поро́да breed [C]

поро́дистый *adj.* thoroughbred

порости́ *perf.* grow over, become overgrown; *imp.* пораста́ть

по́рох (gun)powder [C]

портре́т portrait [C]

портсига́р cigarette-case [C]

поруче́ние message, mission [C]

поручи́ть *perf.* hand over, entrust; *imp.* поруча́ть

порха́ние *sb.* fluttering, flitting [C]

порха́ть *imp.* flutter, flit; *perf.* порхну́ть

поры́в fit, burst, transport [C]

поря́док о/- order, régime [C]

поря́дочность decency, integrity, respectability [C]

поря́дочный decent, respectable, wholesome

посади́ть *perf.* set, put, plant; *imp.* сажа́ть

посви́стывать *imp.* whistle; *perf.* посвиста́ть

посети́тель *m.* visitor, caller [C]

посиде́ть *perf.* sit a little; *imp.* сиде́ть sit, be sitting

по/скака́ть *perf.* gallop off

поскоре́е as quickly as possible

посла́ть *perf.* send; *imp.* посыла́ть

по́сле *prep.*+*gen.* after; *adv.* later, afterwards

после́дний last, latest, previous; lowest, veriest (see *sel. id.* **91.10**)

послеза́втра the day after tomorrow

по/слу́шать *perf.* listen; послу́шай, послу́шайте look here, I say

по/слы́шаться *perf.* sound, be heard (see *sel. id.* **34.13**)

посмотре́ть *perf.* take a look, glance; посма́тривать *imp.* keep looking (glancing); смотре́ть *imp.* look

по/сове́товаться *perf.*+с+*instr.* consult

по-солда́тски *adv.* in soldier fashion

по/спеши́ть *perf.* hurry

пост fast, period of fasting (see *note* **21.25**) [E]

по/ста́вить *perf.* stand, put

постановле́ние regulation [C]

по/стара́ться *perf.* try

по/старе́ть *perf.* grow old

поста́рше rather older

посте́ль bed, bedding [C]

постепе́нный gradual

посторо́нний strange, extraneous, alien

постоя́нный constant, permanent, perpetual

постоя́ть *perf.* stand for a little; *imp.* стоя́ть stand

постро́йка, *gen. pl.* й/е building, construction [C]

поступа́ть *imp.*+в+*acc. pl.* (= *nom. pl.*) join (society, *etc.*); *perf.* поступи́ть (see *sel. id.* 21.2)

постыдный shameful, disgraceful

посу́да crockery, china [C]

посыла́ть *imp.* send; *perf.* посла́ть

посы́паться *perf.* rain, be showered; *imp.* посыпа́ться

пот sweat, perspiration [C]

потёмки *pl.*, *gen.* -/о darkness, obscurity [C]

по/темне́ть *perf.* grow dark

потере́ть *perf.* rub, wipe; *imp.* потира́ть

по/теря́ть *perf.* lose

поте́ть *imp.* sweat, perspire; *perf.* вс~

по/те́чь *perf.* begin to flow

пото́м then, later, afterwards

потому́, что because

потре́бность need, requirement [C]

по/тре́бовать *perf.* demand, require

по/трево́жить *perf.* disturb, trouble, alarm

по/тро́гать *perf.* touch, feel

по/ту́хнуть *perf.* go (die) out

по/туши́ть *perf.* put out, extinguish

по/тяну́ться *perf.* stretch, extend

по-францу́зски *adv.* (in) French (speak, *etc.*)

по/хвали́ть *perf.* praise, say approvingly

похва́рывать *imp.* be (frequently) unwell; no *perf.*

по/хва́стать *perf.*+*instr.* boast of

похло́пывать *imp.* pat, clap, slap; *perf.* похло́пать

походи́ть + на + *acc.* resemble; no *perf.* in this sense

похо́дка, *gen. pl.* -/о walk, gait [C]

похо́жий *adj.*+на+*acc.* like, resembling; похо́же apparently, it looks as though

по/холоде́ть *perf.* grow cold

по/хорони́ть *perf.* bury, inter

по́хороны *pl.* funeral [E exc. *nom.*]

по/худе́ть *perf.* go thin

по/целова́ть *perf.* kiss

поцелу́й *sb.* kiss [C]

почему́ why

почему́-то for some reason

по́черк, *pl.* ~и or ~а́ (hand)writing

почёсывание *sb.* scratching [C]

починя́ть *imp.* mend, repair; *perf.* починить

почита́тель *m.* admirer [C]

по́чта post, mail; post office [C]

почтальо́н postman [C]

почте́нный honourable, creditable, venerable

почти́ almost

почти́тельность respect, deference [C]

почти́тельный respectful, deferential

почто́вый *adj.* post, mail

по/чу́вствовать *perf.* feel, sense

по/чу́ять *perf.* scent (out)

поша́тываться *imp.* reel, totter, stagger; *perf.* пошатну́ться

по/шевели́ть *perf.* move, stir

по/шепта́ть *perf.* whisper, whisper a charm (see *note* 109.5)

пошире more widely

по́шлость vulgarity, banality, triviality [C]

поэ́т poet [C]
поэти́ческий poetical
поэ́тому so, for that reason
появле́ние appearance [C]
появля́ться *imp.* appear, put in an appearance; *perf.* появи́ться
по́яс, *pl.* ~á belt [C:E]
пра́вда truth, it is true [C]
пра́вило rule, regulation, principle [C]
пра́вильность regularity, correctness [C]
пра́вильный regular, correct
правле́ние administration, form of government [C]
пра́во right, claim [C:E]
пра́вый *adj.* right, right-hand; just
пра́здник holiday, festival [C]
пра́здничный *adj.* holiday, festive
пра́здность idleness, indolence [C]
пра́ктика practice [C]
превосходи́тельство excellency (title) (see *note* 14.29) [C]
превосхо́дный superb, splendid
преда́ть *perf.* betray; *imp.* предава́ть
предложи́ть *perf.* propose, suggest; *imp.* предлага́ть
предме́т object, article [C]
предприня́ть *perf.* undertake, do; *imp.* предпринима́ть
предрассу́док о/- prejudice, fad, idea [C]
председа́тель *m.* president, chairman [C]
предста́вить *perf.* present, introduce; *imp.* представля́ть; ~ себе́ imagine; ~ к чи́ну recommend for promotion; предста́вить из себя́ represent, be; ~ся be introduced
представле́ние introduction, presentation, performance; ~ к чи́ну recommendation for promotion (see *note* 26.25) [C]

предупрежда́ть *imp.* warn; *perf.* предупреди́ть
предчу́вствие presentiment, premonition [C]
предчу́вствовать *imp.* feel, have a presentiment; no *perf.*
предыду́щий previous, preceding
пре́жде *adv.* formerly, previously, first
пре́жде, чем *conj.* before
преждевре́менный premature
пре́жний previous, former
презира́ть *imp.* despise, scorn; *perf.* презре́ть
презре́ние scorn, contempt [C]
презри́тельный scornful, contemptuous
прекра́снейший most beautiful, finest
прекра́сный fine, beautiful
пре́лесть charm, beauty, delight [C]
пре́мия prize, bonus [C]
прерва́ть *perf.* interrupt, break off; *imp.* прерыва́ть; ~ся be interrupted, stop, cease
прете́нзия claim, pretension [C]
преходя́щий passing, transient
при + *loc.* in the time (reign) of; under; in the presence of; with (a person) (40.2); при э́том at the same time, besides, moreover
приба́вить *perf.* add; *imp.* прибавля́ть
прибау́тка, *gen. pl.* -/о saying, adage [C]
прива́тный private, personal
привезти́ *perf.* bring; *imp.* привози́ть
приве́рженный attached, devoted; addicted
привести́ *perf.* bring, lead; *imp.* приводи́ть

приве́тливый kind, welcoming, friendly

привлека́тельный attractive

привы́кнуть *perf.*+к+*dat.*, or +*infin.* get accustomed to; *imp.* привыка́ть

привяза́ться *perf.*+к+*dat.* become attached to; *imp.* привя́зываться

пригласи́ть *perf.* invite; *imp.* приглаша́ть

приговори́ть *perf.* sentence, condemn; приговаривать *imp.* say, keep saying

при/гото́вить *perf.* prepare

приготовле́ние preparation [C]

пригре́ть *perf.* warm, shelter; *imp.* пригрева́ть

придава́ть *imp.* add, impart; *perf.* прида́ть

приде́рживать *imp.* hold down (back); *perf.* придержа́ть

придётся *impers.* it will be necessary, one will have to

прие́зд arrival [C]

прие́мщик (reception) clerk [C]

прие́хать *perf.* come, arrive, get back; visit; *imp.* приезжа́ть

прижа́ть *perf.* press, oppress; *imp.* прижима́ть

прижечь *perf.* scorch; *imp.* прижига́ть

призва́ние mission, duty, call [C]

признава́ть *imp.* recognize; *perf.* призна́ть; ~ся confess, make a declaration

при́знак sign [C]

прийти́ *perf.* come, arrive, return; *imp.* приходи́ть

прика́з order [C]

приказа́ть *perf.* order, give orders; *imp.* прика́зывать

прика́зчик steward, overseer (see *note* 23.2) [C]

прикла́дывать *imp.*+к+*dat.* apply (lay) to; *perf.* приложи́ть

прикле́ить *perf.*+к+*dat.* attach to, stick on to; *imp.* прикле́ивать

прикрыва́ть *imp.* cover, shelter; *perf.* прикры́ть; ~ся be covered, screen oneself

прили́чный decent, suitable, fitting

приложи́ть *perf.*+к+*dat.* apply (lay) to; *imp.* прикла́дывать

приме́р example, case [C]

принести́ *perf.* bring; *imp.* приноси́ть

приня́ть *perf.* take, assume, accept, welcome; *imp.* принима́ть; ~ся+за+*acc.* take up, turn to; как при́нято as the custom is

припа́док о/- attack, fit [C]

припа́сть *perf.*+к+*dat.* fall down, throw oneself on to; *imp.* припада́ть

припёк (place exposed to) full heat of sun [C]

припека́ть *imp.* bake, scorch; *perf.* припе́чь

приподня́ть *perf.* raise slightly; *imp.* приподнима́ть

припо́мнить *perf.* recall; *imp.* припомина́ть; мне припо́мнилось I remembered

прира́внивать *imp.* compare; *perf.* приравня́ть

приро́да nature, scenery [C]

приседа́ть *imp.* crouch, squat; *perf.* присе́сть

присла́ть *perf.* send; *imp.* присыла́ть

прислу́га (*sing.* only with *pl.* meaning) servants (female) [C]

прислу́шаться *perf.* listen closely; *imp.* прислу́шиваться

при́став, *pl.* ~а́ police officer; суде́бный ~ court-bailiff [C:E] пристёгивать apply, attach, fasten, harness; *perf.* пристегнуть

пристройка, *gen. pl.* й/е outbuilding [C]

приступ assault, storm [C]

приступить *perf.*+к+*dat.* begin, set about; *imp.* приступать

пристяжная *sb.* side-horse, outrunner (see *note* 100.7)

присутствие presence; (government) office [C]

присылать *imp.* send; *perf.* прислать

притворный feigned, simulated

притихнуть *perf.* grow quiet, subside; *imp.* притихать

приток tributary (river) [C]

притоптывать *imp.* stamp, keep stamping; *perf.* притоптать

приучать *imp.*+*inf.*, or+*acc.*+ к+*dat.* accustom, teach; *perf.* приучить; ~ся get accustomed, learn

приход arrival [C]

приходится *impers.* one has to, it is necessary (see *sel. id.* **39.**19)

приходить *imp.* come, arrive; ~ в себя come round (to oneself); ~ в восторг fly into raptures (ecstasies); ~ в ужас be horrified; *perf.* прийти

прихорашиваться *imp.* smarten (beautify) oneself, make oneself look one's best

причёсанный combed, with hair done

причесаться *perf.* do one's hair; *imp.* причёсываться

причёска, *gen. pl.* -/о coiffure, hair [C]

причина cause, reason [C]

причитывать *imp.* keep repeating (chanting, lamenting); *perf.* причитать

пришлось *impers.* one had to, it was necessary

прищурить *perf.* screw up, partly close (eyes); *imp.* прищуривать; ~ся frown, half-close one's eyes

приятель *m.* friend [C]

приятный pleasant

про+*acc.* about, concerning; про чёрный день for a rainy day; сказать про себя say to oneself

пробавляться *imp.* get (rub) along; no *perf.*

пробежать *perf.* run past (through); *imp.* пробегать

пробираться *imp.* make one's way; *perf.* пробраться

пробить *perf.* strike (the hour); *imp.* пробивать

про/бормотать *perf.* mutter

пробыть *perf.* stay, visit; *imp.* пробывать

провалиться *perf.* fall through, fail (examination); ~ в тартарары go to hell; *imp.* проваливаться

провести *perf.* spend (time); *imp.* проводить

проводить *perf.* see off, escort, follow; *imp.* провожать

провозгласить *perf.* announce, proclaim, pronounce; *imp.* провозглашать

проглотить *perf.* swallow; *imp.* глотать

прогнать *perf.* drive away; *imp.* прогонять

про/говорить *perf.* say

программа programme [C]

прогулка, *gen. pl.* -/о excursion, walk, (pleasure) drive [C]

прогуляться *perf.* (take a) stroll; *imp.* прогуливаться

продать *perf.* sell; *imp.* продавать; ~ся be sold

продолжа́ть *imp.* continue; ~ся continue, last; no *perf.*

прое́хать *perf.* ride (drive, travel) through (past); *imp.* проезжа́ть; прое́хаться take a ride (drive)

прожёчь *perf.* burn through; *imp.* прожига́ть

про/звуча́ть *perf.* sound out, resound

произвести́ *perf.* produce; *imp.* производи́ть

произнести́ *perf.* pronounce; *imp.* произноси́ть

произойти́ *perf.* take place, occur; *imp.* происходи́ть

происше́ствие event, happening, incident [C]

пройти́ *perf.* pass, subside; пройти́сь take a walk; *imp.* проходи́ть

прока́т hire; брать на ~ hire, take on hire [C]

прокати́ть *perf.* take a ride (drive), coast; throw out (see *note* 124.14); *imp.* прока́тывать

проли́в straits, channel [C]

проли́ть *perf.* pour out, spill; *imp.* пролива́ть

промелькну́ть *perf.* flit past; *imp.* промелька́ть

пронзи́тельный piercing, penetrating

прониза́ть *perf.* pierce; *imp.* прони́зывать

проникну́ть *perf.* get through, penetrate; *imp.* проника́ть

про́пасть abyss [C]

пропе́ть *perf.* sing out, call, crow; *imp.* пропева́ть

пропита́ние food, living [C]

пропуска́ть *imp.* let pass, miss; *perf.* пропусти́ть

прорва́ть *perf.* break through; прорва́ло, see *sel. id.* 96.4; *imp.* прорыва́ть

просве́чивать *imp.* show through; *perf.* просвети́ть

проси́ть *imp.* ask; прошу́ (вас) please, kindly; *perf.* по~

прослужи́ть *perf.* serve, work; *imp.* прослу́живать

просну́ться *perf.* awake, wake; *imp.* просыпа́ться

прости́ть *perf.* forgive, excuse; *imp.* проща́ть; ~ся+с+*instr.* take leave, say farewell

просто́й simple, ordinary

простра́нство space [C]

просыпа́ться *imp.* awake, wake; *perf.* просну́ться

протека́ть *imp.* flow by; *perf.* проте́чь

протестова́ть *imp.* protest; *perf.* за~

про́тив *prep.*+*gen.* opposite; *adv.* to the contrary

проти́вный repulsive

противоре́чить *imp.* contradict; no *perf.*

протоиере́й (arch)priest [C]

протя́жный slow, drawling, drawn-out

протяну́ть *perf.* stretch out, offer; fly over (57.3); ~ся stretch, extend; *imp.* протя́гивать

профе́ссор, *pl.* ~а́ professor [C:E]

про́филь *m.* profile [C]

профо́рма (*sing.* only) a formality [C]

проха́живаться *imp.* walk up and down; *perf.* пройти́сь

прохла́дный cool

проходи́ть *imp.* pass, pass by, subside; *perf.* пройти́

процвета́ние success, prosperity [C]

прочте́сть *perf.* read (through); *imp.* прочи́тывать

про́чий other; и пр., и проч. etc.

прочь away, clear out, be off

про/шептáть *perf.* whisper
прошибить *perf.* break through;
слезá прошибёт you'll begin to
сгу (31.4); *imp.* прошибáть
прошлогóдний last year's
прóшлое *sb.* the past
прóшлый past, late, last
прощáйте good-bye!
прощáние farewell, leave-taking[C]
прощáть *imp.* forgive; ~ся+с+
instr. take leave of, say good-bye
to; *perf.* простить
про/экзаменовáть *perf.* examine
проявить *perf.* develop, manifest;
imp. проявлять
проявлéние development [C]
пруд pond [E]
пружина (metal) spring [C]
прыгнуть *perf.* jump; *imp.*
прыгать
прыжóк о/- jump [E]
прыскаться *imp.* sprinkle oneself;
perf. по~
прямóй straight, direct
прятаться *imp.* hide (oneself);
perf. с~
псина dog's flesh [C]
птица bird [C]
птичий *adj.* bird, bird-like
пýблика people, spectators, crowd
[C]
пугáть *imp.* frighten, alarm, scare;
perf. ис~, на~
пугливый timid, timorous
пýговка, *gen. pl.* -/о, *dim.* of
пýговица button [C]
пýля bullet [C]
пункт point; медицинский ~
medical centre [C]
пускáй, пусть + *3rd. sing.* or *pl.*
let him (them); suppose
пустить *perf.* let, let go; *imp.*
пускáть
пустóй empty, trivial; пустóе
дéло a mere nothing (30.24)

пустынный *adj.* desert, desolate
пустыня desert [C]
пустяк trifle; ~й nonsense [E]
пýтаница tangle, muddle, con-
fusion [C]
пýты *f. pl.* fetters, shackles [C]
путь *m.* way, path [E]
пýхлый plump, puffy
пýчить *imp.* protrude, stick out;
perf. вы~
пушнóй fur-bearing
пушóк о/- down, fluff [E]
пчелá bee [E: ←(1)]
пшеница wheat [C]
пшеничный *adj.* wheat, wheaten
пыль dust; цветóчная ~ pollen
[C]
пытáться *imp.* try, endeavour;
perf. по~
пытка, *gen. pl.* -/о torment [C]
пьéса play, piece [C]
пьянство drunkenness [C]
пьяный drunk(en)
пятáк five copecks [E]
пятиалтынный *sb.* fifteen copecks
(see *note* 62.16)
пятка, *gen. pl.* -/о heel [C]
пятнáдцать fifteen
пятница Friday [C]
пятнó, *gen. pl.* -/е stain, spot
[E: ←(1)]
пять five
пятьдесят fifty

Р

раб slave [E]
рабóта work, occupation [C]
рабóтать *imp.* work, function;
perf. по~
рабóтник labourer [C]
рабóчий *sb.* factory worker;
рабóчие workers, (factory)
hands
равнодýшие indifference, uncon-
cern [C]

равноду́шный indifferent
ра́вный equal; всё равно́ still, all
the same, it doesn't matter
рад *predic.* glad
ра́ди+*gen.* for the sake of
ра́диус radius [C]
ра́достный glad, joyous, gay
ра́дость gladness, joy [C]
ра́дуга rainbow [C]
раз, *gen. pl.* раз time, occasion;
once [C:E]
разбо́йник robber; морско́й ～
pirate [C]
разболе́ться *perf.* start aching;
imp. разба́ливаться
раз/буди́ть *perf.* rouse, waken
ра́зве really! can it be? you don't
say so? do you mean to say?
perhaps
разверну́ть *perf.* open, spread out;
imp. развёртывать; ～ся open
up
развести́ *perf.* start (fire); *imp.*
разводи́ть
разви́ть *perf.* develop; *imp.* раз-
вива́ть
раз/вороши́ть *perf.* stir (pull,
tear) up
развя́зывать *imp.* untie; *perf.*
развяза́ть
разгляде́ть *perf.* make out; *imp.*
разгля́дывать
разгова́ривать *imp.* talk, con-
verse; no *perf.*
разгово́р conversation, talk
[C]
разговори́ться *perf.* get talking,
strike up a conversation; no
imp.
разгово́рчивый talkative
разгоре́ться *perf.* burn (blaze) up;
imp. разгора́ться
разгреба́ть *imp.* scrape away;
perf. разгрести́
разда́ть *perf.* distribute, give out;

imp. раздава́ть; ～ся (re)sound,
echo
разде́ться *perf.* undress (oneself);
imp. раздева́ться
раздража́ть *imp.* irritate; *perf.*
раздражи́ть
раздраже́ние irritation [C]
разду́мывать *imp.* hesitate, think
over; *perf.* разду́мать change
one's mind
разду́мье thought, hesitation,
doubt [C]
рази́нуть *perf.* open wide; *imp.*
разева́ть
разлёт rush, flight [C]
различа́ть *imp.* distinguish; *perf.*
различи́ть
разложи́ть *perf.* set out, spread
about; *imp.* раскла́дывать
размножа́ться *imp.* multiply;
perf. размно́житься
разнести́сь *perf.* spread, resound;
imp. разноси́ться
разноцве́тный (many-)coloured,
variegated
ра́зный different, various
разобра́ть *perf.* pull to pieces,
take apart; *imp.* разбира́ть
разоде́тый dressed up
разорва́ть *perf.* tear (to pieces);
imp. разрыва́ть
разря́д class, category (see *note*
26.17) [C]
разу́мный sensible, intelligent
разъе́зд dispersal; loop-station
(see *note* 88.6) [C]
ра́ма frame [C]
ра́неный wounded, injured
ра́нний early
ра́ньше earlier, before
раска́тистый rolling, rumbling
раски́нуть *perf.* spread, stretch
out; *imp.* раски́дывать
раскла́дывать *imp.* spread, lay
about; *perf.* разложи́ть

раскла́няться *perf.* bow; +c+ *instr.* greet; *imp.* раскла́ниваться

раскры́ть *perf.* open, reveal; *imp.* раскрыва́ть

распахну́ть *perf.* fling open; *imp.* распа́хивать

распеча́тать *perf.* open, unseal; *imp.* распеча́тывать

распла́каться *perf.* burst into tears; *imp.* пла́кать сгу, weep

распле́скивать *imp.* spill (splash) about; *perf.* расплесну́ть

распоряжа́ться *imp.* manage, use, dispose of; *perf.* распоряди́ться

распусти́ть *perf.* spread, let loose; *imp.* распуска́ть

распу́щенный loose, hanging

рассве́т dawn [C]

рассвета́ть *imp.* dawn, grow light; *perf.* рассвести́

рассека́ть *imp.* cleave, cut apart; *perf.* рассе́чь

рассе́янный abstracted, absent-minded

расска́з story, narrative [C]

рассказа́ть *perf.* tell, narrate; *imp.* расска́зывать

рассмея́ться *perf.* burst out laughing; *imp.* смея́ться laugh

рассмотре́ть *perf.* look at, examine, make out; *imp.* рассма́тривать

расста́вить *perf.* set, spread, straddle (legs); *imp.* расставля́ть

расста́ться *perf.* part, separate; +c+*instr.* part from; *imp.* расстава́ться

расстегну́ть *perf.* unbutton, unfasten; *imp.* расстёгивать

расступи́ться *perf.* separate, step aside; *imp.* расступа́ться

рассужде́ние argument [C]

растеря́нность perplexity, distraction [C]

растеря́нный perplexed, distracted

расти́ *imp.* grow; *perf.* вы́~

растяжи́мый elastic, extensible

растяну́ть *perf.* stretch, drag out, drawl; *imp.* растя́гивать; ~ся extend

расчеса́ть *perf.* comb out; *imp.* расчёсывать

рвану́ться *perf.* rush, dash; *imp.* рва́ться

рва́ный torn, ragged

рвать *imp.* tear, pluck, gather; *perf.* со~

ребёнок о/- child; *pl.* ребя́та, ребя́тки (see *note* 67.12) children, lads (but 'children' usually = де́ти) [C]

рёв bellowing [C]

реве́ть *imp.* bellow; *perf.* по~, за~

реви́зия inspection; де́лать реви́зию carry out an inspection [C]

ревни́вый jealous

регистра́тор clerk [C]

ре́дкий rare, sparse, infrequent

ре́же *comp. predic. adj.* and *adv.* more rare(ly), less frequent(ly)

ре́зать *imp.* cut; fail (in examination); *perf.* на~

резеда́ (*sing.* only) mignonette [C]

ре́зкий sharp, harsh

река́ river, stream; *dim.* ре́чка, *gen. pl.* -/e [C]

рели́гия religion [C]

рельс а rail [C]

ресни́ца eyelash [C]

рессо́рный on springs

реши́тельно absolutely

реши́тельный decisive, resolute, firm

реши́ть *perf.* decide; *imp.* реша́ть; ~ся make up one's mind ржать *imp.* neigh; *perf.* за~

рискну́ть *perf.* risk; *imp.* рисков́а́ть

рисова́ние drawing [C]

робе́ть *imp.* be timid (timorous); *perf.* за~

ро́бкий timid

ро́вно exactly

рог, *pl.* ~а́ horn

род family, kind; ~ы́ childbirth; в ро́де+*gen.* or +как бы a kind of [C]

роди́тель *m.* parent, father [C]

роди́тельский *adj.* parents', parental

роди́ться *perf.* be born; *imp.* рожда́ться

родно́й *adj.* own, native, mother, familiar, dear

родны́е *sb. pl.* relatives

родово́й *adj.* family

Рождество́ (Христо́во) (*sing.* only) Christmas (E)

рожь, *gen.* ржи гуе [E]

ро́за rose [C]

ро́звальни *f. pl.* country sledge (see *note* 16.6) [C]

розда́ть *perf.* distribute, hand out; *imp.* раздава́ть

ро́зовый pink, pink-skinned

роль role [C:E exc. *nom.*]

рома́н novel [C]

роса́ dew [E:←(1)]

роско́шный luxurious, splendid

ро́скошь luxury, splendour [C]

рост (*sing.* only) growth; height, stature [C]

рот о/- mouth [E]

роя́ль *m.* (grand) piano, pianoforte [C]

руба́ха shirt, smock-shirt, blouse [C]; *dim.* руба́шка, *gen. pl.* -/е [C]; руба́шечка, *gen. pl.* -/е [C]

руби́ть *imp.* chop, cut; *perf.* на~

рубль *m.* rouble (see *note* 20.29) [E]

ружьё gun [E:←(1)]

рука́ hand, arm; *dim.* ру́чка, *gen. pl.* -/е [see p. 161]

рука́в. *pl.* ~а́ sleeve [E]

ру́сский *adj.* Russian; *sb.* a Russian

ры́ба fish [C]

рыболо́вный *adj.* fishing

рыда́ние *sb.* sobbing [C]

рыда́ть *imp.* sob; *perf.* за~

рыжеволо́сый red-haired

ры́жий red-brown, chestnut

ры́нок о/- market [C]

ры́хлый crumbling, soft

рыча́ть *imp.* growl; *perf.* за~

рю́мка, *gen. pl.* -/о (wine-)glass [C]

рябо́й pitted, pock-marked

ряд row [C:E]

рядово́й *sb.* private (soldier), ranker

ря́дом, в ряд side by side, in a row

С

с, со+*gen.* from, since, down (36.11); +*instr.* with, to (23.23 *etc.*, 24.4 *etc.*, 60.24), from (123.22); с Но́вым Го́дом a Happy New Year; со вре́менем in time; с ка́ждым днём day by day; мы с тобо́й you and I; что с тобо́й? what's the matter with you?

-с see *note* 14.29

са́га saga [C]

сад garden; фрукто́вый ~ orchard [C:E]; *dim.* са́дик [C]

сади́ться *imp.* sit down; +в+*acc.* get into (train, *etc*); *perf.* сесть

са́жа soot [C]

сажа́ть *imp.* seat, set, plant; *perf.* посади́ть

са́ло (*sing.* only) fat, grease [C]

сам self; разговáривать ~ с
собóй talk to oneself

самовáр samovar [C]

самодовóльный self-satisfied, con-
ceited

самоéд Samoyed [C]

самолюбие self-esteem, pride [C]

самоувéренный (self-)confident

сáмый same, selfsame; ~ дорогóй
dearest; ~ верх very top

сáни f. pl. sledge [E exc. nom.];
dim. сáнки, gen. pl. -/o [C];
сáночки, gen. pl. -/e sled,
toboggan [C]

сапóг (gen. pl. сапóг) boot [E]

сарáй shed [C]

сбúться perf. crowd together,
huddle; imp. сбивáться; ~ с
дорóги lose one's way, go
astray (see sel. id. 39.2)

сбрóсить perf. throw off; imp.
сбрáсывать

свáдебный adj. wedding

свáдьба, gen. pl. ь/e wedding [C]

свáйный adj. pile, on piles

сварлúвый shrewish, quarrelsome

свáя pile (support for bridge, etc.)
[C]

свéдение information, knowledge;
довестú до свéдения notify,
inform [C]

свéжесть freshness [C]

свéжий fresh

свéрху adv. from above

свет (sing. only) light, world;
бáтюшки-свéты see note 32.5
[C]

светáть imp. grow light; no perf.

светúльный for lighting, illu-
minating

свéтить(ся) imp. shine, beam;
perf. за~

свéтлый light, bright

свечá candle [E exc. nom. pl.];
dim. свéчка, gen. pl. -/e [C]

свинúна pork [C]

свистéть imp. whistle; perf.
свúстнуть

свистóк o/- whistle [E]

свобóда freedom, liberty [C]

свобóдный free

сводúть imp. lead away (round);
perf. свестú

свой (one's) own; ~ человéк per-
fectly at home; как своя́ like
one of the family

связáть perf. bind, tie up; imp.
связывать

святúтель m. bishop (see note
67.10) [C]

святки f. pl., gen. -/o Christmas
holidays [C]

святóй adj. holy, sacred; sb. saint

свящéнник priest [C]

свящéнный holy, sacred, sacro-
sanct

с/гóрбиться perf. stoop, bend

сгóрбленный bent, bowed

сгорéть perf. burn down (intr.);
imp. сгорáть

сгрустнýть perf. grow sad, fall
into a state of melancholy;
imp. грустúть be sad

сгустúться perf. thicken, gather,
concentrate; imp. сгущáться

сдать perf. hand over; imp.
сдавáть

с/дéлать perf. do, make; ~ ...
лицó make a ... face; ~ вздох
give a sigh; ~ся become

сдéрживать imp. restrain, check;
keep (promise); perf. сдержáть

сдýнуть perf. blow away; imp.
сдувáть

себя́ (acc.) oneself, myself, etc.; по
себé see sel. id. 105.8

сегóдня today

сегóдняшний today's

седóй grey(-haired)

сей arch. this

сейчас at once, just now, immediately

секрет secret [C]

секретарь *m.* secretary [E]

секунда second (of time) [C]

село village [E: ← (1)]

сельский rural; ~ хозяин farmer, cultivator

сельтерская вода seltzer water

семейный *adj.* family

семинария seminary [C]

семнадцать seventeen

семь seven

семьдесят seventy

семья family [E: ← (1)]

сени *pl.* entrance(-hall), porch [E exc. *nom.*]

сервировать *imp.* serve (a meal); no *perf.*

сердитый angry

сердиться *imp.* be angry (irritated) (with = на+*acc.*); *perf.* рас~

сердце, *gen. pl.* -/e heart [C:E]

сердцебиение palpitation [C]

серебристый silvery

серебро silver [E]

серебряный silver, of silver

середина middle, medium [C]; *dim.* серёдка, *gen. pl.* -/o [C]

серый grey, dull, commonplace; *dim.* серенький

серьёзный serious, grave

сестра, *gen. pl.* -/ё sister [see p. 161]

сесть *perf.* sit down; +в+*acc.* get into (train, *etc.*); *imp.* садиться

сеть net, web [C:E exc. *nom.*]

сжаться *perf.* shrink; contract; *imp.* сжиматься

сзади *prep.*+*gen.* behind, from behind; *adv.* behind, from behind

сидеть *imp.* sit, stay; + над+*instr.* stick at; *perf.* по~

сила power, force, strength, efficacy; нечистая ~ the evil one; через силу overstraining, beyond one's strength; нет сил, не в силах one can't, one is powerless [C]

сильнее stronger, harder, (even) more

сильно extremely, intensely

сильный strong, heavy, intense, hard, violent, acute

симпатичный congenial, likeable

синий dark blue

сирень lilac, lilac tree [C]

сирота orphan, bereaved (see *note* 63.18) [E exc. *nom. pl.*]

ситец е/- cotton print [C]

ситцевый *adj.* cotton-print

сиятельство highness (see *note* 85.18) [C]

сиять *imp.* gleam, shine, beam; *perf.* за~

сказать *perf.* say, tell, speak; *imp.* говорить

сказка, *gen. pl.* -/o (fairy-)story [C]

скамья bench [E: ← (1)]

скатерть table-cloth [C:E exc. *nom.*]

сквозной transparent; ~ поезд through train; ~ ветер draught

сквозь+*acc.* through

скирда (hay)rick [E: ← (1)]

склад store; товарный ~ warehouse [C]

скользнуть *perf.* slip, slide, glide; *imp.* скользить

сколько+*gen.* how much (many)

с/конфузить *perf.* confuse, embarrass, put out; ~ся be embarrassed

скорбь grief, woe, distress [C:E exc. *nom.*]

скоро soon, quickly; скоро-скоро at any moment

скрип squeak, creak [C]
скрипе́ть *imp.* squeak, creak, scratch; *perf.* за~
скри́пка, *gen. pl.* -/o violin, fiddle [C]
скрыть *perf.* hide, conceal; *imp.* скрыва́ть; ~ся disappear
ску́ка boredom, ennui [C]
скула́ cheek-bone [E : ←(1)]
скула́стый *adj.* with prominent cheek-bones
ску́чный boring, dull, tedious, dreary
сла́бо *adv.* not fully, under- . . .
сла́бость weakness, failing [C]
сла́бый weak, feeble, faint, slight
сла́вный fine, good, nice
сла́дкий sweet, pleasant
сла́дость sweetness, mawkishness [C]
слаща́вый sugary, sweet, mawkish
слега́ joist, support [E]
слегка́ slightly, a little
след trace, mark, footprint (E)
следи́ть *imp.*+за+*instr.* follow, observe, watch; *perf.* про~
сле́дует *impers.* is proper (fitting); как ~ properly
сле́дующий next, following
слеза́ tear [E exc. *nom. pl.*]
слезли́вый tearful
слепо́й blind
слета́ть *imp.* fly down; *perf.* слете́ть
слипа́ться *imp.* stick together, get stuck up; *perf.* сли́пнуться
сли́ться *perf.* fuse, blend, mingle; *imp.* слива́ться
сло́вно *adv.* as though, like
сло́во word [C:E]
сложи́ть *perf.* pile, fold; *imp.* скла́дывать; ~ся be formed, turn out
слон elephant [E]

слоно́вый *adj.* elephant; слоно́вая кость ivory
слу́жба, *gen. pl.* sometimes -/e (military) service, work, office, post [C]
служи́ть *imp.* serve, work, have a post (job); *perf.* про~
слух rumour, hearing, (*fig.*) ears; ни слу́ху, ни ду́ху, see *sel. id.* 62.5 [C]
слу́чай occasion, case, incident; по слу́чаю+*gen.* owing to, on the occasion of [C]
случа́йный accidental, casual, fortuitous, haphazard
случи́ться *perf.* happen, occur; *imp.* случа́ться
слу́шать *imp.* listen; *perf.* по~
слы́шать *imp.* hear; ~ся be heard; *perf.* у~
слы́шный heard, audible
смани́ть *perf.* lure, entice, win over, lead on; *imp.* сма́нивать
сме́лость daring, audacity [C]
сме́лый bold, daring
смерте́льный mortal, deathly
сме́ртность mortality [C]
смерть death; as *adv.* intensely, extremely, dreadfully (see *sel. id.* 45.12) [C:E exc. *nom.*]
сметь *imp.* dare; *perf.* по~
смех laughter [C]
смеша́ться *perf.* mix, mingle; *imp.* сме́шиваться
сме́шно́й amusing, ridiculous
смея́ться *imp.* laugh; *perf.* по~
сми́рный quiet, meek, humble
смо́лкнуть *perf.* grow silent; *imp.* смолка́ть
смотре́ть *imp.* look, regard; look out, mind; *perf.* по~
смотри́тель *m.* superintendent, inspector [C]
с/мочи́ть *perf.* soak
сму́глый dark, swarthy

смути́ться *perf.* be troubled (disturbed, embarrassed); *imp.* смуща́ться

сму́тный vague, hazy

смысл sense, meaning [C]

смяте́ние confusion, embarrassment [C]

снару́жи *adv.* externally, from outside

снача́ла *adv.* (at) first, from the beginning

снег, *pl.* ~á snow [C:E]

снегово́й *adj.* snow; снегова́я гора́, see *note* 19.7

снима́ть *imp.* take off (down), remove; *perf.* снять

снисходи́тельный condescending, gracious

снова́ть *imp.* dart (scurry) about; no *perf.*

сноп sheaf; о́гненный ~ shaft of flame [E]

сную́щий *participle* of снова́ть scurrying (about)

снять *perf.* take off, remove; *imp.* снима́ть

соба́ка dog [C]; *dim.* соба́чка, *gen. pl.* -/е [C]

соба́чий *adj.* dog's

соблюда́ть *imp.* observe, keep; *perf.* соблюсти́

собра́ние collection, meeting, club; дворя́нское ~ see *note* 92.27; зе́мское ~ see *note* 104.14

собра́ть *perf.* gather; *imp.* собира́ть; ~ся prepare, be about to

со́бственный (one's) own, proper

собы́тие event [C]

соверше́нный complete, total, perfect

со́вестно *impers.* it is shameful (a shame)

сове́т advice, counsel; council [C]

сове́тник councillor, counsellor, adviser (see *note* 14.18) [C]

сове́товать *imp.* counsel, advise; *perf.* по~; ~ся consult

совсе́м quite, entirely; ~ не not at all

согла́сие (*sing.* only) agreement, harmony [C]

согласи́ться *perf.* agree; *imp.* соглаша́ться

согла́сный in agreement, harmonious

содержа́ть *imp.* maintain, keep up; no *perf.*

созда́ние creature, being [C]

созда́ть *perf.* create, make; *imp.* создава́ть

созерца́ние contemplation [C]

созна́ние reflection, consciousness, realization [C]

созна́ть *perf.* recognize, feel; *imp.* сознава́ть

сойти́ *perf.* go (come) off; ~ с ума́ go out of one's mind; сойти́сь agree, strike a bargain; *imp.* сходи́ть

сократи́ть *perf.* shorten, reduce; *imp.* сокраща́ть

сокро́вище treasure [C]

солда́т (*gen. pl.* солда́т) soldier [C]

соли́дный solid, well established, staid

со́лнечный *adj.* sun's, sunny

со́лнце sun, sunshine [C:E]; *dim.* со́лнышко, *pl.* со́лнышки, *gen. pl.* -/е [C]

солове́й е/ь nightingale [E]

соло́ма straw [C]

соло́менный *adj.* straw

сомнева́ться *imp.* +в+*loc.* doubt; *perf.* усомни́ться

сон о/- sleep, dream [E]

со́нный sleepy, drowsy

сообрази́ть *perf.* understand; *imp.* сообража́ть consider, think, wonder

сообща́ together, jointly

сообщи́ть *perf.* tell, communicate, announce; *imp.* сообща́ть

сорва́ть *perf.* tear off; *imp.* срыва́ть

соро́чка, *gen. pl.* -/е shirt, smock (111.28) [C]

соса́ть *imp.* suck; *perf.* по~

сосе́дний neighbouring

сосе́дство neighbourhood; по сосе́дству in the vicinity [C]

соску́читься *perf.* grow bored; скуча́ть *imp.* feel bored

сослужи́вец е/- colleague [C]

сосна́, *gen. pl.* -/е pine(-tree) [E: ←(1)]

соста́вить *perf.* compose, form, be; *imp.* составля́ть

состоя́ть *imp.* be; +в+*loc.* or +из+*gen.* consist of; no *perf.*

сосу́д vessel [C]

со/тка́ть *perf.* weave

со́тня (*gen. pl.* со́тен) hundred [C]

со́ус, *pl.* ~á gravy, sauce [C:E]

со́усник sauce-boat [C]

со́хнуть *imp.* dry up, become parched, pine away; *perf.* вы́~, за~

сохрани́ть *perf.* conserve, maintain, guard; *imp.* сохраня́ть

соче́льник Christmas Eve [C]

сочета́ние combination, blend [C]

сочине́ние (literary) work, composition [C]

сочу́вствие sympathy [C]

спа́льня (*gen. pl.* спа́лен) bedroom [C]

спаси́бо thanks

спасти́ *perf.* save; *imp.* спаса́ть

спать *imp.* sleep; идти́ (ложи́ться) ~ go to bed; *perf.* по~

спекта́кль *m.* show, play [C]

спе́лый ripe

сперва́ *adv.* first

спе́ться *perf.* sing in harmony; agree, come to agreement; *imp.* спева́ться

спеши́ть *imp.* hurry; *perf.* по~

спина́ back, spine [E: ←(1)]; *dim.* спи́нка, *gen. pl.* -/о [C]

спи́чка, *gen. pl.* -/е match [C]

сплётня, *gen. pl.* сплётен gossip, tattle [C]

сплошно́й continuous, unbroken

сплошь entirely, through and through

споко́йный calm, quiet; споко́йной но́чи good night!

спор argument, dispute [C]

спо́рить *imp.* argue, dispute; *perf.* по~

спосо́бность capacity, power, potentiality [C]

спосо́бный capable

спохвати́ться *perf.* recollect, remember; *imp.* спохва́тываться

спроси́ть *perf.* ask; *imp.* спра́шивать

с/пря́тать *perf.* hide, put away; ~ся hide, vanish

спусти́ть *perf.* let down; *imp.* спуска́ть; ~ся descend, go (come) down, hang; спусти́ть куро́к pull the trigger

спу́тать *perf.* fetter, hobble; *imp.* спу́тывать

спу́тник fellow traveller [C]

спя́щий *participle* of спать sleeping, asleep

сража́ться *imp.* fight, battle; *perf.* срази́ться

сра́зу *adv.* at once, there and then

среди́ +*gen.* amongst, in, in the middle of

сре́дний medium, average

сре́дство means, expedient, remedy; сре́дства means, resources; со сре́дствами of substance [C]

срок fixed date, proper time [C]

сруб framework (of wooden building) [C]

ста́вень (*gen. pl.* ста́вней) [C]: see
  ста́вня
ста́вить *imp.* stand, put, place; ∼
  самова́р see *note* **47.7**
ста́вня (*gen. pl.* ста́вен) shutter [C]
ста́до herd [C:E]
стака́н glass, tumbler [C]
станови́ться *imp.* become; stand,
  take a stand; *perf.* стать
станцио́нный *adj.* station
ста́нция station [C]
стара́ться *imp.* try, endeavour;
  perf. по∼
стари́к old man [E]
стари́нный old-fashioned, antique
ста́риться *imp.* age, grow old;
  perf. со∼
ста́рость old age [C]
стару́ха old woman [C]; *dim.*
  стару́шка, *gen. pl.* -/е [C]
ста́рше elder, older
ста́рший elder, senior; *dim.*
  ста́ршенький
ста́рый old, former
ста́скивать *imp.* drag off; *perf.*
  стащи́ть
ста́тский civil, of state (see *note*
  14.18)
стать *perf.* become, begin, take a
  stand; не ста́ну I'm not going
  to, I don't intend to (**115.21**);
  не ста́ло ви́дно воро́т the gate
  disappeared from view (**120.20**);
  imp. станови́ться
статья́ (newspaper) article [E]
ста́я flock [C]
ствол (gun-)barrel [E]
стекло́, *gen. pl.* -/о glass [E:←(1)]
стекля́нный *adj.* glass
с/темне́ть *perf.* grow dark
стена́ wall; *dim.* сте́нка, *gen. pl.*
  -/о [C]
степе́нный dignified, sober
сте́пень degree, grade [C:E exc.
  nom.]

степно́й *adj.* steppe, of the steppe
степь steppe [C:E exc. *nom.*]
стереоме́трия stereometry, solid
  geometry (see *note* **27.18**) [C]
сте́рлядь sterlet, small sturgeon
  [C:E exc. *nom.*]
стесня́ть *imp.* embarrass, make
  uncomfortable; ∼ся be shy,
  feel uncomfortable (embar-
  rassed); *perf.* стесни́ть
стихи́ (*pl.* of стих line) verse,
  poetry [E]
сти́хнуть *perf.* die (calm) down;
  imp. стиха́ть
стла́ться *imp.* spread, drift; *perf.*
  по∼
сто hundred
сто́ить *imp.* cost, be worth; сто́ит
  то́лько all that is necessary
  is . . .; no *perf.*
стол table [E]
столб post, column [E]
столо́вая *sb.* dining-room
столонача́льник head clerk (see
  note **14.16**) [C]
столь so, to such an extent
сто́лько+*gen.* so much, so many
стоп! stop!
сто́рож, *pl.* ∼а́ watchman [C:E]
сторона́ side, direction; в сто́рону
  +*gen.* towards; в стороне́ to one
  side; с мое́й стороны́ on my part
сторони́ться *imp.* shun, avoid,
  stand aside; *perf.* по∼
с/тошни́ть *perf.* used *impers.*, e.g.
  его́ стошни́ло he was sick
  (vomited)
стоя́ть *imp.* stand; *perf.* по∼
страда́льческий *adj.* suffering, as
  though in pain
страда́ние suffering, agony [C]
страда́ть *imp.* suffer, be in agony;
  perf. по∼
стра́нник pilgrim, wanderer (see
  note **45.4**) [C]

стра́нный strange, queer, odd

страстно́й adj. Passion, of the Passion (see *note* 57.22)

стра́стный passionate, with passion

страсть passion [C:E exc. *nom.*]

страх fear, terror [C]

стра́шный fearful, terrible, alarming

стреля́ть *imp.* fire, shoot; стреля́й да́льше fire away; *perf.* вы́стрелить

стреми́тельный headlong

стреми́ться *imp.* strive, aim, aspire, rush; *perf.* у~

стричь *imp.* clip, crop, cut; *perf.* по~

стро́гий strict, stern, severe

стро́йный harmonious, graceful, well set up, poised

строка́ line [E exc. *nom. pl.*]; *dim.* стро́чка -/е [C]

с/тру́сить *perf.* turn coward

студе́нт student [C]

студе́нчество student-days, students (as a body) [C]

стук knock, knocking [C]

сту́кнуть *perf.* knock, patter; ско́ро шестьдеся́т сту́кнет, see *sel. id.* 29.1; *imp.* стуча́ть

стул (*pl.* сту́лья) chair [C]

ступе́нь step [C]; *dim.* ступе́нька, *gen. pl.* ь/е [C]

ступи́ть *perf.* step, come, go; *imp.* ступа́ть

стыд shame, disgrace [E]

стыди́ться *imp.* be ashamed; *perf.* по~, за~

стыдли́вый shy, awkward, shamefaced

сты́дный shameful, disgraceful; вам сты́дно you should be ashamed of yourself (23.25)

стяну́ть *perf.* draw in, tighten, girdle; *imp.* стя́гивать

суббо́та Saturday [C]

суббо́тний adj. Saturday

сугро́б snow-drift [C]

суд court; пода́ть в ~ bring an action (lawsuit) [E]

суде́бный при́став court-bailiff

суди́ть *imp.* judge, consider; *perf.* по~

су́дорожный convulsive, spasmodic

судьба́, *gen. pl.* ь/е fate [E:←(1)]

су́зиться *perf.* contract, shrink; *imp.* су́живаться

сукно́, *gen. pl.* -/о (woollen) cloth [E:←(1)]

сумато́ха stir, confusion, hubbub [C]

су́мерки *f. pl., gen.* -/е dusk, twilight [C]

с/уме́ть *perf.* be able, manage, succeed

сунду́к chest, trunk [E]

су́нуть *perf.* thrust; *imp.* сова́ть

суп soup [C:E]

супру́га wife, spouse (see *note* 93.30) [C]

суро́вый stern, grim

суту́лый stooping, round-shouldered

суха́рь *m.* rusk, dried bread, biscuit [E]

су́хо *adv.* drily, coldly, in a hard tone

сухо́й dry

существо́ being, creature [E]

существова́ть *imp.* exist; *perf.* про~

су́щность reality, substance [C]

схвати́ть *perf.* seize, grab; *imp.* схва́тывать

сходи́ть *perf.* call, go (and come back); no *imp.* in this sense

сходи́ть *imp.* pass, leave; *perf.* сойти́

счастли́вый happy, lucky

счáстье happiness [C]

счёт, *pl.* ~á account; жить на свой ~ keep oneself; на хорóшем счетý see *sel. id.* 87.8 [C:E]

считáть *imp.* count, reckon, consider; *perf.* со~

сшить *perf.* sew, have made; *imp.* сшивáть

съёжиться *perf.* shrink, shrivel; *imp.* съёживаться

съéздить *perf.* go (and come back); no *imp.* in this sense

съесть *perf.* eat; *imp.* съедáть

съéхать *perf.* leave, remove; *imp.* съезжáть

сын (*pl.* сыновья́) son [C:E]; *dim.* сынúшко, *gen. pl.* -/e [C]

сыр cheese [C:E]

сырóй damp; stout, flabby (**104**.5)

сы́рость damp, dampness [C]

сы́тый satisfied, well nourished

сюдá here, hither

сюрпрúз a surprise [C]

сюртýк (frock-)coat [E]

сям *arch.*: там и ~ here and there

T

табáк tobacco [E]

табáчный *adj.* tobacco

табурéт stool [C]

таúнственность secrecy, mystery [C]

таúнственный mysterious

тáйна *sb.* secret [C]

тáйно *adv.* by stealth

тáйный *adj.* secret, privy; Тáйная Вéчеря the Last Supper

так so, how, like that, then; так же just as (so), in the same way; тáкже also; так как since, as

тáкóй, таковóй such, of such a kind; такóй же just such

талáнт talent [C]

талáнтливый talented

тáлия waist, figure [C]

там there; ~ и сям here and there

тáнец e/- dance; тáнцы dancing [C]

танцовáльный *adj.* dancing

танцовáть *imp.* dance; *perf.* по~

тартарары́: провалúться в ~ go to hell (see *sel. id.* **118**.31)

тащúть, таскáть *d. imp.* pull, haul, drag, carry; ~ся drag oneself (trail) along; *perf.* потащúть

тáять *imp.* thaw; *perf.* рас~

твёрже *comp. predic. adj.* and *adv.* harder

твой, твоё, твоя́, *pl.* твои́ thy, thine

твóрческий creative

теáтр theatre [C]

телегрáмма telegraph [C]

телеграфúст telegraph operator (clerk) [C]

телёнок о/- (*pl.* теля́та) calf [C]

телефóн telephone [C]

тéло body [C:E]

тем не мéнее none the less

темнéть *imp.* darken, grow dark; *perf.* по~

темнúца dungeon, prison [C]

темнотá darkness [E]

тёмный dark

тень shade, shadow [C:E exc. *nom.*]

тепéрь now

теплó warmth [E]

тёплый warm, cordial

террáса terrace, balcony [C]

терзáть *imp.* torment; *perf.* ис~

термúт termite (sometimes incorrectly called white ant) [C]

терпéние patience [C]

терпéть *imp.* tolerate, endure; *perf.* по~

теря́ть *imp.* lose; *perf.* по~; ~ся lose one's head, be puzzled

тéсный close, intimate, narrow

тетерев, *pl.* ~á black grouse [C:E]

тетрáдка, *gen. pl.* -/o note-book [C]

тетрáдь exercise book [C]

тётя aunt [C]; *dim.* тётка, *gen. pl.* -/o [C]

течь *imp.* flow; *perf.* по~

тигр tiger [C]

тигровый *adj.* tiger

тискать *imp.* squeeze; ~ в руках clutch; *perf.* по~

тихий quiet, calm, still, gentle, soft, slow

тише quieter, slower

тишина quiet(ness), stillness, peace [E]

то then, in that case; и то (and) even then; то..., то... first . . ., then . . .; то и дело now and then; то, что the fact that; то есть that is, i.e.; а то or, or else

товáрищ comrade, friend [C]

товáрный *adj.* goods (train, *etc.*)

тогдá then, at that time

тóже also

толк sense, meaning, use [C]

толкнýть *perf.* push, nudge; *imp.* толкáть

толóка threshing [C]

толпá crowd, throng [E: ←(1)]

толпиться *imp.* crowd, huddle, throng; *perf.* по~

тóлстый stout, fat, thick

тóлько only, merely; как ~ as soon as; ~-что only just

том, pl. ~á volume [C:E]

томительный oppressive, languorous

томить *imp.* overcome, worry, weigh down, torment; ~ся be overcome, worry, languish

тóмный languid, worried

тон, *pl.* ~á tone [C:E]

тóнкий lean, thin, slender, slim, delicate, refined

топить *imp.* heat (a stove); *perf.* за~

тóполь *m.* (*pl.* тополя) poplar [C:E]

топóр axe [E]

торгóвля trade [C]

торжéственный solemn, pretentious

торжествовáть *imp.* triumph, exult; *perf.* по~, за~

торопиться *imp.* hurry, hasten; *perf.* по~, за~

торопливый hasty, hurried

торчáть *imp.* stick out, project; *perf.* по~

тоскá (*sing.* only) longing, pining, distress, misery [E]

тосковáть *imp.* feel longing (agony), pine, be sad; *perf.* за~

тост a toast [C]

тот, то, та that (one), те *pl.* those

тот же, тот же сáмый that same

тóтчас, ~ же at once, immediately, on the spot

тóчно exactly, as though; ~ так see *note* 27.29

тóщий lean, scraggy

травá grass [E: ←(1)]

тракт highway, route [C]

трактир inn, tavern [C]

трáтить *imp.* spend; *perf.* ис~

трéбование demand, need [C]

трéбовать *imp.* demand, require, ask for; *perf.* по~

тревóга alarm, anxiety; с тревóгой anxiously [C]

тревóжиться *imp.* be anxious, feel uneasy; *perf.* по~

тревóжный nervous, anxious, worried, alarming

трéзвость sobriety [C]

трéзвый sober

трепетáть *imp.* tremble, shake in one's shoes; *perf.* по~, за~

треск crackle, crackling [C]
трескаться *imp.* crack, crackle;
split; *perf.* по~
третий *adj.* third
треть *sb.* third [C:E exc. *nom.*]
трещать *imp.* crackle; *perf.* за~
три three
трижды thrice
трогательный touching, moving
трогать *imp.* touch; *perf.* тронуть;
~ся start, move off
трое (group of) three
троекратный threefold (see *note*
13.15)
тройка, *gen. pl.* й/е troika, team
of three horses (see *note* 16.6) [C]
тронуться *perf.* start, move off;
imp. трогаться
тропинка, *gen. pl.* -/о footpath,
bridle-path [C]
труба pipe, chimney [E: ←(1)]
трубка, *gen. pl.* -/о (tobacco) pipe
[C]
труд labour, work [E]
трудиться *imp.* labour, work;
perf. по~
трусость cowardice [C]
трюмо *indecl.* pier-glass
тряский rough, jolting
тугой tight
туда there, thither, in that direc-
tion
туловище body, trunk [C]
туман mist, fog [C]
тумба stool; blockhead! [C]
тупой blunt, stupid, thick-headed
турок о/- Turk [C]
тусклый dim, dull
тут here, there, at this point; тут
же on the spot, close by
туфля, *gen. pl.* туфель slipper [C]
туча cloud [C]
туша carcass [C]
тысяча thousand [C]
тэк-с = так-с well then!, so there!

тяга see *note* 57.10 [C]
тяжёлый heavy, distressing, diffi-
cult to bear, dull
тяжесть burden, weight [C]
тяжкий grievous, heavy
тянуть *imp.* drag (out), drawl,
extend, stretch; *perf.* по~;
~ся stretch (*refl.* and *intr.*)

У

у+*gen.* by, near, at (116.18), at
the house of, in the possession of,
from (31.20, 81.18, *etc.*), with
(17.5 *etc.*); у вас you have;
лицо у него his face; у себя в
комнате in one's own room
убедить *perf.* convince, persuade;
imp. убеждать try to convince;
~ся become convinced, be sure
убеждение conviction [C]
убеждённый convinced, with con-
victions, converted
убивать *imp.* kill; *perf.* убить
убогий poor, wretched
убрать *perf.* put away; *imp.*
убирать
увезти *perf.* take away; *imp.*
увозить
увеличивать *imp.* increase; *perf.*
увеличить
увеличительный *adj.* magnifying
уверенно confidently, with assu-
rance
уверенность assurance, certainty
[C]
уверенный certain, sure
уверять *imp.* assure, affirm; *perf.*
уверить
увидеть see, notice, catch sight of;
imp. видеть see
увлекательный attractive, cap-
tivating, absorbing
увлечение enthusiasm, fervour [C]
увлечённый carried away, en-
thusiastic

увле́чь *perf.* carry away, absorb; *imp.* увлека́ть; ~ся get carried away

уво́лить *perf.* dismiss, discharge; *imp.* увольня́ть

угада́ть *perf.* guess, divine, sense; *imp.* уга́дывать

углуби́ться *perf.* bury oneself, become absorbed; *imp.* углубля́ться

угнета́ть *imp.* oppress, depress, weigh down; no *perf.*

уговори́ть *perf.* persuade; *imp.* угова́ривать

угоди́ть *perf.*+на+*acc.* please, suit (see *sel. id.* 115.28); *imp.* угожда́ть

уго́дник saint [C]

уго́дно *impers.*+*dat.* is pleasing, suits; вам не ~ you do not choose to (114.3); куда́ ~ anywhere you fancy (82.17)

у́гол о/- corner [E]

уголо́вный *adj.* criminal

угоня́ться *imp.*+за+*instr.* try to catch up with; *perf.* угна́ться

угора́ть *imp.* get dizzy, be overcome (by fumes); *perf.* угоре́ть

угрожа́ть *imp.* threaten, menace; *perf.* угрози́ть

угрю́мый morose, dark

уда́рить *perf.* hit, strike; *imp.* ударя́ть

уда́ться *perf.* succeed, turn out well; мне удало́сь I succeeded; *imp.* удава́ться

уда́чный successful

удиви́тельный surprising, astonishing

удиви́ть *perf.* surprise, astonish; *imp.* удивля́ть

удивле́ние surprise, astonishment [C]

удо́бный comfortable, convenient

удо́бство comfort, convenience [C]

удовлетворе́ние satisfaction [C]

удовлетвори́тельный satisfactory

удовлетворя́ть *imp.*+*dat.* satisfy; *perf.* удовлетвори́ть

удово́льствие pleasure, satisfaction; жить в ~ see *sel. id.* 75.23 [C]

уе́зц district; see *note* 25.22 [C]

уе́здный *adj.* district

уе́хать *perf.* leave, go away; *imp.* уезжа́ть

у́жас horror, terror, alarm; приходи́ть в ~ be horrified [C]

ужа́сный horrible, terrible

уже́, уж already, now; уже́ не no longer; уж я не зна́ю I really don't know; где уж тут? How could I?

у́жин supper [C]

у́жинать *imp.* sup, have supper; *perf.* по~

у́зел е/- knot, bundle [E]

у́зкий narrow, slender; *dim.* у́зенький

узна́ть *perf.* learn, find out, recognize; *imp.* узнава́ть

узо́р pattern, design [C]

уйти́ *perf.* go away (off, out), leave, pass; *imp.* уходи́ть

указа́ть *perf.* point, indicate; *imp.* ука́зывать

укла́дываться *imp.* settle down, fit in, be formulated; pack one's things; *perf.* уложи́ться

укори́зненный reproachful

укры́ть *perf.* cover up, give shelter; *imp.* укрыва́ть

у́ксус vinegar [C]

укуси́ть *perf.* bite, sting; *imp.* уку́сывать

уку́тать *perf.* wrap up, muffle; *imp.* уку́тывать

у́лица street; на у́лице out of doors [C]

улови́ть *perf.* catch, seize; *imp.* ула́вливать

уложи́ться *perf.* settle down; pack one's things; *imp.* укла́дываться

улучше́ние improvement, amelioration [C]

улы́бка, *gen. pl.* -/o smile [C]

улыбну́ться *perf.* smile; *imp.* улыба́ться

ум mind, intellect, intelligence; сойти́ с ума́ go out of one's mind [C]

уме́ньшить *perf.* reduce; *imp.* уменьша́ть

умере́ть *perf.* die; *imp.* умира́ть

уме́стный fitting, appropriate

уме́ть *imp.* know how to, be able to; *perf.* суме́ть

умиле́ние emotion, (tender) feeling [C]

у́мный clever, intelligent

умокну́ть *perf.* wet, dip; *imp.* умока́ть

умо́лкнуть *perf.* grow silent; *imp.* умолка́ть

умоля́ть *imp.* beg, entreat, implore; *perf.* умоли́ть

у́мственность learning, scholarly things [C]

унаво́женный covered with dung

у/насле́довать *perf.* inherit

унести́ *perf.* carry away; ~сь be carried away, dash off; *imp.* уноси́ть

университе́т university [C]

унижа́ть *imp.* lower, humiliate, be a detraction; *perf.* уни́зить

униже́ние humiliation [C]

уноси́ть *imp.* carry away; *perf.* унести́

уны́лый dismal, cheerless, despondent, dejected

уны́ние despondency, dejection, depression [C]

упа́сть *perf.* fall; *imp.* па́дать

уплати́ть *perf.* pay, settle; *imp.* упла́чивать

упомяну́ть *perf.* mention; *imp.* упомина́ть

упо́р: гляде́ть в ~ stare, gaze

употребле́ние use, application [C]

упра́ва executive, board [C]

управля́ть *imp.+instr.* govern, manage, handle; no *perf.*

управля́ющий director, manager

упря́мый stubborn, obstinate

упусти́ть *perf.* miss, omit, let slip; *imp.* упуска́ть

ура́ hurrah

урождённая born, née

уро́к lesson [C]

урони́ть *perf.* drop, let fall; *imp.* роня́ть

уря́дник village policeman [C]

уса́дьба, *gen. pl.* ь/е property, small estate [C]

уси́лие effort; де́лать ~ над собо́й make an effort [C]

усло́вие condition, stipulation [C]

у/слы́шать *perf.* hear

усмехну́ться *perf.* smile, laugh ironically; *imp.* усмеха́ться

усмотре́ть *perf.* see, notice, note; *imp.* усма́тривать

усну́ть *perf.* fall asleep; *imp.* засыпа́ть

успе́ть *perf.* manage, have time (see *sel. id.* 17.22); *imp.* успева́ть

успе́х success [C]

успоко́ить *perf.* calm, soothe; *imp.* успока́ивать; ~ся calm down

уста́в code of regulations [C]

уста́лый tired

устрани́ть *perf.* remove; *imp.* устраня́ть

устреми́ть *perf.* fix, direct; *imp.* устремля́ть; ~ глаза́ stare, gaze

устро́ить *perf.* arrange; *imp.* устра́ивать; ~ся be arranged уступа́ть *imp.* give in, yield, concede; *perf.* уступи́ть

усту́пка, *gen. pl.* -/o concession, discount [C]

усы́ (*pl.* of ус) moustaches [E]

у/теря́ть *perf.* lose

уте́чь *perf.* flow away; *imp.* утека́ть

утира́ть *imp.* wipe; *perf.* утере́ть

у́тка, *gen. pl.* -/o duck [C]

утоми́ть *perf.* tire, weary; *imp.* утомля́ть; ∼ся grow tired

утомлённый tired out, weary

утопа́ть *imp.* be sunk, covered; *perf.* утону́ть

у́тренний *adj.* morning

у́тро morning [C:E]

у́тром in the morning

уха́живать *imp.*+за+*instr.* care for, look after, pay court to; *perf.* по∼

у́хо (*pl.* у́ши) ear [C:E exc. *nom.*]

уходи́ть *imp.* go away (off, out), leave, pass; *perf.* уйти́

уча́ствовать *imp.* take part; *perf.* по∼

уча́стие (*sing.* only) part, share, interest, sympathy [C]

уче́бник text-book [C]

учени́к pupil [E]

учёный *adj.* learned; *sb.* a scholar

учи́лище primary school (see *note* 25.22)

учи́тель *m.* (*pl.* учителя́) [C:E], учи́тельница [C] teacher

учи́тельский *adj.* teacher's

учи́ть *imp.* teach; ∼ся learn, study; *perf.* на∼, по∼, вы∼

у́ши (*pl.* of у́хо) ears [E exc. *nom.*]

ую́тный comfortable, snug

Ф

фа́брика factory, mill [C]

фабрика́нт manufacturer, mill-owner [C]

фабри́чный *adj.* factory; *sb.* factory worker, mill-hand

факт fact [C]

фами́лия (sur)name [C]

фантасти́ческий fantastic

фармаце́вт pharmacist, druggist [C]

фигу́ра figure [C]; *dim.* фигу́рка, *gen. pl.* -/o [C]

физи́ческий physical

фило́соф philosopher [C]

фисгармо́ния harmonium [C]

флёр-д'ора́нж fleurs d'orange (see *note* 13.5) [C]

фли́гель *m.* (*pl.* флигеля́) wing, outbuilding (see *note* 23.2)

фойэ́ *indecl.* foyer, lobby

фон background [C]

фона́рь *m.* lantern, street-lamp [E]

фотогра́фия photograph [C]

фра́за sentence [C]

фрак tail-coat, dress-coat, evening-coat [C]

францу́зский *adj.* French

фрукто́вый *adj.* fruit; ∼ сад orchard

фрунт: вы́тянуться во ∼ stand to attention, draw oneself up to attention

фура́жка, *gen. pl.* -/e peaked cap [C]

фы́ркать *imp.* snort; *perf.* фы́ркнуть

фюйть: see *note* 44.26

Х

хала́т dressing-gown [C]

хара́ктер temperament, disposition [C]

характе́рный *adj.* characteristic

хвали́ть *imp.* praise; *perf.* по∼

хвати́ть *imp.*+*gen.* suffice, be enough, last (64.13); no *perf.*

хвой [C], usually хвоя [C] (pine-, fir-) needles

хворости́на brushwood [C]

хво́рый ailing, delicate; *dim.* хво́ренький

хвост tail [E]

хе́рес sherry [C]

хитроу́мный cunning, crafty

хи́щный predatory, rapacious

хлеб bread, loaf [C]

хлеб, *pl.* ∼а́ grain, corn [C:E]

хлев, *pl.* ∼а́ sheep-cot [C:E]

хлестну́ть *perf.* lash, switch; *imp.* хлеста́ть

хло́пать *imp.*+*instr.* crack, bang; *perf.* хло́пнуть

хлыст *sb.* whip [E]

хму́риться *imp.* frown, scowl; *perf.* на∼

ход movement, motion; за́дний ∼ back! по́лный ∼ full speed ahead! [C:E]

ходи́ть, see идти́; ∼+за+*instr.* look after, care for

хозя́ин (*pl.* хозя́ева) master, owner, landlord, host; се́льский ∼ farmer, cultivator [C]

хозя́йка, *gen. pl.* й/е mistress, landlady, hostess [C]

хозя́йкин *adj.* landlady's

холе́ра cholera (see *sel. id.* 50.17) [C]

холм hill, hillock [E]

хо́лод cold [C:E]; холо́дный *adj.*

холо́пский servile, cringing, obsequious

хоро́шенький good-looking, pretty; хороше́нько properly, thoroughly

хоро́ший good, nice, decent

хорошо́ well, (very) good, all right

хоте́л-было was about to (see also бы́ло)

хоте́ть *imp.* want, wish, mean, intend, try; *perf.* за∼

хоте́ться: мне хо́чется I want, feel like; мне хоте́лось I wanted, felt like

хоть even, even though (30.11), if only, at least

хотя́ although

хохлу́шка, *gen. pl.* -/е Ukrainian (woman) (see *note* 47.17) [C]

хохо́л о/- Ukrainian (man) (see *note* 46.7) [E]

хохота́ть *imp.* laugh, guffaw; *perf.* за∼ burst out laughing

хо́чется: see хоте́ться

храпе́ть *imp.* snore; *perf.* за∼

хри́плый hoarse, croaky

хромо́й lame

хрони́ческий chronic

хру́пкий frail, fragile

худо́жник artist [C]

худо́й thin, lean, spare; *dim.* ху́денький

ху́же worse

Ц

цари́ца tsaritsa, queen; Цари́ца Небе́сная, see *note* 67.10

царь *m.* tsar, king [E]

цвести́ *imp.* flower, bloom; *perf.* рас∼

цвет (*pl.* цвета́) colour [C:E]

цветни́к flower-bed [E]

цветно́й coloured

цвето́к о/- (*pl.* цветы́) flower, (flowering) plant [E]

цвето́чный *adj.* flower; цвето́чная пыль pollen

целе́бный healing, curative

целова́ть *imp.* kiss; *perf.* по∼

це́лый whole, safe, unharmed

цель aim, goal [C]

це́льный whole, entire, complete

цени́ть *imp.* value, esteem, put a price on; *perf.* о∼

цепь chain [C:E exc. *nom.*]

церемо́ния ceremony; без церемо́нии informally, don't stand on ceremony, make yourself at home [C]

церко́вный *adj.* church

це́рковь о/- (*exc. instr. sing.*) church [C:E exc. *nom.*]; *dim.* церко́вочка, *gen. pl.* -/е [C]

цивилиза́ция civilization [C]

цили́ндр silk hat, top-hat [C]

Ч

чай tea [C:E]

ча́йная *sb.* tea-room, tea-house

ча́йный *adj.* tea

чалма́ turban [E]

час hour; с ча́су на ∼ at any moment (**16.4**) [C:E]

ча́стный private, personal; partial, limited

ча́сто often, frequently

часть part, piece; по частя́м feature by feature (**53.26**) [C:E exc. *nom.*]

часы́ *pl.* watch, clock [E]

ча́шка, *gen. pl.* -/е cup, basin, bowl [C]

ча́ще oftener

чего́? *coll.* = что? what?; чего́ уж? see *sel. id.* **75.10**

челове́к (*pl.* лю́ди, but after numbers, *etc.*, *gen. pl.* челове́к) man, person, fellow; Бо́жий ∼ see *note* **45.14** [C]

челове́ческий human

челове́чество humanity [C]

чем than; ∼ скоре́е, тем лу́чше the quicker the better

чемода́н suit-case, portmanteau [C]

че́рез+*acc.* across, over, through (**75.6**), in (**19.4** *etc.*); ∼ си́лу overstraining

чере́шневый *adj.* cherry

черни́ла *pl.* ink [C]

чёрный black; про ∼ день for a rainy day (**92.23**)

черта́ line, feature [E]

че́стный honest, honourable

честь honour [C]

че́тверо (a group of) four

четвёртый *adj.* fourth

че́тверть quarter [C:E exc. *nom.*]

четы́ре four

чечеви́ца (*sing.* only) lentils [C]

чин rank (see *notes* **26.25, 14.9**): в чина́х well up in the service [C:E]

чино́вник official [C]

чино́вница official's wife (see *note* **90.14**) [C]

чинопочита́ние kowtowing

число́, *gen. pl.* -/е number, figure [E: ←(1)]

чи́стить *imp.* clean; *perf.* вы́∼, по∼

чистописа́ние calligraphy, handwriting [C]

чистота́ purity, cleanliness; ∼ души́ openness, frankness [E]

чи́стый pure, clean; ∼ во́здух fresh air; чи́стое го́ре see *sel. id.* **70.18**

чита́ть *imp.* read; *perf.* про∼, по∼

член member, limb [C]

чо́каться *imp.* clink glasses; *perf.* чо́кнуться

чрезвыча́йность: до чрезвыча́йности exceedingly

чрезвыча́йный *adj.* exceeding, extraordinary

чте́ние reading, talk, lecture [C]

что *conj.* that; *pron.* what, which; *adv.* why, how

что́бы *conj.*+*inf.* in order to; +*past* so that ... should; ∼ не lest

что бы ни whatever

что́-нибудь anything, something

что-то something
чубук chibouk (see *note* **46.18**) [E]
чувство feeling, emotion [C]
чувствовать *imp.* feel, have feelings, be conscious of; *perf.* по~; ~ся be felt
чудесный wonderful, miraculous
чудиться *imp.* seem, appear; *perf.* по~
чудной strange, queer, odd
чудный wonderful
чудо (*pl.* чудеса) wonder, miracle [C:E]
чудовище monster, monstrosity [C]
чужой strange, alien
чулок о/- (*gen. pl.* чулок) stocking [E]
чуть scarcely
чутьё scent, flair [E]

Ш

шаг pace, step; ~й footsteps [C:E]
шагом at a walking pace
шаль shawl [C]
шампанское *sb.* champagne
шапка, *gen. pl.* -/о hat, cap [C]
шарахнуться *perf.* shy; *imp.* шарахаться
шаркнуть *perf.* shuffle; ~ ногой click one's heels; *imp.* шаркать
шаровары *f. pl.* (loose) trousers, breeches (see *note* **46.21**) [C]
шататься *imp.* reel, totter, stagger; *perf.* по~, за~
швейцар hall-porter, door-keeper [C]
шелестеть *imp.* rustle; *perf.* за~
шёлковый *adj.* silk
шептать *imp.* whisper; ~ся whisper to each other; *perf.* шепнуть

шестнадцать sixteen
шесть six
шестьдесят sixty
шея neck [C]
шинель cloak, greatcoat (see *note* **66.10**) [C]
шипеть *imp.* hiss, wheeze, sizzle; *perf.* за~
широкий broad, wide, extensive
широта breadth, latitude [E: ←(1)]
широчайший broadest, widest
шить *imp.* sew; *perf.* с~
шкап cupboard [C:E]
школа school [C]
школьный *adj.* school
шкура skin, hide, pelt [C]
шлейф (bride's) train [C]
шлёпанье shuffling [C]
шляпа (woman's) hat [C]; *dim.* шляпка, *gen. pl.* -/о [C]
шмыгать *imp.* dart, slip; *perf.* шмыгнуть
шов о/- seam (see *sel. id.* **68.6**) [E]
шоколад chocolate [C]
шёпот whisper(ing) [C]
шёпотом *adv.* in a whisper
шорох rustle, rustling [C]
шпора spur [C]
штаны *m. pl.* trousers [E]
штатный *adj.* staff, established, permanent (see *note* **26.6**)
штопать *imp.* darn; *perf.* за~
штора blind, curtain [C]
штраф fine, penalty [C]
штука piece, unit, head [C]
шуба fur coat [C]
шум noise, sound [C]
шумный noisy, lively
шуршать *imp.* rustle; *perf.* за~
шутить *imp.* joke, play a trick; *perf.* по~
шутка, *gen. pl.* -/о joke, jest, trick; в шутку as a joke, playfully [C]; *dim.* шуточка, *gen. pl.* -/е [C]

Щ

щёголь *m.* dandy, beau [C]

щека́ cheek [E exc. *nom. pl.*]

щекота́ть *imp.* tickle; ~ся itch, tickle each other; *perf.* по~

щёлкнуть *perf.* + *instr.* click, snap; chatter (teeth); *imp.* щёлкать

щель crack, chink [C: E exc. *nom.*]

щено́к о/- (*pl.* щеня́та) pup, puppy [E: ←(1)]

щети́нистый bristly

щи *f. pl.* (*gen.* щей) (cabbage) soup (see *note* 89.15)

щипа́ть *imp.* nip, pinch, pluck; *perf.* за~

щу́рить *imp.* + *instr.* screw up, half-close (eyes); ~ся peer, frown, half-close eyes

Э

эгои́зм selfishness [C]

экза́мен, *coll.* экза́мент examination [C]

экзаменова́ться *imp.* be examined, submit to examination; *perf.* про~

э́кий *adj.* what a . . . !

экипа́ж carriage [C]

электри́чество electricity [C]

эне́ргия energy, power [C]

эполе́т epaulette, shoulder-strap [C]

э́так *adv.* so, in that way

э́такий *adj.* what a . . . !

э́тот, э́то, э́та this, that, э́ти *pl.* these

этю́д étude, study, sketch [C]

э́хо (*sing.* only) echo [C]

Ю

ю́бка, *gen. pl.* -/о skirt [C]

юг south [C]

ю́ный young, youthful

юри́ст lawyer [C]

Я

я́бедничать *imp.* tell tales, slander; *perf.* съ~

я́блочный *adj.* apple

явле́ние phenomenon [C]

я́вный clear, obvious

ягнёнок о/- (*pl.* ягня́та) lamb [C]

я́зва pest, plague [C]

язы́к tongue, language [E]

яи́чный *adj.* egg; яи́чное мы́ло see *note* 31.9

я́ма pit, hole [C]

я́рка, *gen. pl.* -/о (yearling) ewe [C]

я́ркий bright, vivid

ярмо́ yoke [E]

ярово́й spring-sown (grain)

я́сный clear, bright

ястреби́ный *adj.* hawk, hawk's